HAOMAMA
YINDAO QINGCHUNQI NÜHAI DE
100GE XIJIE

好妈妈引导青春期女孩的100个细节

木阳 /编著

中国纺织出版社

内 容 提 要

对每一位妈妈来讲，看着女儿一天天长大，感到非常骄傲与自豪。然而，当女孩进入青春期后，内心却越来越难以捉摸，让不少妈妈感到不知所措：昔日乐观开朗的女儿如今变得多愁善良；女孩曾经多么乖巧、听话，如今却变得叛逆；最令妈妈担心的是，女儿早恋了，常常为此神情不定……

本书针对青春期女孩的心理，从亲子沟通、情商培养、为人处世、品性塑造等方面，通过一个个似曾相识的案例，为妈妈们提供了行之有效的育女之道，具有很强的可操作性，能及时指导妈妈们帮助女儿拨开心灵的迷雾，解除成长的烦恼，引导女儿健康、快乐地度过人生中最为关键的青春期。

图书在版编目（CIP）数据

好妈妈引导青春期女孩的100个细节 / 木阳编著. --北京：中国纺织出版社，2017.5（2020.5重印）
（好父母好家教系列丛书）
ISBN 978-7-5180-2727-9

Ⅰ.①好… Ⅱ①木… Ⅲ.①女性—青春期—家庭教育 Ⅳ.①G78

中国版本图书馆CIP数据核字（2016）第135392号

策划编辑：赵晓红　　责任编辑：胡　蓉
特约编辑：杜春梅　　责任印制：储志伟

中国纺织出版社出版发行
地址：北京市朝阳区百子湾东里A407号楼　邮政编码：100124
销售电话：010—67004422　传真：010—87155801
http://www.c-textilep.com
E-mail: faxing@c-textilep.com
中国纺织出版社天猫旗舰店
官方微博http://weibo.com/2119887771
三河市宏盛印务有限公司印刷　各地新华书店经销
2017年5月第1版　2020年5月第3次印刷
开本：710×1000　1/16　印张：16
字数：207千字　定价：32.80元

凡购本书，如有缺页、倒页、脱页，由本社图书营销中心调换

妈妈的引导关系女孩一生的成败

　　有人说:"青春是春天里一簇最艳丽的花。"也有人说:"青春是秋天中一场最伤感的雨。"更确切一点儿说,青春期是孩子们一生中最重要的过渡时期,处于青春期的孩子正在经历人生中最强烈的变化。

　　进入青春期的女孩们,心理也在不断变化。原来的那个"贴心小棉袄"竟然成了叛逆的"小刺猬",满身都是刺,谁惹她她就扎谁;原来那个黏人的女孩渐渐与你疏远,一天说不了几句话,计算机设了密码,日记加了锁;原来一门心思扑在学习上的女孩,竟然偷偷看起了言情小说;原来极度崇拜妈妈的那个小丫头现在疯狂地"爱"上了周杰伦、韩庚;原来喜欢老师、团结同学的女孩现在却开始厌学,甚至与社会上一些不良分子成为朋友……

　　女孩的种种言行向我们证明,她们已经长大了,再不是从前的那个小女孩了。她们的思维已经趋于成熟,她们希望能得到周围人的尊重、理解,而现状却让她们大失所望。 在学校,她们必须遵守各种制度,回到家里,也要听从妈妈的"摆布"、"控制"和"压迫"。于是,青春期女孩只好通过顶嘴、绝食、离家出走等手段来反抗妈妈,即使有些外表看似乖巧、文静的女孩也会产生这种叛逆。

　　面对青春期女儿的变化,大多数的妈妈都不知所措,不知道如何与女儿沟通,不知道如何防止她们走上人生的歪路。要知道,青春期的教育关系到女孩一生的成败。那么，有没有科学、实用的方法来帮助妈妈们引导青春期女孩呢？

本书就能帮妈妈们排忧解难。书中针对青春期女孩的心理，从亲子沟通、情绪调节、为人处世、情感教育等方面，通过一个个似曾相识的案例，为妈妈们提供了一个个行之有效的教子之道，对女孩的健康成长发挥积极的作用。

概括起来，本书为妈妈们提出了四大教育方向。

方向一：不唠叨，多信任

一个15岁的孩子在网络上发表的日志如下：

我的妈妈特别烦人，整天唠叨个没完。早上一起床就唠叨："快点儿，快点儿起床！""动作要快点儿，不然要迟到了！"我已经上初中了，难道不知道迟到是怎么回事吗？我有时真忍不住要顶撞她！更要命的是，放学以后她就一个劲儿地催我做功课："快点儿做功课啦！"……

妈妈整天唠叨，但讲不到点子上，天天老一套，我听得耳朵都长茧子了，哪还听得进去？她在旁边吵吵闹闹，我哪能安静下来做功课？我觉得她总是不断地叮咛、不断地提醒、不断地督促、不断地责怪，简直是对我的极不信任，极不尊重。

青春期女孩为什么讨厌妈妈唠叨呢？因为妈妈的唠叨会使女孩感觉自己不被尊重。处于青春期的女孩非常希望依靠个人的力量做事，对妈妈的指令常产生反感情绪，妈妈一次次的唠叨不仅会使孩子厌烦，还容易造成其麻痹心理，形成"爱理不理""越说越不听"的局面。即使女孩真正犯错误了，妈妈一次、两次、三次甚至四次、五次地对一件事做同样的批评，也会使女孩的心情从内疚不安发展到反感不耐烦，甚至被逼无奈，只能说出"我用不着你管"、"我干什么关你什么事"等话了。

因此，妈妈一定要尽量少唠叨，要相信自己的女儿，让女孩学会管理自己，学会对自己负责。

方向二：不较劲，多引导

由于晚婚晚育的关系，许多妈妈的更年期和女孩的叛逆期正好狭路相逢。更年期的妈妈因生理上的不适而烦躁焦虑，叛逆期的女孩较为敏感，处于心理动荡期的母女碰撞在一起，经常会互相"较劲"、互相摩擦。

其实，青春期的女孩大多比较叛逆。太多家庭的教育事实都已证明了这一结论：缓解青春期女孩的叛逆，唯一的方法就是妈妈多学习、多理解、多宽容、多引导。千万不要硬碰硬，否则只会火上浇油、两败俱伤。

方向三：不包办，多支持

面对女孩的变化，妈妈应改变观念，不能再把处于青春期的女孩当作"小孩子"来看待，要尊重孩子的意见。女孩渴望在家庭中扮演"独立的一员"的角色，想充分发挥自己的作用，但由于认识水平、能力有限，她们又希望得到妈妈的关心和帮助，她们的"反抗"只是反对妈妈仍然把她当"小孩子"一样看待，反对过多、过细的照顾、监督或妈妈的包办代替。

如果妈妈们不能正确对待女孩这种独立性的需求，女孩的反抗情绪和反抗行为就会逐渐演变成逆反性格，为其日后的发展带来影响。相反，如果妈妈珍视女孩这种渴望独立自主的心理倾向，并积极地支持她们的愿望、想法，鼓励其独立自主地处理自己的事务，不过多地约束孩子，不包办代替，就可以让女孩更有独立性，沿着良性的方向发展。

方向四：不疏离，多沟通

青春期是一个充满矛盾与困惑，需要交流与解答的时期。处于青春期的女孩面临着身体发育、性困惑、交友、升学、就业等人生的基本问题，常常会产生这样那样的烦恼。如果这段时期妈妈忽视和女孩的交流沟通，不能及时帮助女孩解决这些烦恼，则有可能使女孩的青春期变成"危险期"。作为妈妈，应及时发现女孩的"小心事"，多与女儿进行"爱的沟通"，帮助女孩正确认识问题的本质，避免和减少孩子的逆反心理，避免和剔除社会不良因素对女孩的影响，处于青春期的女孩则完全可以顺利度过这段"心理断乳"期，健康地进入成熟期。

　　一本好书可以影响人的一生。希望我们精心编写的这本书能够为妈妈们提供帮助，体察到女孩真实的内心感受，从而让女孩的生命旅途变得更加美丽和丰富！

编著者

2016 年 8 月

目 录

第一章 掀起青春的盖头来
——解读花季少女的逆反心理 /001

细节 1 "不用你们操心！"——乖乖女为何变成"小刺猬" /002

细节 2 "我没什么话想说！"——为何和女儿越来越疏离 /004

细节 3 "我想干啥就干啥！"——为什么女儿越大越任性 /006

细节 4 "另类有啥不好？"——为何女孩喜欢"非主流" /008

细节 5 "你怎么不去学习？"——女儿为什么故意唱反调 /010

细节 6 "我不喜欢雨天！"——为什么青春期女孩多愁善感 /013

细节 7 "肮脏和丑恶的世界！"——女孩何时变成了"愤青" /014

细节 8 "我比她们都强！"——为什么女孩喜欢自恋 /017

第二章 别跟青春期女孩较劲
——让爱与理智伴随女儿成长 /019

细节 9 "为什么翻我东西？"——该不该知道女儿的秘密 /020

细节 10 "我像笼里的鸟！"——你是否过分干预和溺爱女儿 /022

细节 11 "我想离开这个家！"——如何让女孩在家中感到快乐 /024

细节 12 "除了唠叨还会什么？"——女儿为何讨厌唠叨 /026

细节 13 "你打死我吧！"——棍棒教育对女孩有用吗 /028

细节 14 "我的话你认真听过吗？"——如何做女儿的倾听者 /030

细节 15　"妈妈根本不理解我！"——如何和女儿做朋友 /032

细节 16　"我会努力的！"——教育中如何使用激励 /035

细节 17　"是我不对。"——如何批评，女儿才会信服你 /037

第三章　为女孩的情绪解套
——安抚和疏导女儿的不良情绪 /039

细节 18　"我简直太渺小了！"——如何让自卑的女儿更自信 /040

细节 19　"为什么只喜欢她？"——如何平复女儿的忌妒心 /043

细节 20　"我想一个人静一静。"——女儿孤僻，妈妈如何引导 /045

细节 21　"我害怕考砸了。"——如何化解女孩的"考试焦虑症" /047

细节 22　"谁都别惹我！"——女孩如何改掉坏脾气 /049

细节 23　"我的未来看不到希望。"——如何劝导悲观的女孩 /051

细节 24　"我一点儿也不快乐。"——如何排遣女孩的抑郁情绪 /054

细节 25　"真是急死我了！"——女儿心浮气躁，妈妈如何引导 /056

第四章　好人缘，行天下
——一定要让女孩懂得的为人处世经验 /059

细节 26　"您好""谢谢"——如何教女孩学会交往礼仪 /060

细节 27　"我和别人说话就脸红！"——如何引导女儿克服社交恐惧 /062

细节 28　"她们说我小心眼儿！"——如何让女孩变得宽容大度 /064

细节 29　"她不理我了。"——如何引导女孩化解与朋友的矛盾 /067

细节 30　"只是我走运而已！"——如何引导女孩以谦卑的姿态示人 /069

细节 31　"对不起，我帮不了你！"——教女儿学会如何拒绝 /071

细节 32　"我为什么要借他笔记？"——如何引导女孩学会分享 /073

细节 33　"我答应他了。"——如何引导女孩诚信待人 /075

细节 34 "你真棒！"——如何让女孩学会赞美、欣赏别人 /077

第五章 爱学习、会学习
——帮助女孩收获学习乐趣 /081

细节 35 "做学生真命苦！"——如何让女孩正确看待学习 /082

细节 36 "唉，这次又没及格！"——如何帮女儿找对学习方法 /084

细节 37 "我的学习效率提高了！"——制订学习计划有什么好处 /086

细节 38 "一提数学我就头痛！"——如何引导女孩学好理科 /089

细节 39 "我是个笨孩子吗？"——如何培养女儿的理解力 /091

细节 40 "为什么我记不住知识？"——女孩记忆力差，怎么办 /094

细节 41 "这道题有两个答案。"——如何让女儿的思维更敏捷 /096

细节 42 "我要在书海中畅游！"——如何提高女孩的阅读能力 /099

第六章 做未来"走俏"的人
——帮女孩积累立足于世的资本 /101

细节 43 "这件事我这样看"——如何提升女孩的表达力 /102

细节 44 "我们合作吧！"——如何培养女孩与人合作的能力 /104

细节 45 "我是班长，我来带头。"——如何引导女孩建立责任感 /107

细节 46 "妈，我帮您刷碗。"——如何引导女孩爱上劳动 /110

细节 47 "我能管理好自己。"——如何让女孩拥有超强的自控力 /112

细节 48 "压岁钱该怎么花？"——如何培养女孩的理财能力 /115

细节 49 "认识你我真幸运！"——怎样让女孩有一颗感恩的心 /116

细节 50 "怎么做结果更好？"——如何引导女孩学会自我反省 /119

细节 51 "我们把剩饭打包吧！"——如何把勤俭的美德传给女儿 /122

第七章　关于早恋那些事儿
——把"爱的纪律"讲给女儿听 /125

细节 52　"我们仅仅是朋友。"——女孩能不能有异性朋友 /126

细节 53　"我收到了一封情书"——女孩如何拒绝异性的求爱 /128

细节 54　"我对他很有好感。"——如何帮女儿区别喜欢与爱 /131

细节 55　"数学老师太有型了！"——女孩会不会爱上了男老师 /133

细节 56　"只想偷偷看着你。"——如何引导陷入单恋的女孩 /135

细节 57　"恋爱自由，不要你们管！"——如何对待女孩的早恋问题 /138

细节 58　"我被人拒绝了，呜呜呜！"——女儿"失恋"了怎么办 /140

第八章　掀起性教育的面纱
——开诚布公地与女儿谈性问题 /143

细节 59　"我是从哪里来的？"——"性"要如何对孩子说出口 /144

细节 60　"流血了，怎么办？"——如何进行青春期卫生保健 /146

细节 61　"借我看看这本书。"——如何教育受"黄毒"影响的女儿 /148

细节 62　"我喜欢男性服装。"——如何对女儿开展性别教育 /150

细节 63　"我是坏孩子吗？"——女儿偷吃了禁果，妈妈怎么办 /153

细节 64　"我脑海中全是这些想法。"——青春期性幻想正常吗 /154

细节 65　"我该怎么办？"——女孩该如何保护好自己 /156

第九章　跳出"流行"的旋涡
——别让不良风气侵蚀女孩的心灵 /159

细节 66　"开捷达就别来接我了！"——如何应对孩子们的"攀比潮"/160

细节 67 "要么瘦，要么死！"——女儿对减肥乐此不疲，怎么办 /162

细节 68 "肿么？我酱油了？悲催啊！"——女儿满口流行语，该不该管 /164

细节 69 "我要做梨花头，再染浅棕色！"——如何面对紧追时尚的女孩 /166

细节 70 "这是妈妈送我的。"——你的女儿也爱"炫富"吗 /169

细节 71 "李敏镐，我爱你！"——女孩追星过于狂热，怎么办 /171

细节 72 "我要开粉钻！"——女儿爱上网络消费怎么办 /173

细节 73 "这叫暴虐美学！"——女孩为何迷上"恐怖血腥自拍"/176

第十章 青春期也是危险期
——拉一把站在十字路口的女孩 /179

细节 74 "不让上网我就死！"——女孩上网成瘾，如何引导 /180

细节 75 "谁让你不给我买！"——如何对待女孩的偷窃行为 /182

细节 76 "给我 100 元，我要买资料！"——女儿撒谎是变坏的开始吗 /185

细节 77 "她们都抄，我凭什么不抄？"——女孩作弊怎么办 /187

细节 78 "我走了！"——为什么孩子动不动就离家出走 /189

细节 79 "我就是不想待在学校！"——女儿厌学、逃课怎么办 /192

细节 80 "我这样挺酷吧？"——女孩吸烟、喝酒，妈妈如何对待 /194

第十一章 爱孩子的 10 个提醒
——花季女孩该如何保护自己 /197

细节 81 "谁打我我就打谁！"——如何教女儿远离"校园暴力"/198

细节 82 "吸毒能忘掉烦恼？"——如何防范女孩沾染吸毒恶习 /199

细节 83 "我中大奖了!"——如何教女孩远离生活中的骗术 /201

细节 84 "他为什么跟踪我?"——被人跟踪时,女孩该怎么办 /204

细节 85 "这人好像是个色狼!"——女孩该如何应对性骚扰 /206

细节 86 "我们要去 KTV 唱歌。"——在娱乐场所,女孩应如何保护自己 /209

细节 87 "我想去朋友家住。"——女孩在外过夜应注意什么 /211

细节 88 "我该不该相信他?"——如何防范陌生人搭讪 /213

细节 89 "妈,我想见一个网友。"——如何对女儿进行网络安全教育 /216

细节 90 "我该如何自救?"——面对各种险情,女孩如何更从容 /219

第十二章 给女儿真正的财富
——改变女孩一生的人生启蒙课 /221

细节 91 "人为什么要活着?"——如何教育女孩珍惜生命 /222

细节 92 "我学习是为了谁?"——让女孩明白,她在为谁读书 /224

细节 93 "外表重要吗?"——女孩如何拥有内在美、气质美 /226

细节 94 "性格可以改变吗?"——如何引导女孩克服弱点 /228

细节 95 "失败了怎么办?"——如何引导女孩面对挫折和失败 /230

细节 96 "理想是什么?"——如何引导女孩树立远大理想 /233

细节 97 "钱是万能的吗?"——如何培养女孩的价值观 /235

细节 98 "时间就是生命吗?"——如何让女孩学会管理时间 /237

细节 99 "向左还是向右?"——如何教女孩学会选择,懂得放弃 /239

细节 100 "我怎样择业?"——如何引导女孩进行职业选择 /241

参考文献 /244

第一章　掀起青春的盖头来
——解读花季少女的逆反心理

　　每个女孩在成长的过程中，都要经历青春期。青春期又称为叛逆期，叛逆期的女孩结束了无忧无虑的孩童时代，进入了"多事之秋"。她们精力旺盛、追求另类、渴望自由，具有强烈的逆反性、对抗性。妈妈们要充分了解女儿的心理，认清叛逆心理的实质，多给女孩一点儿理解，这样才能帮助女孩克服逆反心理，进而得到良好的教育效果。

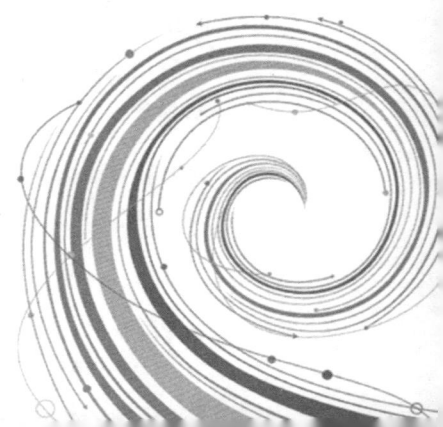

细节1 "不用你们操心！"
——乖乖女为何变成"小刺猬"

当女孩进入青春期后，很多妈妈都会发现自己原来乖巧、可爱的女儿变了，变成了一个喜怒无常、情绪多变的人。有些妈妈甚至发现，自己原来那个懂礼貌的小女孩竟然动不动就说脏话，像刺猬一样，简直太叛逆了。

在小雨小的时候，妈妈是她最亲近的人，她每天都跟在妈妈身后，就像条小尾巴一样。但是自从小雨进入青春期后，她不仅不爱和妈妈待在一起了，还常常和妈妈发生矛盾。尤其不能让妈妈容忍的是，现在小雨脾气非常暴躁，动不动就摔门而去。前些天，小雨不知道和谁学会了说脏话，还常常把脏话挂在嘴上。对于女儿的这些不良行为，妈妈苦口婆心地给她讲了很多道理，但是她根本听不进去，有时候还不耐烦地对妈妈说："别说了，妈妈你太烦了。"后来妈妈也火了，每次发现小雨的不良行为时，都狠狠地骂她一顿，有两次还打了她。但是妈妈的打骂并没有把小雨教育好，妈妈后来甚至发现女儿常常故意气自己，只要看到自己生气她就非常高兴。现在妈妈和小雨的关系非常僵，妈妈常常困惑地想："用什么方法才能和女儿很好地沟通呢？"但是这个方法她一直没有想出来。

对于女孩在青春期的突然转变，妈妈们往往难以接受，于是，有些妈妈为了找回原来那个乖巧听话的女儿，不断给女儿施压，结果不仅没有达到目的，还和女儿的关系闹得很僵。

其实，对于女孩来说，青春期原本就是一个特殊的时期，出现叛逆、不听话是很正常的事，德国著名儿童心理学家夏洛特·彪勒就曾经把青春期称为"消极反抗期"。这是因为女孩一进入青春期，随着她们身心发展的日趋成熟，希望自己独立的愿望越来越强烈，于是，她们往往会采用与妈妈或老师对抗的方式来证明自己已经长大了。

因此，妈妈们不要把青春期女孩的叛逆看得太过严重，但也不能不闻不

问,只要妈妈们稍加正确引导,她们就会慢慢地杜绝叛逆行为。下面就给因为女儿叛逆而头疼的妈妈们提供一些行之有效的方法:

理解尊重女孩,减少批评、指责和唠叨

小蝶12岁了,妈妈感觉到女儿已经进入青春期的叛逆阶段了,于是就找了一些有关女孩青春期的书来读,并把这些书介绍给小蝶,让她了解一下自己的生理以及心理变化。妈妈发现,小蝶进入青春期后,她确实改变了很多,不仅情绪多变,脾气也变得暴躁起来。妈妈知道女儿的这些改变都是正常的,于是就坚持这样一个原则:理解尊重女儿,尽量减少批评和指责,更不要和女儿对着干。当然,小蝶和妈妈也有争吵的时候,每当争吵太激烈时,妈妈就尽快作出让步:"妈妈不和你吵了,你的激素又在控制你了。"小蝶也看过那些有关青春期的书,听了妈妈的话一下子笑了起来,气也消了。

很多妈妈看不惯青春期女孩的叛逆,不是没完没了地唠叨就是指责打骂,这样反而会激起她们更强烈的反抗。其实,青春期的女孩也懂得是非对错,如果妈妈对她们多些理解和宽容,她们往往也能控制自己的不良情绪。

引导叛逆女孩比抱怨更有效

生活中,我们听到最多的就是妈妈对青春期女孩的抱怨,诸如:

"我们家女儿无可救药,就知道顶嘴!"

"女儿上了初高中最难管,她们不是逃课、上网,就是早恋,根本不知道学习!"

"我女儿就是一个'刁蛮公主',脾气太坏,经常对我们怒吼!"

……

青春期女孩的确会存在各种各样的问题和叛逆行为,但妈妈的抱怨不但不会减少女孩的叛逆行为,相反还会让女孩对妈妈的抱怨产生反感,进而变得消极起来。

因此,妈妈们不要总是抱怨自己的女儿如何不听话、如何叛逆,而是应该多引导她们看到自己哪里做错了、哪里需要改正以及如何完善自己,这样,叛逆的女孩们才会朝着妈妈期望的方向发展,也才会变得更加积极和努力。

细节2 "我没什么话想说！"
——为何和女儿越来越疏离

璐璐一直在妈妈的呵护下长大，对妈妈也十分依赖，但是，自从进入青春期后，她与妈妈的交流少了，做事也通常由自己决定，而且与妈妈的关系仿佛也越来越疏远。

现在每天放学回家，璐璐就钻进自己的小屋，锁上门，不理妈妈。吃饭时，她也默不作声，"专心致志"地吃自己的饭，最多是妈妈问一句，她就答一句。不到万不得已，从不与妈妈说话，妈妈想和她沟通都很难。

如今很多家庭都有璐璐妈妈的这种烦恼，因为妈妈们根本不知道自己哪里做错了，结果使青春期的女儿和自己越来越疏远。其实，妈妈们不必为此担心，因为这是青春期女孩的一种正常表现。

为什么女孩会在青春期和妈妈疏远呢？因为从心理学角度来讲，青春期的女孩承受着很多压力，如学习压力、身体变化压力、性意识产生的压力等，很多时候她们想要释放这些压力，但是又不好意思找妈妈，于是宁愿埋在心里或把"心事"向朋友倾诉。

虽然青春期的女孩不愿意和妈妈"交心"，但我们还是可以通过一些方法拉近女儿和自己的关系：

与青春期女儿的好朋友保持沟通

天曼什么事情都不喜欢和妈妈说，但是她的一举一动，妈妈却了如指掌。这一切都得益于天曼的好朋友晓雪。

有一次，晓雪到天曼家玩儿，趁天曼去楼下买饮料的机会，天曼妈妈悄悄地问晓雪："晓雪，这段时间天曼和你说了什么悄悄话啊，能讲给阿姨听听吗？我也好想听听她的心事。"

"阿姨，天曼最近确实有一件心事，可我答应她要保守秘密，不能告诉别人。"晓雪有点儿为难。

"这件事我估计你们俩也不知道怎么办吧？阿姨是过来人，比你们的经验丰富，一定能帮天曼摆平。"

"是这样的，阿姨，天曼喜欢上了隔壁班的一个男生，但那个男生好像并没有注意到天曼，天曼又不好意思表白，内心很苦恼。"天曼妈妈知道了女儿最近的心事后，给天曼上了一堂早恋教育课，后来据晓雪反映，天曼不再为那件事苦恼了。

现在，天曼妈妈一直都与晓雪保持着"联系"，只要女儿那儿有什么"风吹草动"，晓雪都会及时转达给她。

天曼妈妈的做法很值得其他妈妈借鉴。虽然一进入青春期，女孩就不再是小孩了，但在成长的过程中，她们的确又会遇到很多的问题和烦恼，但由于自己能力有限，唯一能做的就是向朋友倾诉，倾诉完了，她们依然手足无措。因此，如果妈妈能与女孩的朋友保持联系，那么就可以掌握第一手资料，从而发现女儿的问题，并帮其解决。

事实上，青春期的孩子都很讲义气，她们乐意帮助好朋友，也很尊重好朋友的妈妈，因此，与女儿的好朋友保持联系，是妈妈了解青春期女儿的一个非常好的途径。

与青春期女儿的老师保持联系

有一位妈妈的教育经验是这样的：

最近，女儿情绪很糟，每天都板着个脸，看她这个样子，我既心疼又着急，问她发生了什么事情，可她就是沉默不语，问烦了，还冲我大喊："别烦我！"

于是，我给女儿的班主任打了个电话，询问女儿在学校里有没有遇到什么事情，为什么最近情绪起伏这么大。班主任告诉我，前几天，女儿去找他调换座位，说是与同桌发生了一点儿小矛盾，但是他没有答应。这下，我明白了，女儿之所以脸色难看，是因为和同桌发生了矛盾，欲"逃"不能。

弄清事实真相后，我与女儿认真地谈了谈，并告诉她："逃避不能解决问题，时间也并不会平息内心的压抑，我们应该做的就是坦然地面对问题，以一颗宽容的心去理解他人。"

虽然女儿没有告诉我接下来的事情，但从她的欢声笑语中，我能够感受到这场矛盾被顺利化解了。

对于很多妈妈来说，老师可能只是"传道授业解惑"。其实不然，通过与学生在课堂上的接触，老师常常能够敏锐地了解她们情绪变化的原因。如果妈妈们常常与老师保持联系，那就可以从老师的讲述中，推测女儿情绪变化的原因，进而引导女儿化解她的不良情绪。

细节3 "我想干啥就干啥！"
——为什么女儿越大越任性

青春期女孩任性、执拗、不听话，往往令妈妈们很头疼，以至于面对女儿任性时的怒气冲冲、顶嘴、反抗，有的妈妈会答应女儿的不合理要求，以求得"耳根安静"；有的妈妈干脆采用冷落、打骂的方法，但这并没有达到预期的效果。

一位妈妈对教育专家这样讲述了自己的女儿：

我女儿柯灵聪明伶俐，对人热情，模样也很可爱。可是有一个缺点，就是太任性，无论在学校还是在家中，她都表现得非常任性，如果不依她，她就给你脸色，不达目的不罢休。据老师反映，其他同学都好好地坐在教室里上课，只有柯灵常常逃课。等老师找到她后问她为什么要在上课时间独自不声不响地离开教室时，她就无所谓地说："我想出去就出去，你管得着吗！"和同伴一起玩儿的时候，因为女儿总想按照她自己的意思玩儿，或让大家都听她的，如果别人不同意，她不是骂别人，就是在背后说别人的坏话，结果很多同学都不愿和她交朋友。

有一次，女儿跟我上亲戚家去做客，她见到一个新式的气压保温瓶，感到很新奇，就玩了起来。傍晚，硬吵着要我给她买一个同样的保温瓶，而且今晚一定要，并以不吃饭要挟我。最后，我只得连夜赶到百货商店，买回了保温瓶。

女儿似乎已经完全意识到我们对她的要求有求必应，所以经常向我们提出这样那样的无理要求。而我们拿她没办法，总是唯命是从，什么都依着她。

上述事例中这个女孩任性的行为令人担忧，她怎么会变得这么任性呢？其实，女孩性格的形成与发展主要受到后天环境和教育的影响。如今，"六和一"家庭比比皆是，家人都把目光聚焦在"小公主"身上，事事处处依着她。

这样的家庭教育环境和教育方法自然会让女孩变得任性起来，再加上一进入青春期，女孩自我意识增强，逆反心理严重，任性行为就会经常发生。那么，有哪些方法可以改掉青春期女孩任性的坏毛病呢？

正确运用"冷处理教育法"

12岁的薇薇是一个非常任性的女孩。在家里，爸爸妈妈什么事都要依着她，要不然她就会没完没了地吵闹下去。因为每天都长时间看电视，薇薇的眼睛有些近视，妈妈劝她多休息少看电视，她随口就说："我想看就看，你们不用管！"前两天家里来了客人，妈妈做好饭后，让爸爸和客人先吃，把薇薇放到了后面。这下薇薇不高兴了，当着客人的面就摔了筷子，气得妈妈直跺脚："你这孩子太任性了，真是快把我气死了！"

其实，让青春期女孩冷静下来后再进行教育就是"冷处理教育法"。青春期女孩的固执任性往往是为了引起妈妈的注意，因为她知道妈妈疼爱她，一发脾气或哭闹就会使妈妈心软，进而满足自己的要求。一旦她有了"看你也拧不过我"的意识，女儿任性的毛病就不容易矫正了。

青春期女孩虽然很冲动，但她也懂得察言观色。当她看到妈妈态度坚决，自己的任性行为不起作用时，就会自动放弃自己的无理要求，主动亲近妈妈。这时，妈妈不妨抓住时机，对女儿进行引导，告诉女儿"为什么是不对的"和"怎样做才是对的"，并针对女儿任性的原因提出几条具体要求。当女儿能实现这几条要求时，就要适当满足她的某种合理要求，下次她再有要求就不会对你任性了。

妈妈不要过分迁就自己的女儿

有一位妈妈苦恼地对友人倾诉道：

我 13 岁的女儿非常任性，经常"不达目的不罢休"。有一次走亲戚，女儿看到表姐有一块会闪光又会发出音乐的手表，回家之后就缠着我要一块同样的手表。但当时已是深夜，不可能买到。女儿却并不理会，又哭又闹。"看见什么都想要，太任性了！"我只好大声斥责女儿，没想到她哭声更大了，最后我只好答应她第二天商场一开门就去给她买同样的手表。

现在很多女孩都是家里的"掌上明珠"，更何况在人们心目中，女孩就应该得到家人更多的爱护。所以在现实生活中，很多妈妈都过分娇惯和迁就自己的女儿，即使女儿提出一些不合理的要求也答应下来。正是妈妈无原则地迁就，让青春期女孩形成了骄纵任性的心理以及行为定式。

因此，在和青春期女儿相处时，妈妈应该与其"约法三章"：当女儿有了某种要求时，应该和妈妈讲道理，而不是用任性的行为，如顶嘴、哭闹、绝食等逼妈妈"就范"。如果女儿不同意妈妈的意见，可以和妈妈进行讨论，也可以请其他家庭成员发表看法，但是不能发脾气、耍小性子。

细节4　"另类有啥不好？"

—— 为何女孩喜欢"非主流"

有一位妈妈这样讲述了女儿青春期前后的变化：

女儿自从进入青春期之后，我发现她发生了很大的变化，以前女儿从来不注重打扮，不管我买什么样的衣服，她都不挑剔。可是现在，她总说我买的衣服太老土，跟不上时代的潮流。她总向我要钱，要自己去买衣服，而她买的衣服又太"时髦"，不太适合学生穿。可她总是对我说："改变我的穿衣打扮，只是为了证明我是个'时尚达人'。"女儿还说自从她改变路线变成"潮人"之后，大家就经常把目光放在她身上，并且都记住了她。她认为是自己的"个性"让她成为人群中的焦点，那种感觉令她很开心。

青春期女孩大多喜欢追求个性，喜欢标新立异。她们之所以如此，无非是为了满足自己两方面的心理需求：一方面是归属感的要求，因为青春期女孩渴望融入同龄人的团体，但又怕被团体成员讨厌或抛弃，所以她们只有通过个性的外表和着装与团体保持一致，以此来满足她们归属感的需求；另一方面是女孩渴望成为"焦点人物"的心理需求，青春期女孩都渴望成为他人关注的焦点，于是学习好的通过"好成绩"来满足被关注的心理需求，学习不好的哪怕作为"反面教材"也想要满足被关注的心理需求。

那么在了解了青春期女孩追求个性的缘由之后，妈妈们应该如何引导她们呢？

认同女孩的个性，而不是妄加指责

一位妈妈的教育经验是这样的：

一天，我出差回到家发现女儿不但染了黄头发，打了耳钉，而且穿着一条破破烂烂的裤子，当时就震惊了。这时，女儿有些得意地对我说："妈，怎么样，是不是很漂亮、很潮？"我虽然心里很不喜欢女儿这样的装扮，但还是欣赏地说道："黄色的头发挺个性的，耳钉的造型也很别致。"女儿有些吃惊地说："妈妈，我以为您回来会痛骂我一顿，我都做好挨骂的准备了。"妈妈笑着说："傻丫头，我为什么骂你？我像你这个年纪的时候，也追求过个性。可是，你们学校让染头发、打耳洞和穿这样的裤子吗？"女儿想了想，有些郁闷地说："我还是变回以前吧！"

由此可见，当你先认同青春期女孩的个性，反而更容易引导她们自然放弃那些奇装异服的"个性"。因为青春期女孩毕竟是叛逆的，你越是指责或阻止她的一些个性行为，她就越会对着干。所以，妈妈首先认同青春期女孩的个性，是引导她们正确行为的第一步。

忽视女孩"个性"的同时加以引导

有这样一个小笑话：

一天，妈妈问青春期的女儿想要什么样的裙子，女儿想了想，回答说："就买那些您最看不顺眼的吧。"

虽然只是一个小笑话，但它也反映出青春期女孩和妈妈之间不同的审美观。在大多数青春期女孩看来，染头发、化妆、打耳洞、留个性的发型……这些都是"酷""潮""时尚"的一种表现，但妈妈们却无法理解。不过，妈妈对待青春期追求个性的女孩，应该采取既忽视又引导的方法。

佳佳上高一那年，她突然对自己的头发产生了很大兴趣，看到有女生把头发染成紫色，她也就去尝试了。但是妈妈非常讨厌女儿把自己打扮成这样，总是建议她重新染回黑色，但佳佳嘲笑自己的妈妈是个"土老帽"，说那是国外最流行的发型。后来，妈妈干脆不管她，而是想到一个好办法。妈妈知道女儿很崇拜自己的一个跳芭蕾的朋友，所以她打算让她们见上一面，但在去之前，妈妈要求佳佳一定要戴上帽子。

没想到，就在佳佳和妈妈出发的前一天，她修剪了头发并染回了黑色，佳佳是这样对妈妈说的："妈妈，我想您朋友估计也和您一样不喜欢我的头发，所以我就把它染回来了。但说不定哪天我还会染回去。"

瞧吧，青春期女孩就是这样，当你忽视她的个性，她往往不会和你对着干，而当你适当引导她，她又会很自然地接受你的引导。所以，不要总是责怪女儿"标新立异"，选择忽视她的个性行为，其实往往是最好的解决办法，当然忽视的同时你要引导她正确看待所谓的"个性"，例如让她意识到大家并不喜欢她张扬的发型、夸张的服饰等。

细节5 "你怎么不去学习？"
——女儿为什么故意唱反调

女孩一进入青春期，妈妈们就发现她们的"翅膀开始硬了"，有时会故意向自己挑衅，或和自己顶嘴、对着干，而且类似下面这样的行为越来越多：

女孩非要去做一些妈妈严令禁止的事情；

顶嘴现象几乎成了女孩的每日"必修课";

妈妈让她"往东",她就偏要"往西";

女孩总是做一些令妈妈担忧的事情,又不知悔改;

在学校,和老师、同学对着干;

……

青春期女孩为什么喜欢故意挑衅呢?这种与妈妈、老师、同学甚至陌生人的对抗情绪是怎样产生的呢?

其实,青春期女孩任何一种看似无理的不良行为背后,都有一个看似合理的理由。例如,妈妈没有给予女孩应有的尊重和信任,她就会用故意挑衅来表达自己的不满;老师对她产生了误解,她就会故意和老师对着干;同学不小心伤害了她的感情,她就会用对抗来反击。无论青春期女孩挑衅别人的理由是什么,大多数情况下都是别人先无视、伤害、误解了她。那么妈妈们如何正确引导青春期女孩的挑衅行为呢?下面这些方法很值得一试:

摆正角色,妈妈要学会将"命令型"改成"建议型"

有一位妈妈在网络上这样求助道:

我女儿今年15岁,可能是由于爱人经常在外工作的原因,女儿渐渐在家中扮演起了"父亲"的角色,而且时间一长,她竟然开始教训起我来了!本来家里大事小事都够我忙的了,女儿还整天像个"指挥官"似的指使我,气得我整天骂她。可这孩子根本无视我的"命令",我要是让她干点儿什么事情,她不是推三阻四,就是甩手就走,甚至整天给我脸色看。我是对她打也打了,骂也骂了,一点儿用都没有。现在,我们俩一见面就跟"仇人"似的,互相看对方不顺眼。真不知道如何才能缓解我们之间的关系。

这个妈妈和女儿正是因为摆错了角色,才导致矛盾升级。在一个家庭里,家长应该有家长的样子,而女儿应该有女儿的本分,如果两种角色对换,势必会出现问题。再加上青春期女孩逆反心理严重,自我意识膨胀,如果妈妈总是在命令女儿去做什么、怎么做,那么很可能会激起女儿的逆反心理,使她故意挑衅妈妈的行为变得越来越严重。

因此，妈妈们首先应该摆正自己的角色，并将自己的说话方式从"命令型"改成"建议型"。例如，"某某，如果你试着……如何?"这种"建议型"的方式表面上是在征求女儿的意见，实际上你是给她指出了一条路，有利于培养女儿的思维能力和判断能力。

采用"迂回政策"，避免刺激女孩

有一位妈妈的教育经验是这样的：

女儿今年已经上初三了，还有半年就要中考了，我担心她学习分心，就把她房间的计算机搬进了我的卧室。原以为这样做女儿会专心致志地学习，没想到她上网、看电视、聊天的状况比以前还严重。我问她："你是不是故意没事找事?"女儿说："我上会儿网怎么啦，又不是上一天！电视我也没看很长时间啊！整天就知道说我，哼!"我觉得女儿是故意向我挑衅，因为我没收了她的计算机，刺激到她了。所以，我马上改变教育策略，不但把计算机重新搬回她的房间，还为我对她的不信任表示歉意，并告诉她我这样做的原因。女儿看到我的表现，似乎非常满意，学习更加积极，而且计算机放在她的房间，她并没有整天上网，而是在学习之余才去浏览一下新闻网页。从那之后，她再也没有故意和我对着干，相反，还学会站在我的角度思考问题，给我省去了不少麻烦。

心理学家托马斯·戈尔登曾认为，妈妈怪罪孩子的话说出来，会使孩子觉得妈妈是在无理取闹，或觉得妈妈不疼他们。他认为，平时教育孩子的过程中，应该多说"我……"，例如，"看见厨房又弄脏了，我好泄气"或"你回家晚了，我很担心"。他说："这样的口吻不容易伤感情或激起反抗心理，却能促使儿女反省自己的行为对别人造成的影响，因而以后会考虑周到些。"由此可见，妈妈们在面对青春期女孩挑衅的时候，应该采取"迂回政策"，不要和女孩有正面冲突，也不要刺激她们，应该多给她们一些理解、尊重和信任。

细节6 "我不喜欢雨天！"
——为什么青春期女孩多愁善感

女孩一进入青春期就会发现"感情真是一件复杂的东西"，于是那些敏感、细腻的女孩就会随着感情的起伏变得多愁善感。例如，有些女孩看见路边枯萎的鲜花会很难过，读到一个伤心的故事也会流泪……

一位妈妈曾这样讲述自己的女儿：

我女儿今年上高二，她从小就是一个多愁善感的女孩。她不能听那些悲伤的故事，每次一听就哭得一塌糊涂。到后来，就连那些喜剧电影里的感人镜头也会让她哭泣，我不知道是她太过善良，还是太过多愁善感。有时候看《动物世界》的时候，每次出现小动物被伤害的镜头，她也会一边看一边流眼泪。

这个女孩太多愁善感了，如果妈妈不稍加引导，像她这样一个整日悲悲戚戚、郁郁寡欢的"林黛玉"，是不可能坚强勇敢地应对学习、生活中出现的各种各样的挫折和困难的。

所以，实际生活中妈妈应该仔细观察青春期女孩的各种情绪和行为，教会她们如何坚强、自信、乐观地面对不好的事情。

让女孩远离那些伤感的故事书和电视节目

心理学家通过研究发现，现实中的人们都有一种惯性思维，例如，本就多愁善感的人偏爱看一些伤感、催人泪下的书籍或电视节目，长此以往，必将更加敏感、脆弱。所以，如果你的青春期女儿很多愁善感，那么就要让她尽量远离那些伤感的故事书和电视节目，不要刺激她敏感的神经，而是选择让她多接触一些积极的、乐观的、轻松的书籍和电视节目。

下面这位妈妈就做得非常好：

我的女儿非常爱哭，有时看着我给她新买的古典小说，她的眼泪就会落下来；有时，她看电视节目，也会被节目内容感染得忧伤不已。我知道女孩大多敏感、善良，她们内心深处都有一颗非常脆弱的同情心，但我并不想看到女儿整日忧心忡忡的样子。我希望她快乐，所以，我下定决心要让女儿从"多愁善感"中解脱出来。

于是，我给女儿买了很多有意思的搞笑漫画书和喜剧电影，平时我们还经常看一些喜剧电视剧，并给女儿讲一些小笑话，逗她开心。现在，女儿变得开朗、乐观、自信起来，再也不像以前那样多愁善感了。

学会转移"伤感公主"的注意力

一位妈妈的教育经验是这样的：

一天，我和上高二的女儿一起去看电影。电影讲述的是一个很忧伤的故事，结果多愁善感的女儿好长时间都不能平复自己的心情，脸上总有一种忧愁的神情。我知道后，开始转移女儿的注意力。我知道女儿非常喜欢音乐剧，便问她："听说，你前两天和朋友去大剧院看了音乐剧，那个演出怎么样，是不是很精彩？快和妈妈讲一讲，有没有特别优美的片段？"女儿一听我聊起了音乐剧，顿时也来了兴致，便忘记了那个忧伤的电影。

很多时候女孩悲伤的情绪只是短暂的，如果不及时帮助女孩从这种不良情绪中解脱出来，她可能会一直沉浸在这种忧伤的氛围中，变得更加多愁善感。所以，当青春期女孩突然沉浸在忧伤中时，我们就要想办法把她的注意力转到那些有趣、开心的事情上，以便让她能快速地从那些忧伤中解脱出来。

细节7 "肮脏和丑恶的世界！"
——女孩何时变成了"愤青"

一位妈妈给14岁的"愤青"女儿写了这样一封信：

女儿，妈妈不清楚是什么让你对这个社会充满诸多的感慨与无奈。你才14岁，可我觉得你的心灵担负了太多的东西。其实，世界没这么复杂，人心也没这么复杂。

也许你对很多人、很多事、很多社会现象不满,但每个人的力量是有限的,当你把属于自己的事情做好,那么你就是在对自己、对他人、对社会尽一份责任。你要学会适应社会,学会服从,学会理解,还要学会沉默与忍受。

妈妈知道,你是一个满腔热血的孩子,你充满正义,你单纯而直率,但你要清楚老师的严厉、同学一时的谎言,那都是可以理解的。很多时候,当你换个角度思考问题,会发现一切问题都有解决的办法。

这位妈妈说得很对,我们应该教会女孩如何正确地看待自己、他人、社会,以便形成正确的人生观。

事实上,青春期女孩有时候会变得愤世嫉俗,主要是由这些原因造成的:家长的功利性教育,青春期女孩的逆反心理在作祟,女孩习惯用一些偏激的想法思考问题,女孩习惯跟着感觉走,等等。

因此,在女孩青春期的这个特殊时期,妈妈们必须重视对女孩人生观的引导,多和女儿沟通,精神上和物质上都要多多关注她们,以便帮助她们建立正确的人生观。

除此之外,下面这些教育方法妈妈们也可以多尝试:

利用榜样的力量,多培养女孩的社会责任感

苏联著名作家法捷耶夫曾说:"青年的思想越被范例的力量所激励,就越会发出强烈的光辉。"所以,妈妈要利用榜样的力量,多以那些积极为社会做贡献的成功人士为范例,激励女儿向他们学习,同时让女儿结合自己的知识水平和生活经验,形成正确的人生观。

有一位妈妈是这样做的:

我女儿自从上了中学后,对"人活着是为了什么"就一直很困惑,有时候只要一想到人终究会死,她便觉得学习和生活都很乏味。我与女儿聊天后得知了她的忧虑,便为她买了一本《钢铁是怎样炼成的》。一开始女儿不是太感兴趣地翻了几页,后来却突然如饥似渴地阅读起这本书来,并且深深地被保尔为国家牺牲一切的信念和崇高的人生观所感染。她还把书中"一个人的生命应当这样度过：当他回首往事的时候不会因虚度年华而悔恨，也不会因碌碌无为而羞愧！"这句话写在了自己的笔记本上，时刻激励自己。

从此之后，我发现女儿不再为生活、学习的乏味而苦恼，而是开始积极地生活，并且变得越来越乐观、向上。

妈妈在对女儿进行人生观教育时，除了通过让女儿阅读相关人物传记或故事之外，一定要强调社会责任感，因为只有学会为家庭、为他人、为社会、为国家做贡献，她才能具备正确的人生观，并且拥有一个有意义的人生。

让青春期女孩给人生确立一个积极的意义

有一位妈妈的教育经验是这样的：

我女儿韶涵今年上初二，有一天，她突然问我："妈妈，您说一个人的一生应该怎样度过才算真正有意义？人总有一天都会死，那么死之后这些意义还存在吗？"我笑着说："女儿，一个人的人生应该由他自己来决定。你的人生自然也由你来决定，但是如果你想让自己的生命更有意义，那你就必须学会为社会创造价值。"女儿想了想，说："那我将来要考上医科大学，为别人减轻痛苦，这样是不是有意义呢？""当然，非常有意义！"我点了点头说。

著名作家毕淑敏曾说："人生是没有意义的，但你要为之确立一个意义。人生，是因为具有追求，具有那种动态的美，才变得让人眷恋，让人怀念。"无论是已经走入社会的成年人，还是在校园里苦读的孩子，只有学会给自己的人生确立一个积极的意义，才不会因走错路而后悔，自然也会少了很多愤世嫉俗的言论和行为。

一般来说，进入青春期的女孩人生观开始慢慢形成，而所谓的"人生观是什么"这个问题，美国心理学家罗杰斯给出的答案是："人生观是每个人关于如何度过这一生和关于人生意义的基本观点和看法，一个人的人生观是否正确并不是他自己说了就算的，还得看这个观点能否与社会相适应。"

所以，当青春期女孩问到人生或生死的问题时，妈妈不要感到诧异，而是应该积极地与女儿进行探讨，并且鼓励她为自己的人生确立一个积极的目标。

细节8 "我比她们都强！"
——为什么女孩喜欢自恋

在一次亲子交流座谈会上，有一位妈妈讲了这样的事情：

我女儿自从上学之后，一回家就喜欢给我讲学校的事情，但我发现，女儿说的几乎都是自夸，她说自己在学校表现多么出色，老师和同学多么喜欢她。从小学到初中，从初中到高中，女儿的嘴巴就没停过："我的舞蹈在学校是最棒的，没有人比我更好了！""大家都喜欢听我唱歌，我唱得比歌星还好听！""我可是我们班班花！""天底下就没有我不知道的事情！""我们英语老师最喜欢我了！""同学们都喜欢和我一起玩儿！"……我就想不通了，怎么我有一个这么"完美"的女儿，我自己都没有觉察到呢？

那么，青春期女孩为什么会变得自恋呢？通常情况下有这样几种原因：青春期女孩虚荣心作祟，想要满足自己的自尊心和"面子"；女孩好胜心强，为了在与别人的比较中获胜，故意夸大其词；女孩想要表达内心的希望、想法或追求，往往会说一些大话。

其实，青春期女孩自恋本不是什么大问题，这是这个特殊时期女孩的正常表现。当然，自恋是一种不良的习惯，所以当你发现女儿经常说大话或过度表扬自己时，应及时制止，并且告诉她："自恋会阻碍你取得进步，应尽量克服自恋心理。"

除此之外，下面这些引导方法也可以帮助妈妈们来解决青春期女孩过度自恋的问题：

引导青春期女孩学会欣赏别人

有一位妈妈的教育经验是这样的：

一天，上初二的女儿放学后突然气呼呼地对我说："我同桌李莉什么都不懂，像个白痴一样，害得我一起又被老师骂了！"我不解地说："你被老师骂，和你的同桌有什么关系？"女儿说："今天上化学课的时候，我和李莉一起做实验，本来两种化学物质不应该放在一起，结果她稀里糊涂地放进去，差一点儿就着火了。老师说我们没有按照她说的来做实验，而是故意捣乱。都是她，平时不好好学，像个笨蛋一样，我明天就让老师给我换座位。"我听到女儿的抱怨，笑了一下说："你同桌的个性虽然有些迷糊，不过你不是经常说她善良、亲切吗？而且上次你生病，我记得是她送你去医院的，你还说她是你最好的朋友。可能她学习上不是太聪明，你应该帮助她，让她和你一起进步，这样不就好了？"女儿仔细想想我的话，觉得非常有道理。所以第二天，女儿并没有让老师换座位，而是主动帮助李莉温习化学功课。

青春期女孩虽然很看重朋友"义气"，但也时常会忽略别人的感受，甚至会因为一时冲动而做出伤害别人的事情。因此，妈妈们应该告诉女儿要多尊重和理解别人，更要学着去欣赏别人身上的优点和长处。

妈妈要尽量满足青春期女孩自我表现的欲望

潇潇今年上初二，她在学校一直表现不错，同学们也都愿意和她交朋友。不过，并没有她口中所说的"很喜欢""很崇拜"，而且能和她真正玩到一起的同学也不是特别多。妈妈从潇潇的日常行为中，可以感觉到潇潇希望能得到更多同学的喜爱，但因为不知道用什么办法和同学相处，所以她有些小苦恼。后来，妈妈带潇潇去参加一些课外的集体活动，让她认识更多的朋友，而且潇潇羽毛球打得不错，妈妈就鼓励她去教那些喜欢羽毛球但打得不好的女孩。慢慢地，妈妈发现潇潇在展示自己的同时，学会了如何做一个诚实、谦虚的人，而且那些成就感也极大地增加了她的自信，她再也不会吹牛了。

这位妈妈做得非常好，因为她懂得给吹嘘、自恋的女儿创造更多展示自我的机会。平时妈妈们可以像这位妈妈一样带女儿去参加集体活动，或有客人来访时让女儿适当表现等，这样会极大满足青春期女孩自我表现的欲望，让别人看到她们"了不起"的一面。

当然，妈妈们也可以教给女儿一些人际交往的技巧，让她巧妙地表现自己优秀的一面。例如，主动和别人分享自己的图书，通过帮助别人来表现自己的能力等。

第二章　别跟青春期女孩较劲
——让爱与理智伴随女儿成长

面对叛逆的青春期女孩，妈妈们充满了困惑和无奈。你希望自己能在女儿面前树立威信，希望自己说出的话、发出的命令，能在女儿那里起作用。可女孩有自己的思想、自己的个性，作为妈妈，应学会把女孩当作一个独立的个体来对待，千万不要跟孩子较劲。本章，让我们揭开"不较劲"的秘诀，让叛逆的青春期女孩重返妈妈温暖的怀抱。

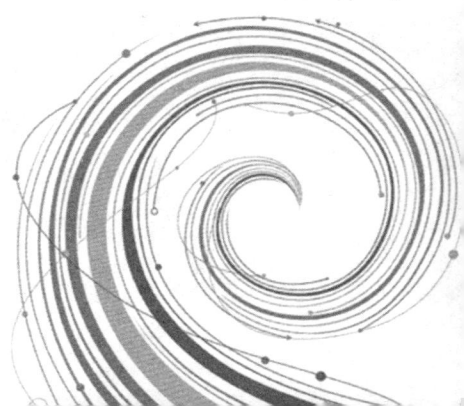

细节9 "为什么翻我东西？"
——该不该知道女儿的秘密

当女孩进入青春期后，她们开始有了自己的小秘密，在妈妈面前也不像以前那么透明了。

正因为女儿的这些变化，妈妈对女儿更加"关注"了：女儿为什么把日记上了锁呢？她不会是有什么小秘密吧？难道她在背着我们谈恋爱……在这些心理的驱动下，很多妈妈都不放过女儿的日记本，也常常因此和女儿产生矛盾。

有一个14岁的女孩在网络日志中这样写道：

我一直都有写日记的习惯。每次写完日记，我都把日记本放到自己的抽屉里，然后再把抽屉锁起来。前几天我打开抽屉去拿日记本，发现日记本明显被人动过，我当时就明白发生了什么。

我非常气愤地对妈妈说："您为什么偷看我的日记？您知道这是侵犯我的人权吗？"

可妈妈竟然装作不知道的样子，说："你的抽屉不是上锁了吗？妈妈又没有钥匙，怎么会偷看你的日记呢？"

我气恼地说："看了就是看了！"

妈妈看了我一眼说："妈妈确实看了你的日记，不过妈妈看你的日记也是关心你啊。"

我说："偷看别人日记是违法行为，您应该向我道歉，并且保证以后再也不偷看我的日记了。"

妈妈看见我一副不依不饶的样子，也生气了："你是我女儿，我有权看你的日记，也有权教育好你！"

我见妈妈不肯向我道歉，便和她吵了起来，最后我还气哭了。第二天，我一下子买了三把锁，同时锁在了抽屉上。

如果没有经过女儿的允许，妈妈就随意偷看女儿的日记本，被女儿发现后自然会引发彼此之间的信任危机。这样一来，女孩便不再相信自己的妈妈，由于担心自己的日记内容会被妈妈发现，于是干脆放弃写日记，这样女孩宣泄情绪的通道就被堵死了。如果女孩不能把心中的不良情绪及时宣泄出来，那么慢慢地她便会变得忧虑、抑郁、消极。因此，妈妈不要把女儿当作自己的"私有财产"，而是应该尊重她的一切，当然也包括她的隐私。

不要随意窥探青春期女孩的隐私

我们每一个成年人都希望保留一定的个人空间，也希望保留一定的小秘密，即使对最亲近的人也是如此。同样的道理，我们虽然是女儿最亲近的人，但是女儿长大了，也自然希望保留自己的小秘密。孔子曾经说过："己所不欲，勿施于人。"既然我们自己也希望保留一定的自由空间，那么就不应该去窥探女儿的隐私。如果我们窥探过女儿的隐私，并被女儿发现了，就应该向女儿道歉，并向女儿保证以后再也不会出现类似的情况了。这样，女儿才不会对妈妈产生信任危机，也不会在心中上起一把"锁"。

选择信任自己的女儿

在安安12岁生日时，妈妈送了她一件礼物——一个带锁的笔记本。当时安安非常高兴，但有点儿不好意思地说："妈妈真了解我。"妈妈对她说："妈妈送给你一个带锁的笔记本，是因为你长大了，也需要有自己的小秘密了，妈妈理解并支持你想拥有秘密的愿望。"

安安说："很多妈妈都会偷看女儿的日记，妈妈就不想知道我心中的秘密是什么吗？"

妈妈说："别的妈妈偷看女儿的日记是因为她们不信任自己的女儿，而我非常相信自己的女儿，妈妈相信你能把自己管好。"

安安听了这话非常高兴，甚至还喊了两声"妈妈万岁"。妈妈顿了顿，接着对女儿说："不过，妈妈给你一个带锁的笔记本并不是想让你把心锁起来，妈妈希望你能经常和我聊聊天、谈谈心，有什么需要帮助的和妈妈说一声。妈妈相信你，你也要相信妈妈。"

安安点了点头，非常愉快地答应了妈妈的要求。从那以后，妈妈和安安都对对方保持着充分的信任，相互间不仅没有隔阂，而且关系更加紧密了。

其实，慢慢长大的女儿将抽屉、日记本上锁，并不一定代表她们有了什么小秘密，也不一定代表她们早恋，这往往表明她们有了独立意识和自尊意识。即使真的怀疑女儿有特殊的秘密，妈妈可以委婉地去问女儿，这样也比窥探女儿的隐私更能让她们接受。当然，我们只有信任自己的女儿，才会获得女儿的充分信任，因为人与人之间的信任是相互的。

细节10　"我像笼里的鸟！"
——你是否过分干预和溺爱女儿

有这样一个关于溺爱与"包办"的经典案例：

一位妈妈为她的女儿伤透了心，她不得不去找心理专家。于是，专家问她："你的女儿第一次系鞋带的时候，打了个死结，从此以后，你是不是不再给她买有鞋带的鞋子了？"这位妈妈点点头。专家又接着问："你的女儿第一次洗碗的时候，打碎了一只碗，从此以后，你是不是不再让她走近洗碗池了？"这位妈妈又说："没错！"专家又接着说："你的女儿第一次整理自己的床铺，整整用了两个小时的时间，你嫌她笨手笨脚了，对吗？"这位妈妈惊愕地看了专家一眼。专家又说："你的女儿大学毕业去找工作，你又动用了自己的关系和权力，为她谋得了一个令人羡慕的职位。"此时，这位震惊的妈妈从椅子上猛然站起来，说："您——您是怎么知道的？"专家轻轻地说："从那根鞋带知道的。"于是，这位妈妈着急地问："以后我该怎么办？"专家说："她生病，你就带她去看医生；她结婚，你就给她准备房子；她没钱，你就给她送钱。这是你今后最好的选择，别的，很抱歉，我也无能为力。"

由此可见，妈妈的溺爱与"包办"会不断剥夺女孩锻炼的机会，会让她在日后的成长中，丧失责任心、感恩心、自信心，各种能力如动手能力、创造能力、自理能力等也会逐渐丧失。这样在妈妈事无巨细的包办和盲目宠爱下的女孩，又怎么能在竞争激烈的社会中为自己争取一席之地呢？

所以，对于女孩，尤其是青春期女孩，妈妈们一定要放弃凡事包办、帮忙的想法，给自己的女儿足够的独立空间和锻炼机会，让她们学着吃苦，学着在挫折中成长。对于青春期女孩来说，妈妈越是舍得对她们放手，给予她们的帮助就越大。

那么，妈妈们具体应该怎么做呢？下面就给青春期女孩的妈妈们提供一些教育方法：

学会对青春期的女儿"狠一点儿"

珂珂原本是一名初三学生，后来休学在家。她从小学四年级就开始学上网，因为家庭经济条件不错，妈妈很早就买了计算机放在家里。珂珂是一个比较聪明的女孩，她很快就成了计算机高手，而且网络游戏占去了她大量的时间。因为经常通宵玩计算机，她上课常迟到，而且听课的时候总是睡觉，还时常被老师叫到办公室谈话。珂珂觉得老师给自己的压力太大，于是就申请退学了。

可没想到，珂珂退学后，经常打妈妈。后来她对别人说，自己第一次打家人是在自己很小的时候，那天她在外边被别的小朋友欺负，回家大哭。心疼不已的妈妈就忙搂着她安慰，还说："女儿，如果你实在觉得委屈，就打妈妈一下吧。"那是珂珂第一次举起了自己小小的拳头……

上海籍犹太妈妈、培养出亿万富翁女儿的沙拉在其著作《特别狠心特别爱》里这样写道："心软是害，狠心是爱。谁溺爱孩子，谁总有一天会为孩子包扎伤口。"没错，你对女儿的溺爱与包办，最后只会害了她。

所以，很多时候，妈妈们应该对青春期女孩"狠一点儿"。当然，这里的"狠"不是斥责打骂，不是没缘由的批评抱怨，而是让妈妈们学会放开自己的手，让女儿学会自己走路，自己做决定，自己去思考。唯有这样，她才能真正学会坚强、责任、勇敢、独立。

让青春期女孩学会"自己的事情自己做"

有一位妈妈的教育经验是这样的：

女儿今年都15岁了，从小到大我一直教她"自己的衣服自己洗"。可是上了初中之后，她就变懒了，总是把衣服扔给我，口中还振振有词："妈，我今儿作业有点儿多，衣服您就帮我洗了吧！"刚开始，我觉得没什么，洗衣服毕竟是小事，女儿学习任务也挺重的。可是，后来我发现，这件小事要是放松了，也会影响其他的小事，甚至会影响到大事。比如说，她一开始不想洗衣服、洗袜子，然后又不想收拾房间，甚至在学习上也学会走"捷径"，慢慢地她在生活上依赖我，在学习上依赖别人，这样下去，她的一生不就毁在一件小事上了吗？所以，我还是让女儿自己的衣服自己洗，自己的房间自己打扫，告诉她凡事不能依赖别人，要靠自己的力量去完成。一段时间后，女儿的自理能力和独立能力都增强了不少。

可能很多妈妈会认为，洗衣服是举手之劳，帮女儿洗并无大碍。但事实上，越小的事情，妈妈越应该放手，因为像洗衣服等事情有助于培养女孩的处理能力、动手能力。

因此，面对青春期女孩，妈妈们不应该再事事代劳，而是应该让她们学会自己的事情自己做。

细节11 "我想离开这个家！"
——如何让女孩在家中感到快乐

一名刚上初中的女生在日记里写道：

今天，我正在房间写作业，外面又传来爸爸妈妈的争吵声，我试着不去注意这些声音，尽量把所有的注意力都放在课本上，但是他们的争吵声越来越大。其实像今天这样的情况经常在家里上演，甚至会伴随着敲桌子、砸板凳的声音，而每次都会弄得我胆战心惊。我非常讨厌这种感觉，为什么别人全家都是开开心心的，而我的爸爸妈妈却总是大吵大嚷呢？我真的非常羡慕那些家庭……

爸爸妈妈一直没有停止争吵，终于，我忍受不了了，推开房门，冲着正在客厅吵架的两人说："你们烦不烦啊！不要再吵了，我都没法写作业了！"谁知，妈妈一见我出来了，马上说："女儿，你出来得正好，你给妈妈评评理，是不是你爸爸不对……"

结果爸爸妈妈又一轮的争吵开始了，在一旁冷眼旁观的我看着他们激烈争吵的样子，脑袋都要炸了。突然，我愤怒地把客厅的餐桌掀翻，屋里顿时安静了。我哭着对爸爸妈妈大喊道："别吵了！我讨厌你们！我恨这个家！"

为什么事情会演变成这样呢？因为这个女孩感受不到家庭的温暖，她感受到的，只是家庭的不和谐。科学研究表明，一个家庭的和谐、稳定是孩子健康、快乐成长的首要条件。

那么，妈妈们如何才能为孩子创造出良好的家庭氛围呢？

建立和谐的夫妻关系

对于回家，梅梅和佳佳的感觉是完全不一样的。梅梅心中是欢喜的，因为回到家就可以和爸爸妈妈一起聊天，一起游戏，还可以手牵着手到小区的公园里玩耍。佳佳却有一种恐惧感，因为她的爸爸妈妈总是吵架。放学后，她会在街头漫无目的地走啊走，希望太阳永远不要落下去。

和谐的夫妻关系会给女儿带来心理安全感。在夫妻恩爱、温馨和睦的家庭里，孩子会过得幸福快乐，而且能够得到全面的教育。而那些夫妻不和、缺少关爱的家庭，常常会产生"问题"孩子。尤其对渴望得到家人关心的女孩来说，如果她们无法感受到家庭的温暖，就会慢慢对家庭感到绝望，继而以早恋、离家出走等消极的方式进行对抗。所以，妈妈们为了自己的女儿着想，应努力建立和谐的夫妻关系。

多制造一些温馨的家庭话题

我们经常能从电视上看到这样的场面：一大家子人温馨地坐在一起，愉快地聊天，开着善意的玩笑，女人们在厨房为大家准备食物，孩子们在穿梭嬉闹，这种温暖的感觉就是"家"的感觉，能让人闻到"幸福"的味道。

其实，在生活中我们也可以让女儿体会到这种感受，这就需要你学会制造全体家庭成员都可以参与的话题。当然，这个话题最好是温馨的、向上的、充满善意和爱的话题。

例如，全家人可以一起商讨为老人准备怎样的生日礼物；周末提议"全家约会"，讨论如何做出约会的详细计划和进程；妈妈要参加一场宴会，女儿和爸爸为妈妈做"衣着军师"；爸爸出差回来，妈妈和女儿商量如何给爸爸一个惊喜，等等，这些都是不错的话题。

细节12 "除了唠叨还会什么？"
——女儿为何讨厌唠叨

有一个16岁的女孩在网络日志中这样抱怨自己的妈妈：

我妈就是一个"唠叨王"，她简直比《大话西游》里的唐僧还要啰唆。我今年都16岁了，她还像对待小女孩似的，每天清晨就督促我早起床，吃饭的时候嘴巴也不停，一直在旁边说："你这孩子吃得太少了，多喝点儿牛奶，多吃点儿鸡蛋，对身体有好处。"好不容易吃完早饭要去上学，她又唠唠叨叨地说："路上骑车的时候小心点儿，要多看红绿灯，到学校要遵守纪律。"晚上回到家又是一顿啰唆。我都要被她烦得崩溃了！

除了唠叨之外，我妈简直拿我当"笨蛋"，好像我什么都不会做、什么都做不好似的。她总是护着我，为我打点好一切。可我是个16岁的大人了，我有能力保护自己，也能用自己的双手做很多事情。真希望妈妈能早点儿醒悟，赶快放开她的双手。

……

很多时候妈妈对女儿过多的保护和关爱，反而会激起她们的叛逆心，让她们觉得自己被妈妈管得失去了自由、自我、自尊，也由此和妈妈之间产生了很多的误会。

同时，进入青春期的女孩自我意识膨胀，面对妈妈的说教往往无法坦然接受，这自然会引起双方的矛盾；很多时候妈妈们由于自身的压力和情绪，对女儿的教育方式有些过激，虽然本意是为自己的女儿好，但却无法让叛逆的青春期女儿感受到自己的爱与好意。

因此，妈妈们应该想办法让女儿知道自己的良苦用心，化解母女之间的误会，让女儿与自己的关系变得亲密起来。

戒掉"唠叨"的毛病，多让女儿了解自己

欣欣12岁那年突然和妈妈大吵一架，因为受不了妈妈的唠叨，她离开家去了爷爷家。当妈妈把欣欣接回来之后，她反思了很久，心想如果欣欣不是去了爷爷家，而是一个人跑到不知名的地方，那后果不堪设想。所以，从那之后妈妈再也没有唠叨过女儿，也没有为她包办过任何事，妈妈开始学着相信和尊重女儿，并且也让女儿学着信任和尊重自己。母女俩甚至还签订了一份协议，例如，要记住每个家庭成员的生日、爱好，要尽量开解对方的不良情绪，要经常为对方做一件感动的小事……渐渐地，欣欣和妈妈的关系又好了起来，欣欣对妈妈的关爱也多了起来。

妈妈的唠叨和说教恐怕是青春期女孩最厌恶的：一是因为妈妈反复的说教令她们心烦意乱；二是因为妈妈的"唠叨"传达给她们的是一种不信任、不尊重的信息，这些都很容易让女孩认为妈妈所说及所做的一切都是在"管"她，是她痛苦的来源。

因此，妈妈千万不要因为一时的"心直口快"就对女儿唠唠叨叨，而是应尽量避免唠叨女儿，要知道很多时候话不要太多，只要让女儿明白道理即可。另外，妈妈也应该多给女儿传递一些自己的信息，比如自己的生日、爱好、喜欢的颜色等，让女儿多了解自己一点儿，她对你的关心、理解就会多一些。

寻找机会增进母女感情

有这样一则真实的故事：

母亲节那天，15 岁的女儿用自己平时积攒的零用钱给妈妈买了一朵康乃馨和一条丝巾。放学后，女儿兴冲冲地回到家把礼物送给妈妈，心里隐隐期待着妈妈对她的夸奖。可谁知，妈妈看到这些礼物，生气地对她说："整天就知道瞎买东西，什么时候你把这些心思都用在学习上，我也就不用操那么多心了。你看你买的这是什么，又贵又不实用，真是浪费钱！"女儿听完妈妈的话，垂头丧气地走回了自己的房间。

其实，青春期女孩的自尊心很强，一旦受到感情上的打击，她就会变得自我怀疑。就如上例中的女孩，她回到自己的房间里，可能会气呼呼地想："以后我再也不给她买东西了。"看吧，本来能加深母女感情的机会被妈妈给破坏了，还给女儿造成了伤害。

所以，面对女儿善意而关切的爱护，妈妈应该表达出你的感动和欣喜，更不要吝啬你的表扬和肯定，这样会鼓励女儿继续对你表达关爱和理解。当然，你也要多找一些机会增进你们的母女感情，例如，看电视或看报纸时和女儿一起讨论国家大事、社会现象，节假日和女儿一起出游、爬山，等等。

细节13 "你打死我吧！"
——棍棒教育对女孩有用吗

社会学家默里·施特劳斯带领的研究小组曾公布了一组数据，他们对美国 807 名中小学的学生家长进行了调查，结果表明：有 50% 的家长表示，在接受调查前的一周内曾体罚过孩子。而如果不考虑像家庭的社会经济地位、家长给予孩子温暖和支持的程度等因素外，家长体罚孩子越频繁，孩子就越不听话。

可见，当妈妈选择用打骂来教育女孩，尤其是青春期女孩，那么不但不会使这些女孩变得更加听话，相反会激起她们的逆反心理，让她们的行为变得更加叛逆。

教育家苏霍姆林斯基曾说过这样一句经典的教子名言："父母不用温柔、理智的良言善语，而打耳光和用皮带抽打孩子，如同在雕塑作品时不用精巧的雕刀，却动用生锈的斧头。"的确，打骂教育不是最好的教育方式，打骂往往只会激起孩子的反抗意识，让他们变得更叛逆，甚至会造成家庭惨剧。

打骂教育不仅会破坏妈妈与女儿的感情，还会严重伤害女儿的自尊心，长期下去，会使女儿对妈妈产生怨恨，甚至与妈妈对抗，因此，妈妈应该抛弃打骂这种教育方式，多给青春期女孩一些宽容、理解和信任，尽力做一个不打不骂孩子的好妈妈。

在惩罚前，给女儿一个"申辩机会"

一天妈妈刚下班就接到学校老师打来的电话，说是上初一的女儿竟然在学校里欺负同学，还把一个女生的门牙打掉了。妈妈看到客厅里像个没事人一样的女儿还在高兴地看电视，心中的怒火就更大了，本想扇她几巴掌让她长长记性，但转念一想，自己还是应该给女儿一个"申辩机会"。于是，妈妈坐到女儿身边说："把今天学校里发生的事情给妈妈具体讲讲吧！"

女儿其实也有一些紧张，担心妈妈打她，不过她还是很仔细地把前因后果给妈妈讲了一遍，原来那个被她打的同学先是欺负了别的同学，她看不过才"仗义出手"的。事情虽然是这样，但妈妈还是批评了女儿不该动手打人，并且告诉她帮助别人还有很多更合适的方法。最后在妈妈的引导下，女儿认识到了自己的错误，并对妈妈说会在明天向对方道歉，同时，女儿也接受了妈妈的惩罚——刷碗一个星期。

上述事例中的妈妈采取的教育方法很明智。假如她不问青红皂白打女儿一顿，不但让女儿觉得委屈，而且也无法从根本上让女儿意识到哪里做错了，母女之间的关系也会出现裂痕。

所以，如果妈妈要惩罚犯错的女儿，绝不要采用体罚，而要学会站在女儿的角度看问题，给她申诉的机会，教会她做人的道理。当然，你也可以像这位妈妈一样，给女儿一些不伤害身心又能增强她能力的小惩罚。

对青春期女孩要做到"以理服人，以情动人"

有一位妈妈的育女经验是这样的：

一天，我对上高一的女儿说："今天不准出去玩儿，好好在家做作业。"女儿郁闷地说："我作业做完了，出去玩一会儿还不行吗？"我说："做完了可以看书。""老师说要劳逸结合效率才会高，我玩一会儿再回来看书。"女儿说完就打算出门，这时，我有些生气地说："什么劳逸结合，我让你看你就得去看！"女儿也生气了："您不讲理！"我瞪了她一眼，严厉地说："哪有那么多道理跟你讲。当年我如果敢跟你姥姥说个'不'字，早挨揍了！"

很显然这位妈妈的教育方式是不合理的，但像上面这样的情形却经常在现实中发生。因为很多妈妈认为女儿上了中学，就应该把全部身心都放在学习上，更何况孩子不懂得什么大道理，所以在教育她们时，妈妈总是习惯摆出一副家长的架子以势压人，甚至拳脚相加。

其实，青春期女孩虽然比较叛逆，但她们有自己的思想，会思考，也懂道理，如果你想让她真正明白是非黑白，最好采用说服教育，晓之以理，动之以情，这才是最佳的教育方式。

细节14 "我的话你认真听过吗？"
——如何做女儿的倾听者

曾有一部加拿大影片，讲述的是一对实际生活中沟通有障碍的母女，在一次偶然的机会下，妈妈变成了和女儿一样大的13岁少女，以自己的新身份重新融入了女儿的生活及内心世界，并利用13岁少女的视角去重新审视和了解自己女儿的生活、学习、交际圈等，最后当她重新变成妈妈的时候，母女俩终于和好如初，成了知心好友。

现实中，我们虽然不能像影片中的妈妈那样真的变成和女儿同龄的少女，但是我们可以通过倾听女儿的心声，走进女儿的内心世界。

有一个已经成年的女孩曾回忆道：

我的妈妈虽然比我大两轮，但是她是我人生中最亲密最重要的朋友。我记得很小的时候，无论妈妈多忙，她都会停下手中的事情，坐下来倾听我的心声。每当我心情不好或感到沮丧、失望的时候，她总是友好地拥抱我，并引导我把心中的苦闷向她倾诉。就这样，妈妈成了我感情最大的"宣泄口"，我们无话不谈。也正因为如此，我一直感到很快乐、很轻松、很幸福，这都是我最好的朋友——妈妈给予我的。

没错，假如妈妈成了女孩最知心的朋友，那么一旦女孩在生活中遇到什么问题，妈妈就可以及时帮助她解决，让她顺利渡过一个又一个的成长难关。那么有哪些好方法可以让妈妈们走进女孩的内心，成为她们的知己呢？

运用倾听"技巧"，鼓励女孩说出心声

有一位上初中的女孩这样抱怨道：

我真的不太喜欢和我的妈妈进行沟通或谈话，她一点儿都不尊重我。每次我想要和她进行沟通时，她总是一边听我说话一边做别的事情，眼睛从来不看我，很多时候我真的不确定她有没有在听我讲话。

像这位女孩说的现象在现实中的确常常发生，而妈妈这种不认真倾听女孩谈话的行为直接伤害了孩子的自尊心，进而让她们放弃与妈妈进行谈心。那么妈妈应该如何倾听女儿说话呢？

妈妈在倾听时，首先姿态要正确，最好这样做：停下来，即暂时放下正在做的事情，注视女儿，给她表达的时间和空间；注意看，即仔细观察女儿的表情、动作、语气等；用心听，即集中注意力专心听女儿讲什么。除此之外，妈妈还应表现出听的兴趣，并且在倾听的过程中恰当地表达自己的意见，多引导孩子说出自己的想法。

在女孩失败时与她谈心

妈妈要想成为女儿的朋友，除了在日常生活中多观察、多倾听、多引导、多亲近女孩之外,在她伤心、失望或遭遇失败时和她真诚地交流、谈心,则是走进女孩内心、成为她的知心好友的最佳时机。

这是因为遭遇失败的女孩会显得异常的脆弱,如果这时妈妈愿意走近她、安慰她、鼓励和支持她,那她和妈妈的关系就会有实质性的飞跃。

有一位妈妈的育女经验是这样的:

前一段时间,女儿参加舞蹈大赛出了丑,由于太紧张忘了动作,而不得不提出退出比赛。遭遇失败的女儿很沮丧,一连好几天,她都不能从失败的阴影中走出来。

我觉得应该帮女儿一把,于是便找了个好机会,与女儿谈心。一开始,我假装很随意地问起那件事情:"女儿,你还在为舞蹈大赛的事情难过吗?""是的,妈妈,我觉得很丢脸!我在学校里都不敢抬起头走路。"女儿沮丧地说。

"可是,女儿,你不觉得你有勇气参加这次大赛就已经很成功了,而且最初你的表现棒极了!人们都会出现失误的,世界上最伟大的舞蹈家也曾经忘记过动作,妈妈相信你通过继续努力,一定会成功的。"我继续开导女儿。

"真的吗?可是现在大家都笑话我。"女儿委屈地说。

我轻轻拍着她的肩膀说:"女儿,那些笑话你的同学他们的做法是不对的,你不必放在心上。你要相信自己,而且笑话别人常常是不自信的表现。你要更努力地去证明自己。"

女儿听了我的话突然释怀了,终于从那次失败的阴影中走了出来。

细节15 "妈妈根本不理解我!"

——如何和女儿做朋友

16岁的可薇觉得自己的妈妈什么都不懂,而且只要是妈妈不懂的东西,她就不允许可薇去接触,比如现在流行上网,妈妈就对可薇说网络是"毒害",

严厉禁止她上网，可薇只好想方设法偷偷地上网；妈妈还严格控制可薇和同学玩儿的时间，假期的大部分时间也要待在她的视野里，说是怕可薇学坏……以前可薇也希望可以和妈妈成为朋友，可是她发现自己和妈妈之间根本没有"共同语言"，无法聊到一块儿去。

为什么女儿长大之后就总是说和妈妈有"代沟"呢？事实上，青春期女孩和妈妈产生"代沟"是很正常的,而且大多数"代沟"的产生都是由心理、生理、角色差异这三方面的原因造成的。

首先，青春期女孩在心理发展上自我意识逐渐增强，她们热爱自由、独立，但又情绪不稳，很容易冲动和愤怒，也容易受他人影响；而心理早已成熟的妈妈则习惯用自己的思维方式和生活方式去要求女孩。

其次，进入青春期后，女孩体力和智力都发展迅速，她们开始变得更加好动、敢创新、追求个性和自我，但同时又缺乏足够的耐心和毅力；而作为成年人的妈妈，人生观、价值观等都已经固定，缺乏变化。

最后，青春期女孩渴望妈妈把她当成平等的"大人"对待，而"望女成凤"的妈妈则习惯为女儿安排好一切，希望女儿在自己的安排和保护下能踏上更成功的道路，两者自然会产生分歧。

正是由于上述三方面的不同，导致了青春期女孩和自己的妈妈之间产生了"代沟"和矛盾，进而引发了一连串的教育问题。那么妈妈们如何通过努力走进女儿的内心，进而消除"代沟"呢？

多提供与女儿互相了解的机会，学会和她"平等对话"

妈妈为了工作一直把夏菡寄养在奶奶家，夏菡和她一年也见不了几次面，后来上了初中，夏菡才转学到妈妈身边，但夏菡和妈妈的关系很陌生。夏菡妈妈只知道给女儿钱花，从来不肯花时间陪陪女儿，或者询问女儿的学习情况。那时候夏菡青春期叛逆很严重，经常逃课和上网，妈妈知道后也只是骂她几句或打她几下，从来不过问她逃课、上网的理由。所以夏菡一直感觉很孤独，认为妈妈根本不爱自己。

由此可见,妈妈和青春期女孩"代沟"的产生除了上面讲过的原因之外，更重要的是妈妈没有给女儿和自己提供更多互相了解的机会。

青春期女孩很少主动去找妈妈谈心，她们觉得面对面地和妈妈交谈有点儿不自在，担心妈妈根本不给她们说话的机会。因此，妈妈除了要主动给青春期女孩多提供一些彼此沟通的机会外，还要学会和女儿进行"平等对话"，学会站在朋友的立场上和她交流谈心，当然也可以借助一些"平行交流"的方式进行谈话，如一起看电影、运动、做家务、逛街等。

主动寻找共同语言，成为女儿的好朋友

面对与青春期女儿的"代沟"问题，李妈妈曾经十分苦恼，也曾和女儿产生过激烈的争吵，她希望女儿按照自己认为的正常轨道前行，但女儿总是偏离出去，女儿还说妈妈根本不懂她的世界、不懂她真正需要的是什么。于是，李妈妈决定试着和女儿做朋友，试着去寻找她们之间的共同语言。例如，李妈妈了解到女儿课余时间很喜欢看排球比赛，喜欢中国女排，于是她就上网专门去搜寻中国女排的相关信息，有时候还会把比赛给女儿录下来，让她一回家就可以看到。后来她还给女儿买了排球，并给她报了排球班。就这样，李妈妈和女儿在排球运动上找到了共同语言，而且成了很好的球友。

其实，只要妈妈肯用心去观察女儿的世界，去寻找和女儿的共同语言，那么就会和女儿成为很好的朋友，而且多接触年轻人喜欢的东西，妈妈自己也会变得充满活力，心情愉快，这样和女儿之间的"代沟"就会慢慢消除。如今，很多青春期女孩经常说自己和妈妈有"代沟"，其实想表达的就是妈妈"落后了"。例如，青春期女孩认为很潮、很时尚的装扮，妈妈就说是"奇装异服"和"不伦不类"；她们烫发、染发，妈妈就说她们"变坏了"；她们狂热追星，妈妈认为是不务正业……

事实上，青春期女孩追求个性和时尚、喜爱明星偶像都是一种很正常的现象，然而，妈妈们却总是认为她们太张扬、太浮躁，坚持自己固有的思考模式和教育模式，而且总习惯以"家长权威"去命令孩子听自己的，这自然会引发矛盾。所以，要想避免和化解这些矛盾，最佳方法就是多找和女儿的共同语言，变成她的好朋友。

细节16 "我会努力的!"
——教育中如何使用激励

和男孩相比,青春期女孩更加敏感、脆弱,更加在意妈妈的评价,自尊心也更强。有时妈妈一句肯定或鼓励的话,就会让她们高兴老半天;而有时妈妈一句否定或批评的话,就会让她们瞬间失去自信心。可见,对于大多数青春期女孩来说,鼓励、表扬、奖励比打击、批评、惩罚更能激发自信心。

一天,美国著名心理学家罗森塔尔到某所普通中学考察,一位老师有求于他:"先生,您能帮我挑出班里那些优秀的学生吗?"

罗森塔尔很痛快地答应下来,然后在学生中间指点起来:"你、你、还有你……"那些被点到的学生从此受到老师的关怀以及同学的羡慕,逐渐树立起了自信心,学习成绩逐步提高,成了班里的佼佼者。

一年后,罗森塔尔再次造访这所学校,问那位老师:"那几个孩子的情况怎么样?"老师说:"实在是好极了。"接着这位老师又有些疑惑地问心理学家:"先生,我感到非常吃惊,在您来之前,那几个孩子只是普通的学生,可经您一点,他们一个个都变了。请问您有什么诀窍判断得如此准确呢?"罗森塔尔微笑着说:"我没有任何诀窍,只是随便点点而已。"

这就是"罗森塔尔效应",它告诉众人的道理就是:对一个孩子进行肯定的评价,能够帮他树立起自信心和自豪感,从而取得更快的进步。没错,鼓励、表扬和奖励是女孩健康成长的"催化剂"。因为这些正面肯定和激励会满足女孩的自尊心、好胜心和进取心,而这些又会促使她们继续努力,以便获取更多更大的成就。

因此,妈妈应该多注意观察青春期女孩的日常言行,用具体的内容和恰当的方式去鼓励、表扬和奖励女孩的每一次进步。

在女儿遭遇挫折的时候给她鼓励和支持

有一位妈妈的教育经验是这样的:

女儿是班里的学习委员，学习成绩向来数一数二，但是最近一次考试却考得非常糟糕。她很难过，她从来没有受过这样的打击，好多天都没有从这次考试失败的阴影中走出来。

有一天，我看到她愁眉不展地坐在书桌前，拍了拍她的肩膀说："女儿，还在为那次考试难过吗？"

"是啊，我是班里的学习委员，但是却考了全班的倒数几名，真是太丢人了。"

"你不要那样想，每个人都有失败的时候，只要好好总结失败的经验，你就已经是一个成功的人了，"我抚摸着她的头说，"妈妈相信你下次一定能够取得好成绩。"

"妈妈，我一定努力学习，把第一名的宝座抢回来。"女儿终于舒展了眉头，充满自信地对我说。

当青春期女孩遭遇挫折的时候，是她们最需要妈妈鼓励和帮助的时候。在这种情况下，如果我们再对她提出批评、指责，会很打击她的自信心，让她不断否定自己、怀疑自己，甚至彻底丧失自信。因此，当女儿遭遇挫折和困难的时候，我们应该多鼓励、多支持她，偶尔给她一些小奖励，尽快帮助她从失败的阴影中走出来。

表扬女儿要注重引导，做到目标明确

一天，上高一的海瑶从学校回来后，高兴地走到妈妈面前说："妈妈，看！我今天画的画！"

妈妈笑着说："你这画不错，一定用心思了。"

于是，海瑶兴奋地问："那您觉得我哪里画得好呢？"

"你看这水的波纹，你肯定日常比较注意观察水被风吹动的样子。不过，你能告诉妈妈，这里的树木为什么是蓝色的，而那边的小房子为什么通体都是红色的呢？"

海瑶把自己创作时的想法一五一十地告诉了妈妈，虽然，妈妈知道女儿的想法很抽象，画画的水平也不高，但是当女儿讲完之后，她依然笑着说：

"你的想法真的很好,我很欣赏你,而且我决定这周末带你去野外爬山踏青,让你去大自然中写生怎么样?"

海瑶笑着说:"妈妈,谢谢您!我一定会画得更好的!"

这真是一位智慧的妈妈。由此也可看出,妈妈的表扬、鼓励对青春期女孩的行为具有很大的影响,但是青春期女孩自我意识强烈,主观能动性很强,因此妈妈更应该注重对女孩行为的引导,另外还要注意表扬的目标要明确,这样才能起到良好的效果。

细节17 "是我不对。"
——如何批评,女儿才会信服你

小雪是个自尊心很强的女孩,做了错事被妈妈、老师批评时,她总是喜欢把嘴巴撅得老高,还爱跟大人强词夺理,有时甚至撒谎、打小报告等。当她进入青春期以后,更是一点儿也不能接受别人的批评,如果妈妈因为她的学习成绩下降或懒惰批评她,她就会反应很激烈,不是绝食抗议就是离家出走,最后妈妈只能凡事都依着她,什么重话也不敢说了。

青春期女孩自尊心一般都很强,而且也很叛逆,假如她们一直都生活在妈妈的"甜言蜜语"之中,从来没有接受过批评,那么她们很容易变成"老虎屁股摸不得"的"刁蛮公主",更分不清是非对错。就像上述事例中的小雪那样,没有受过批评的她往往很难接受批评,而这种消极的态度根本让她无法面对日后的挫折和困难,更无法适应社会的需要。

不过,对待青春期女孩,如果你不懂得批评的技巧,那么只会让女孩变得更加叛逆、骄纵,毕竟大多数女孩都希望得到表扬和认同,而不是批评和否定。但父母也会遇到这样的教育难题:对青春期的女儿批评轻了,她根本听不进去;批评重了,又怕伤了她的自尊心,让她更叛逆。

那么我们如何批评才能让女孩改正错误,信服自己的妈妈呢?

批评青春期女孩时要给她"留面子"

有一位妈妈的教育经验是这样的:

我女儿今年上初二,和她小姨关系特别好。有一次,她小姨来家里做客,我在厨房里做饭,女儿和她小姨在卧室里聊天。我想到卧室拿东西,就听见女儿说:"小姨,现在我的学习成绩可好了,上次语文考试我还考了95分呢!"我意识到女儿在撒谎,因为上次语文考试她只得了75分,根本不是95分。我没有进屋"揭露"女儿的谎言,而是在她小姨走后,给女儿写了一张纸条,希望女儿能够做一个诚实的姑娘,因为没人喜欢撒谎的孩子。女儿看到这张纸条后非常惭愧,每次看到我都欲言又止的样子。我看得出来,女儿是怕我把她撒谎的事告诉别人,尤其怕她小姨也知道这件事。过了些日子,女儿发现我没有和任何人说起这件事,心中对我充满了感激,并且改掉了撒谎的毛病。

青春期女孩的自尊心很强,所以我们在批评她时一定要给她"留面子",尤其在人多的地方或公共场合,最好不要批评、揭穿女孩,因为这样会深深伤害她的自尊心。如果青春期女孩犯的错误不太严重,我们不用全盘说出来,只要稍稍提醒她就可以。这样做,既可以保护青春期女孩的自尊心,还会让她对妈妈充满感激,从而努力地去改正自己的错误和不足。

给批评加一件"表扬"的外衣

一位妈妈是这样教育青春期的女儿的:

我13岁的女儿很喜欢吃零食,她平时有事没事总喜欢在吃饭前吃一大堆的薯片、巧克力豆、冰激凌等,结果一到饭点就说:"我不饿了,我不吃了!"有一次,我对女儿说:"最近我家大小姐表现越来越出色了,如果在吃饭前不再吃零食,那就更好了。"结果女儿吃零食的次数竟然少了很多。

为什么妈妈的一句话就让女儿改变这么大呢?这是因为她先表扬了女儿的优点,然后再委婉地指出女儿的缺点。这样做,既不会让女孩产生逆反心理,还会让她在心情愉悦的情况下接受批评,然后改正。所以,我们不妨多学学这位妈妈的经验,在批评女儿之前,先给她加一件"表扬"的外衣。

第三章 为女孩的情绪解套
——安抚和疏导女儿的不良情绪

> 青春期女孩情绪很不稳定。在她们有情绪时，妈妈们是否都能正确地处理呢？女孩的情绪是否得到了良好的控制和引导呢？据调查发现，现在大约有80%的妈妈都不会正确安抚和疏导女孩的不良情绪，这便为女孩日后的身心发育埋下了隐患。解决女孩的情绪问题，不能违背科学的原则和合理的方法。转化女孩的不良情绪是一个细致入微、因势利导、耐心的教育过程，需要每位妈妈认真学习。

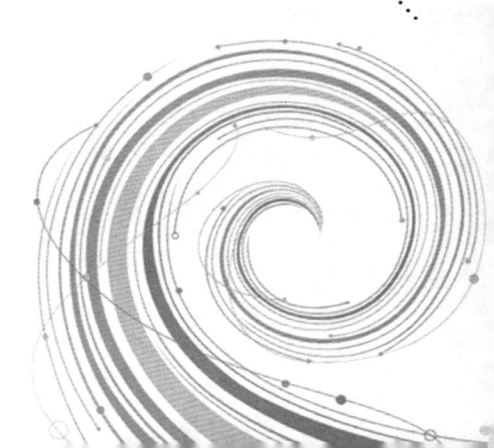

细节18 "我简直太渺小了！"
——如何让自卑的女儿更自信

自信是一种修为，也是女孩获得成功的要素。很多人都有这样的共识：自信的女孩才是最美丽的！

为什么这样说呢？道理其实很简单，自信的女孩有主见，不会人云亦云；自信的女孩对自己充满了信心，敢于在众人面前展示自己的魅力；自信的女孩不怕艰难困苦，敢于冲破一切成功的障碍。

《一个都不能少》是张艺谋导演的代表作，也是大家熟知的一部电影。片中女主角的扮演者魏敏芝是一个普通的农村女孩，然而她正是用自己的自信获得了张艺谋导演的青睐，并且从此改变了自己的人生。

张艺谋导演到河北某偏僻农村拍摄影片，当地人没见过拍电影，都跑出来看热闹。张艺谋对着围过来看热闹的村民们说："你们想不想拍电影，要是想就站出来。"他一连问了几句，村民们没有一个人吱声，甚至还后退了几步。

这时候，一个女孩站了出来，大声说："我想去！"这个女孩长相并不漂亮，红红的脸蛋上透着一种山区孩子特有的淳朴。

张艺谋盯着她，问道："你会唱歌吗？"

女孩非常大方地说："会。"

"那就唱一首。"

"行！"女孩开口就唱，"我们的祖国是花园，花园的花朵真鲜艳……"由于唱歌跑调，并且在最后还忘了词，村民们哄堂大笑起来。但出乎村民们的意料，张艺谋指着女孩说："就你了。"

这个女孩就是《一个都不能少》中的女主角的扮演者魏敏芝。后来这部影片大获成功，魏敏芝成了媒体关注的人物，一夜间成了名人。7年后，她考入西安某电影学院学习，现在已经拍摄了自己的电影和电视剧。

但是在现实生活中，很多女孩往往信心不足。美国作家艾里姆夫妇在《养育女儿》中解释了其中的原因：女孩非常注重人与人之间的关系，她们在做一件事之前，常常会考虑周边的关系，从而变得左顾右盼、犹豫不决。正因为如此，她们无法建立起足够的自信心，并且容易迷失自己。

一位妈妈曾经这样谈论自己的女儿，并且表示了自己的担忧：

我女儿是一个聪慧漂亮的女孩，但是非常缺乏自信心。她常常无缘无故地对自己产生怀疑，认为自己不如别人。前些天，学校要组织一场歌唱比赛，这是我女儿的强项，她当时也跃跃欲试，我们也鼓励她参加。但是过了两天，她竟然退出了，因为她怕自己没有别人唱得好。听了女儿的话，我非常担心，现在的社会是一个充满竞争的社会，谁有自信心谁才会有更多的机会，如果女儿长期这样发展下去，将来怎么能够在社会上立足呢？

这位妈妈的担心并不是多余的。在这个充满竞争的社会中，谁有自信心谁才会有更大的发展，因为自信是获得成功的第一步。如果一个人连自己都不相信，他又怎么能获得成功呢？所以，我们要让女儿做一个自信的人，信心满满地去面对人生的机遇和挑战。

一个人是不是自信，不是天生的，而是后天养成的。当一个人（尤其在小的时候）总是获得表扬，他的自信心就建立起来了；反之，他的自信心就会慢慢消失。在女孩小的时候，她们往往缺乏分辨能力，非常相信妈妈对自己的评价。所以，妈妈对女儿要多鼓励、少批评，逐渐建立起女儿的自信心。

不要否定自己的女儿

我们每个人都有被肯定的心理需要，孩子当然也不例外。心理学家研究发现，孩子对自己的评价大多源于周围人对自己的评价。如果周围的人给他的评价是肯定的、积极的，他就觉得自己能行，并且会在生活中逐渐树立起自信心；如果周围的人给他的评价是否定的、消极的，他就会觉得自己一无是处，从而在心理上产生自卑感，甚至会有自暴自弃的想法。对于生性敏感、注重人际关系的女孩来说，更是如此。所以，妈妈不要用"你真笨！""你不行！"这样的话来否定自己的女儿，而是要多给她们鼓励和支持。

鼓励孩子做一些力所能及的事情

妈妈正在择菜，敏芬凑过来对妈妈说："妈妈，让我来帮您择菜吧！"妈妈怕女儿择不干净，对女儿说："你择不干净，还是去玩吧！"吃过午饭，敏芬看到妈妈正在洗衣服，对妈妈说："妈妈，让我来帮您洗衣服吧！"

女儿刚想凑过来，妈妈一把抓住她说："你别过来，要不然会把衣服弄湿的。宝贝听话，还是去一旁玩吧！"看着妈妈一副"不可以"的样子，敏芬只得委屈地走开了。

上面这位妈妈的做法是不对的。这种做法会让女儿产生一种消极的想法："妈妈认为我什么都做不好，我是不是很笨啊？"慢慢地，女儿会越来越怀疑自己，从而对自己丧失信心。

遇到上面这种情况，妈妈应该真诚地鼓励孩子："宝贝，你这么小就知道帮妈妈做家务，你真棒！"然后再教女儿怎么做。此外，我们还可以主动让女儿做一些力所能及的事情，等她们做好的时候再给她们一定的鼓励。由于常常得到妈妈的鼓励并能够圆满地完成任务，女儿不仅会养成爱劳动的好习惯，还会逐渐树立起自信心。

发现并培养女儿的专长

鑫鑫是一个没有自信的女孩，因为她相貌平平，学习成绩也一般，更没有什么特别的才艺。妈妈发现这一点后，给鑫鑫报了一个舞蹈班，让女儿学习舞蹈。

后来，每当大家聚会的时候，妈妈都会让鑫鑫给大家跳支舞。由于有了自己的特长，并且常常得到大家的夸奖，鑫鑫逐渐树立起了自信心。女孩的兴趣爱好是各不相同的，在天赋和能力方面也各有千秋。但是进入中学后，妈妈衡量女孩的标准往往集中在学习成绩上，那些学习成绩优异的女孩常常受到表扬，而学习成绩稍差的女孩则常常受到批评。那些常常受到批评的女孩就会逐渐产生自卑心理，从而丧失自信心。

要避免这种情况，妈妈就不能"以分数论英雄"，而是要鼓励女孩，多给她积极的评价。此外，我们还可以培养女孩的特长（如唱歌、跳舞、绘画、运动等），女孩在某方面有了竞争优势，她就会逐渐变得自信起来。

细节19 "为什么只喜欢她？"
——如何平复女儿的忌妒心

忌妒心理在女孩中间是普遍存在的，再加上现在独生子女比较多，她们很容易形成以自我为中心的心理，认为所有的人都应该向着自己、关注自己，好东西都应该是自己的。心理调节能力差、社会经验不足、过分羡慕他人、渴望受到师长的重视和周围人的羡慕等，这些都是忌妒心理形成的因素。

有一对双胞胎姐妹，姐姐的学习成绩总是比妹妹好，老师和妈妈也总是让妹妹以姐姐为榜样，向姐姐多多学习。于是妹妹非常生气，不但没像大家希望的那样——向姐姐学习，而是处处和姐姐作对。妈妈感觉到了小女儿的变化，于是改变了教育方法，在表扬姐姐的同时，也不忘记表扬一下妹妹的优点，让姐妹俩互相学习，取长补短。通过一段时间的教育，妹妹的忌妒心渐渐消失了。

很多女孩都有妹妹这样的心理，当她们看到别人有自己所没有的东西，包括衣服、玩具，甚至是受欢迎的程度和能力等，都可能会诱发忌妒心理。有些妈妈认为，这种表现会随着女孩年龄的增长而自然消失，但教育专家指出，过分忌妒会影响女孩正常的心理发育，使她们在自己与别人的对比中感到自卑，妨碍女孩自信心和自尊心的建立。

通常来说，对女孩的忌妒心理只要很好地教育引导，便可以将压力变为动力，激发她发奋上进，培养出健康的性格和良好的品德。相反，如果妈妈不能很好地引导，就会影响女孩的健康成长。据相关研究人员指出，有忌妒心的女孩往往性格怪僻，难与同伴相处，若不及时纠正，人格会进一步扭曲，甚至失去理智，做出一些极端的事情。这样的女孩一旦进入社会，很难有融洽的人际关系，在事业、社交、家庭等方面会遇到意想不到的困难。

那么，妈妈该如何帮助女儿远离忌妒呢？

关注女儿的暗示，并表示同情

青春期女孩很难控制自己的情绪，但对于妈妈们来说，观察女儿的行为方式、掌握女儿的情绪动态却并不难。当女儿忌妒心理爆发的时候，她的行为经常会出现相应的变化，比如搞破坏、哭泣、说忌妒对象的坏话、爱打小报告等。有时忌妒心理也会反映在女儿的心理和身体方面，如难过、焦躁、情绪低落、胃疼、浑身没劲儿……这时，妈妈需要对女儿表示同情和理解，并倾听女儿说出内心的想法。

一天，爸爸带着11岁的儿子玩秋千，站在一边的10岁的女儿委屈地哭了起来，这时妈妈走过来对女儿说："看，爸爸一直陪着哥哥玩儿，把我们都冷落在一边了，这真不公平，对不对？"女儿点点头。于是，妈妈便对她说："我知道你觉得忌妒，是不是？不过这没什么的。你看，妈妈现在不正陪着你吗？"接着，妈妈开始安抚女儿的情绪，不一会儿，女儿就高兴起来了。

当女孩忌妒心理爆发的时候，她们最需要的往往不是欲望的满足，而是妈妈耐心的倾听，以及对她们内心感受的肯定。所以，作为妈妈最好时刻注意这一点。

尽量不要拿女儿与别的女孩作比较

妈妈可能注意不到，你在谈论其他孩子时，一句无心的话、一个微笑、一个眼神、一个耸肩的动作，甚至抬一抬眉毛，都可能被女儿解读为"比较"。尤其当她自认为在某方面没有别人做得好的时候，就很容易诱发对他人的忌妒。

有一位妈妈就曾遇到过这样的情况：

一天，我跟秋秋妈妈说，秋秋的卷发很可爱，可惜自己女儿的头发却是直的。没想到，第二天，我女儿就要求我带她去美发厅要把头发烫成卷发！我一下子就意识到是自己的评价引发了女儿的忌妒心理，从此之后，我再也没有评价过女儿的头发，同时非常注意不拿女儿和别的孩子做无意义的比较。

这位妈妈改正得非常及时，而且很明智地平息了女儿的忌妒心理。各位妈妈也应注意，千万不要随意拿自己的女儿和别的孩子作比较。

帮助女儿发现自己的长处

缺乏自信心的女孩总喜欢强调自己的弱点，而且那种低人一等的感觉更容易引发她们的忌妒心理。因此，妈妈应该帮助女儿建立自信，帮助她发现自己的长处。假如女儿在音乐方面有天赋，妈妈就应该多多鼓励；每当女儿自己解决了一个问题或取得了一点儿进步时，你都应该让她知道你注意到了，并且为她而骄傲。

有关专家指出，当女孩为自己感到骄傲的时候，就会产生更多的自信，这种自信不但可以帮助女孩克服自己的妒忌心理，更有利于她们塑造自我，这才是真正值得别人羡慕的资本。

细节20 "我想一个人静一静。"

——女儿孤僻，妈妈如何引导

心理学家认为："青春期孩子的孤独是他心理成熟的标志。它意味着一个人开始把自己的兴趣从对外界的关注中撤回来，返回到了自我，试图了解自己是怎么一回事，思考人生的价值和意义。这种将目光转移到自我内心体验，是一件好事，家长不用过于担心。"没错，孤独对于青春期女孩来说就像一件"必需品"，可以让她们进行各种思考。

不过，任何一种情感体验如果过度了都会产生不良后果，青春期女孩的孤独亦是如此。孤独对于大多数青春期女孩来说是一种情感压抑的状态，会让她感到空虚和寂寞，甚至把自己封闭起来，变得越来越孤僻。

有一位妈妈给青少年心理咨询专家讲述了自己女儿的变化：

女儿大了真操心，小时候你说什么她听什么，可是现在她变得脾气大了，主意多了，你说她两句，她就板起脸来对你吼："我这么大了，不要你管我！

让我一个人静一静行不行？"以前我还能听到她每天回来给我说学校里的趣事，也会看见她像个"孩子王"似的带着其他小朋友玩儿，可是现在她什么话都不对我讲，也不喜欢和朋友交往了，整天就像个"独行侠"似的。很多时候，一放学就把自己关在房间里，真不知道她一个人在做些什么，想些什么……

的确，青春期女孩的过度孤独很容易让妈妈担忧，因为这样不利于女孩的心理健康。因此，妈妈必须想办法让孤独的女孩敞开心扉。

多给孤独的青春期女孩创造接触社会的机会

青春期女孩很容易冲动、浮躁，所以，必须给予她们适当的独处和反省的时间，但妈妈要掌握好"度"，不能让孤独成为女孩健康成长的绊脚石。因此，妈妈应该给自己孤独的青春期女儿一些接触社会的机会。

向薇今年15岁，她很有自己的想法和主意，但就是有些孤芳自赏，不太喜欢和别人一起玩儿，同学们也都渐渐不理她了。向薇的妈妈觉得这对女儿的成长并不好，但如果直接让女儿去跟别人交往，她一定很反感。所以，妈妈就经常带她出去玩儿，让她多接触社会，例如，全家人一起旅游、参加公益活动、看音乐剧等。一段时间后，妈妈发现女儿的朋友多了起来，她也学会了很多道理，并且女儿在学校也开始赢得大家的好感，结识了很多好朋友。后来，妈妈发现女儿独处的时间越来越少了，出去参加集体活动的时间越来越多了，整个人也更阳光了。

没有人天生就喜爱孤独，人毕竟需要朋友和集体生活。所以，多给孤独的青春期女孩创造接触社会的机会，这不但会增长她的阅历，也会让她发现与人交往的好处。

鼓励青春期女孩多与同学交往

夏丹从小就有些内向孤僻，妈妈以为她长大以后可能会好点儿，可是等她上了初中之后，依然喜欢独来独往，她的同学也从没有到家里来过，周末、假期也是常常一个人待在家里看书、看电视。妈妈很担心女儿这样下去会对她以后的生活产生不良的影响，所以妈妈开始鼓励夏丹试着跟同学多交往。刚开始，夏丹很害怕，她担心同学们都不喜欢她，而且因为她的不善交流，跟同学也产生了一些不愉快。但是妈妈鼓励她不要放弃，而且帮助女儿想办法和其他人交流，每天还抽出一定的时间锻炼女儿和陌生人说话的勇气。渐渐地，妈妈发现女儿在与人交往时有信心了，在学校里她也成功结交了几个好朋友。

培根曾说过："没有真挚朋友的人是真正孤独的人。"其实，青春期女孩虽然渴望独处，但她们更渴望融入集体之中，希望自己拥有许多好朋友。所以，我们应该尽量让青春期女孩和同学在一起，让她学会和同学、朋友一起分享忧愁和快乐，拥有良好的人际关系，为今后的发展奠定基础。

细节21 "我害怕考砸了。"
——如何化解女孩的"考试焦虑症"

很多女孩一到重大考试前就心慌、吃不好、睡不香、头脑不清醒、过度兴奋……这些不良行为和情绪的表现困扰着女孩也困扰着女孩的妈妈，甚至有些女孩的妈妈在孩子考前比孩子还紧张。那么是什么原因造成了女孩所谓的"考试焦虑症"呢？有没有具体的方法化解这些焦虑呢？

通常来说，女孩考前焦虑的原因在于她们平时除了应对考试的正常压力外，没有额外的压力，在考试前、考试中就不会有过多的焦虑；但当女孩自己有压力，妈妈再施加压力时，她就会出现严重的考前焦虑。

每一个青春期女孩在中学阶段都具有竞争心理，而且大多喜欢争强好胜。面对考试，她会表现出适度的紧张。这种适度的紧张状态会给女孩适当的压力，刺激她的神经系统，令她保持良好的兴奋程度，以便更好地应对挑战。但如果女孩压力过大，妈妈又处理不当，那么很容易造成女孩的考前焦虑症。

有一个女孩在日记中这样写道：

高考前几个月，我妈专门请假照顾我，奶奶也从外地过来专门陪我，结果，我被她们弄得越来越紧张和焦虑。其实，我对妈妈说过，让她不必这样做，因为考试是我自己的事！我也对奶奶说过，让她不必专门来照顾我，但她们根本不听我的。

如果这个女孩的妈妈和奶奶能按她的意思去做，那么这个女孩的焦虑情绪至少会消解一大半。大多数女孩都不愿意在考试期间被人整天围着，妈妈需要切记这一点。总之，多听听女儿的意见，然后再采取相应的措施。

除此之外，妈妈们还可以多借鉴以下两种教育方法：

不要给女孩太多"标杆压力"

有一位妈妈的教育经验是这样的：

近来我发现平常话并不多的女儿，会主动地和我谈起同学间、师生间的小趣闻，或谈论起自己小时候的事。我觉得女儿在这个时候就该专心备战高考，不该把精力放在这些小事上，于是就对她说："你现在的任务就是抓紧时间复习，争取考上一个好大学。张叔叔的女儿去年考上了北大，你也要给爸爸妈妈争光，争取也考一个名牌大学。"听了我的话，女儿以后再也不和我说一些和学习无关的事情了，一放学回到家，就把自己关在房间里，我有时叫她吃饭，她都很烦。我明显感觉到女儿出现了"考前焦虑症"。

现实中有很多妈妈像这位妈妈一样，平常往往习惯拿彼此的孩子作比较，进而对自己的孩子提出更多更高的要求。

但在临考阶段，如果妈妈给女儿施加太多的"标杆压力"，就会让女儿产生"考试焦虑症"。因此，在女儿备考时，妈妈应该选择多和女儿聊聊天，多陪陪她，给她做些营养餐，让轻松的家庭氛围帮助女儿减轻考前压力。

多给那些受"保姆式照顾"的女孩一点儿空间

一位妈妈对教育专家很不解地讲道：

平时我对女儿就关怀备至，也特别希望在高考这个特殊时期加倍照顾女儿，令她考出更好的成绩。所以每天一大早我就起来做营养早餐，每晚备好丰盛晚餐，并且吃饭的时候也很照顾女儿。每天目送女儿上学，我经常想了解女儿的复习情况但怕给女儿压力而欲言又止，可让我纳闷的是，平常与我有很多悄悄话的女儿近来和我交流少了，还经常说要到同学家复习。

  如果其他女孩的妈妈都像这位妈妈似的对女儿很贴心，甚至可以说是"全包式"的妈妈，那往往说明妈妈的考前焦虑比自己的女儿更严重。妈妈平日里的轻松与亲切少了，取而代之的是更多的"保姆"行为。这样一来本不焦虑的女孩却不知不觉被妈妈的焦虑感染了，于是，沟通逐渐减少了，笑容也逐渐减少了。其实，这类妈妈平时对女儿的关爱已经足够了，但如果在备考阶段，妈妈再加倍地关爱，无形中就会给女孩造成更多的压力，因为这些"保姆"的举动会让女孩产生"内疚感"或"责任倦怠"，同时也因为这种压力的存在，促使她们选择远离"压力源"而有意疏远妈妈。因此，妈妈在女儿考前只需要和平时一样轻松、亲切就可以了。

细节22 "谁都别惹我！"
——女孩如何改掉坏脾气

  一位妈妈曾苦恼地对青少年咨询中心的专家说：

  我女儿小时候特别乖巧、听话，但是越长大越不像话，特别是进入青春期后，她就像换了个人似的，经常挑我的毛病，例如，饭菜不合口味，衣服搭配不顺心，说话啰唆……总之，她开始公然挑战我的权威。

  我经常被她气得头痛，吵架便成为我们沟通的唯一方式。因此，在家里女儿几乎天天黑着脸，甚至还常常因为一点儿小事而把门摔得"哐哐"响。

  为什么乖巧的女孩一进入青春期脾气就变得这么大呢？其实，青春期女孩的坏脾气的形成是有一定原因的。首先，女孩进入青春期后，身体处在"第二个迅速发展期"，在这一阶段，女孩体内的激素大量分泌，生理和心理都会发生巨大的变化。其次，女孩的自我意识日渐成熟，她们时常把自己当成大人，但由于缺乏生活经验，常常碰壁，接受不了想象与现实的差距，所以情绪有时很不稳定，变成了"急脾气"。

那么我们应该如何让易怒的女孩改掉坏脾气呢？

无论如何都要认同女孩的情绪

场景一：13岁的瑞妮觉得黄色的上衣很难看，所以拒绝穿它上学。但是妈妈非要说黄色的上衣很漂亮，并且给她讲述了一大堆黄色上衣搭配的知识，没想到不但没有说服瑞妮穿黄色上衣，反而让她对妈妈发了一顿脾气，最后早饭都没吃就穿着半干的衣服去上学了。

场景二：15岁的可云回家后心情很不好，而且抱怨妈妈没有做晚饭。看到女儿满脸怒气，妈妈放下手上的家务活儿走到她身边关切地问发生了什么事，认真倾听女儿的烦心事，并且选择站在女儿这一边。最后，可云的情绪好了很多，还帮助妈妈做晚饭。

两种不同的教育方式形成了女孩完全不同的行为。从场景一中，我们可以看到，女孩认为黄色的上衣不好看，妈妈摆出了各种各样的理由说服她，结果却不尽如人意：妈妈越是试图说服女孩，女孩越是坚持自己的观点，进而产生更多的负面情绪。

在场景二中，当女孩产生负面情绪时，妈妈认同了她的情绪，并对女儿的遭遇表示了同情。因此，在得到妈妈的认同之后，女孩的负面情绪减少了很多，甚至主动帮助妈妈一起做晚饭。

由此可见，当我们发现自己的女儿有不良情绪的时候，最佳的解决方法就是首先认同女儿的情绪，等她们的情绪平复后，再对她们进行引导和教育。

教女孩合理宣泄情绪的方法

对于青春期女孩的坏脾气，很多妈妈费尽心思地琢磨：如何才能让她们学会控制自己的情绪呢？妈妈可以告诉女孩一些宣泄情绪的方法，在不影响他人的前提下，释放自己的负面情绪。

例如，妈妈可以尝试这样几种方法：

当女孩的坏脾气将要"爆发"时，家长可以这样告诉她：如果你感觉自己内心有怒气，就把自己关在房间里拿枕头出气吧！

当女孩发怒时，家长可以暂时把她带出生气的环境，然后做一些消耗体力的活动，如打羽毛球、打乒乓球等，以分散女孩的注意力。

……

当然，在这一过程中，妈妈不能问女孩发生了什么，否则容易使她陷入负面情绪中不能自拔。当她们的内心恢复平静时，也许会主动把那件困扰自己的事情告诉你。

细节23 "我的未来看不到希望。"
——如何劝导悲观的女孩

15岁的冬雨是个天生的乐天派，遇到什么事情都往好的方面想。有一次，冬雨和妈妈去云南旅游，半路上妈妈的包丢了，里面有很贵重的相机、手机和钱包。当时惊慌失措的妈妈说："这下完了，肯定都被小偷偷走了，我们连家都回不了了……"听到妈妈这样说，冬雨微笑着安慰妈妈说："妈妈，您先别急，说不定包被好心人捡了，已经交给警察了呢！"没办法，冬雨的妈妈只好和女儿在丢包的地方等了2个小时，没想到她们还真遇到了好心人，把丢失的东西都找回来了。

不但如此，因为冬雨的乐观，同学们都愿意和她做朋友。开始，冬雨的妈妈还觉得奇怪：女儿学习成绩、长相都一般，为什么这么多孩子都喜欢和她一起玩儿呢？有一次，妈妈私下里问冬雨的朋友："你们为什么喜欢和冬雨在一起呢？"她们给出了各种各样的答案："小雨特别阳光！""和冬雨在一起感觉特别快乐。""冬雨爱笑，我也被她感染了。""小雨在遇到困难的时候不慌张，会安慰我们。"……妈妈这才明白，原来是女儿的乐观让她成了一个受欢迎的女孩。

有人说："乐观使你倾向于幸福、健康、事业顺利；悲观使你倾向于绝望、患病、失败、忧郁、孤独、怯懦。"没错，乐观、积极的女孩总能保持心情的愉悦，在遇到挫折或磨难的时候能看到希望和光明，所以她们常常能获得成功和幸福；而那些悲观、消极的女孩则总是看到事物不好的一面，常被失望、挫败、沮丧等情绪所左右，自然很难获得成功和幸福。

心理学家研究证明，乐观、开朗的人不仅身体更健康、事业更成功，也会获得更多的幸福感。对于青春期女孩来说，乐观、积极是一种珍贵的生活态度，是一种优秀的性格特征，而悲观、消极是阻碍她们获得成功和幸福的绊脚石。所以，妈妈必须引导悲观、消极的女孩变得乐观、积极起来。

引导青春期女孩学会自我调节

一天，上高一的孙晴从学校回来就闷闷不乐地回到自己的房间，并把房间的门关上。妈妈感觉女儿不对劲儿，便在吃晚饭时问："今天学校有什么高兴的事呀？""没有高兴事，但是有伤心事。"孙晴满脸不悦地回答。"为什么呀？什么伤心事，能告诉我吗？"妈妈问道。

"今天老师让同学们选一个人当班长，同学们大多数都选了苏丽，只有少数的几个人选了我！"孙晴伤心地说。"大多数同学选苏丽做班长，说明苏丽身上优点比你多。你要向她学习，然后比她更积极地表现，说不定下学期，同学们都选你了！"妈妈开始引导女儿。"可是，我现在就想当班长！"孙晴有些着急了。

"现在你在同学们中间没有太大的威信，就算你当了班长，同学们也不会服你的。如果你用这段时间好好表现自己，下学期不要说当班长，而且还可能会被评为三好学生呢，你说是不是？"妈妈问道。"嗯，是。"最后，孙晴同意了妈妈的看法，开始高兴地吃起饭来。

青春期的女儿有了烦恼，妈妈要尽量让她诉说，发泄心中的不良情绪，不要让女儿的委屈长期憋在心里，更不要不分青红皂白地批评、斥责。不过，妈妈可以回避女儿敏感、忌讳的话题，或转移她的思路，减轻其心理负担。

要知道，我们对待女孩的态度，往往是她们乐观性格形成的重要因素。所以，在日常生活中，妈妈要随时注意引导女儿学会自我调节，及时化解悲观等不良情绪让自己变得乐观起来。

及时消除不良情绪对青春期女孩的干扰

有一位妈妈的教育经验是这样的：

这天，女儿放学后，脸色很难看，而且把自己关在房间里不肯出来。我敲开了女儿的房门，关切地说："我的大千金，今天心情不对啊，能和妈妈说说是怎么回事吗？"

"没什么事。"女儿显然不想和我说。

"我看到你不高兴，心里也非常难受，如果你有什么事需要我帮助，尽管和我说好了。"我装作要退出房门，其实是在等女儿开口说话。

"妈妈，"女儿有些委屈地说，"今天我和班主任吵架了。"我惊讶地说："你和老师的关系不是一向很好吗？怎么会吵架？"

女儿说："今天老师说我上课没用心，还在上课的时间乱说话。可是我和同桌说话，是因为同桌到了生理期，老师又是男的，她不让我对老师说，就自己在那儿捂着肚子。我安慰她的时候，正巧被老师看到了，他就批评我。"

"女儿，老师批评你是因为他不了解实情，如果他知道实情，一定不会这样说你的，你们之间有点儿小误会。再说，你想保护害羞的同桌本意也是好的，为了朋友受点儿委屈也很正常。不过，下次再遇到这种事情，如果身体吃不消，还是应该和老师说实情的。"

"妈妈，听您这样一说，我心里舒服多了，下次我会好好处理的。"

和青春期男孩相比，青春期女孩更敏感，也更容易受到不良情绪的影响。如果她们长期处于这种消极的情绪之中，很容易形成悲观的性格，甚至造成心理障碍。所以妈妈平时要多留意这些女孩的情绪变化，当她们烦恼、忧愁、闷闷不乐的时候，要和她们聊聊天、谈谈心，让她们把心中的烦恼说出来，这样，她们很快就会重新快乐起来。

细节24 "我一点儿也不快乐。"
——如何排遣女孩的抑郁情绪

一个16岁的花季女孩在博客中这样写道：

我觉得我的人生是黑暗的、阴冷的，没有一丝希望和温暖。在我7岁的时候，爸妈就离婚了，我跟着妈妈生活。我的学习成绩在班里属于中等水平，但是妈妈经常跟我说，她把所有的希望都放在了我的身上，于是她开始慢慢剥夺我玩儿的权利，每天就知道逼我学习，从来不关心我喜欢什么，不喜欢什么。我没有什么朋友，也从来没有人称赞过我，肯定过我，我想我是真的没什么能力吧！夜里失眠的时候我常常想：我活在这个世上是为了什么呢？真是太痛苦了，或许死亡才是解脱……

很显然，上述事例中的女孩患了青春期抑郁症。青春期抑郁症属儿童抑郁症的后阶段，是以持久的、显著的情绪异常（高涨或低落）为基本症状的一种精神疾病。抑郁可以是偶尔的、暂时的，但也有很多女孩处于长期抑郁的状态。

一般来说，青春期女孩以心境低落为主要特征且持续至少两周，在此阶段至少有下述症状中的四项，即可认为她"抑郁"了：

1. 精力明显减退，长时间感觉疲劳而找不到原因。
2. 精神运动性迟滞或亢进。
3. 有妄想倾向，具有强烈的自责、内疚感，自我评价过低。
4. 情绪低落，对各种活动丧失兴趣。
5. 失眠、嗜睡、浮躁、悲观。
6. 想象力和思考能力显著下降。
7. 食欲缺乏或暴饮暴食，体重变化明显。
8. 出现自杀倾向或行为。
9. 对人际交往的兴趣明显减退。

第三章 为女孩的情绪解套——安抚和疏导女儿的不良情绪

其实，无论现在你的女儿是否存在青春期抑郁症的症状，你都应该提前预防，以避免她得抑郁症；如果你的女儿抑郁比较严重，那么就要尽快想办法"治疗"，必要时要找心理医生。

除此之外，还有哪些办法可以帮助青春期女孩将"抑郁"赶走呢？可以参考以下方法：

多给青春期女孩一些正面的暗示

上高一的依柔考完试回到家就唉声叹气，妈妈问她原因，她就说："考试的时候答错了一道题，那道题15分，而且我会做，就是最后写的时候写错了，看来这次进前十名没戏了！"

妈妈笑着对她说："女儿，妈妈知道你很努力，学习注重的是过程，一两次考试的失利不算什么，再说，哪个将军没打过败仗呢？对不对？关键看你能否振作起来，为下次打胜仗做准备！"听完我的话，女儿又鼓起了信心，心情也变得好了很多。

青春期女孩经常会遇到各种挫折和不顺心的事情，这时她们很容易出现抑郁情绪，如果这种情绪一直困扰着她们，就会慢慢打击她们的自信心。所以，当妈妈发现女儿有抑郁情绪时，必须及时通过正面的暗示来纠正或改变她们的抑郁情绪。

教青春期女孩宣泄自己的不良情绪

有一位妈妈的育女经验是这样的：

最近一段时间，上高二的女儿心情很不好，问她有什么不开心的事情，她都闷闷地说："我没事，你们不要管了！"但是看着女儿越来越沉默，情绪越来越低落，我对她说："你现在已经大了，有什么事情不愿意告诉爸爸妈妈，我们也不强求，但我们不希望你什么都憋在心里。这样吧，明天我们一家人去爬山，去山顶吼它几嗓子。"女儿同意了我这个主意。于是，我们一家人在第二天清晨爬上了山顶，每个人都对着连绵的山脉大吼了几声，把心中的不快都吼了出来。吼完之后，我们每个人的心情都好了很多，一家人开开心心地下山了。从那之后，每当女儿心情不好时，我们都会去山上吼几声，发泄一下。

"情绪的波动对有些人可以发挥积极的作用。那是由于他们会在适当的时候发泄，也会在适当的时候控制，不使它们泛滥而淹没了别人，也不任它们淤塞而使自己崩溃。"这是作家罗兰在《罗兰小语》中写下的一段话。可见，教会青春期女孩学会适当地宣泄负面情绪会对她产生积极的作用。当然，宣泄负面情绪的方法有很多种，除了上述事例中的高喊，还有哭泣、倾诉、运动、写日记等。

细节25　"真是急死我了！"
——女儿心浮气躁，妈妈如何引导

生活中，我们常常会听到有些女孩的妈妈这样说：

"我女儿进入青春期之后，突然变得很浮躁，无论是写作业，还是平时的生活，小动作特别多，不是咬指甲、抓手臂，就是揪头发，而且变得非常敏感。"

"我女儿刚上初中的时候，学习很不错，可最近她变得很浮躁。听老师说，她上课经常注意力不集中，而且还学会了逃课。"

"别人家的女孩都认认真真学习，可我们家的大小姐总是想得不着边际，根本不去努力。她总以为自己能走捷径成功，我真不知道她怎么会变成这样，一点儿也不踏实，没有耐性。"

……

其实，浮躁在青春期女孩中普遍存在，因为随着青春期的到来，她们的自我意识开始膨胀，甚至有很多女孩以为自己已经长大成人，能够凭借自己的力量去实现目标，但现实又让她们不得不依赖妈妈，所以她们做起事情来往往缺乏沉稳和耐心，容易变得冲动和急功近利。

一般来说，青春期女孩的浮躁表现有以下几种：

坐不住：上课时小动作多，注意力不集中；

管不牢：喜欢啰唆、聊天，根本管不住自己的嘴；

写不完：沉迷在邮件或信件中，乐此不疲；

想不到：经常觉得无聊、空虚，不会管理时间；

忙不停：兴奋劲儿一来就乱忙一阵，抓不住事情的重点，结果事倍功半；

听不进：对妈妈的说教、老师的讲课都失去兴趣，容易烦躁或心不在焉，常常"左耳进，右耳出"；

长不了：不懂得反省自己，虽然有时能意识到错误，并且想要改变，但只有三分钟热度，之后依然我行我素。

仔细回想和观察一下自己女儿的情况，她是不是具有以上浮躁的表现呢？面对青春期女孩没有长性、比较浮躁的情形，妈妈们应该怎么做呢？下面就给青春期女孩的妈妈们提供一些方法：

培养青春期女孩做事的耐性

一位妈妈讲起自己15岁的女儿时总是很无奈：

我女儿虽然才上初二，但是她有很多伟大的理想，并且她坚信自己都能够一一实现。但是我发现女儿做起事情来很浮躁，根本安不下心来踏踏实实地去完成一件事情，而是"三心二意"地做着这件想着那件，结果一件都没做好，当然这也让女儿产生了很多挫败感，于是她选择全部放弃，去做其他的她认为能马上成功的事情。

其实，青春期女孩大多都有这个毛病，因为十几岁的她们对未来、对生活正充满激情，以为自己有足够的能力去完成一件又一件的事情，甚至能够同时去做几件事情。结果因为能力、知识、阅历、判断力等各方面的差距，让她们感到了挫败感，最后只好不了了之。这其中的原因可能并不在于女孩们缺乏能力，而是因为她们缺乏耐性。

因此，我们应该多培养青春期女孩做事的耐性，让她们每次只坚持做一件事情，因为努力完成一件事情会让她们获得成就感，也会重新找回自信。

教会青春期女孩"认真"二字

14岁的白筠以前就是个"马大哈"，做事情一点儿也不专心，所以有时候面对必须完成的事情时，她就显得很急躁。为了帮助她改掉这个坏毛病，妈妈要求她每次只认真地做一件事情，把这件事情做到最完美的状态。一段时间之后，妈妈发现女儿变得不但做事认真、沉稳，而且整个人也乐观、积极了很多。

做事马虎很容易出现错误，而错误的产生又会让人心情沮丧，变得心浮气躁，进而又可能变得马虎草率，这就像一个恶性循环，因此，我们必须让女孩养成凡事认真的态度，才能切断浮躁的源头。

"认真"二字不但可以改变一个女孩，更能创造出奇迹。只要我们教会青春期女孩做事认真、专心，那么她不但能克服浮躁，更沉稳地去做事情，也能让自己更接近成功。

第四章 好人缘，行天下
——一定要让女孩懂得的为人处世经验

如今，竞争无处不在。教给孩子为人处世的经验，就是增强其未来的竞争力。对于青春期女孩来说，她们都希望有一个良好的人际关系，在人际交往中享受帮助与被帮助、关爱与被关爱带来的快乐。但她们又缺乏为人处世的经验，所以常常处理不好自己的人际关系。妈妈应该把与人交往的意义和方法告诉女儿，增强其交往能力，进而把女孩培养成一个人见人爱、处处受欢迎的"交际达人"。

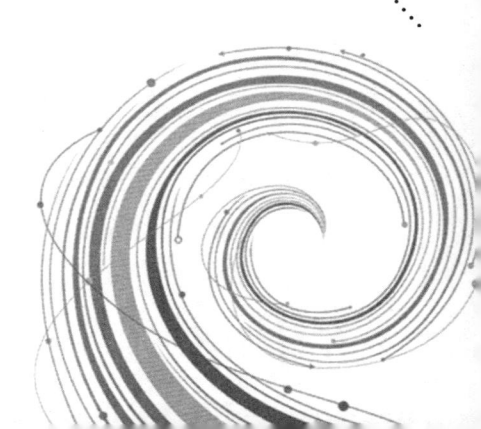

细节26 "您好" "谢谢"
——如何教女孩学会交往礼仪

有个女孩曾经写下了这样一段有意思的话：

女孩比男孩好，因为女孩闭着嘴巴吃东西；

女孩比男孩好，因为女孩不挖鼻孔；

女孩比男孩好，因为女孩的头发梳得更漂亮；

女孩比男孩好，因为女孩不会把房间弄脏；

女孩比男孩好，因为女孩看上去比男孩漂亮；

女孩比男孩好，因为女孩打喷嚏时会用手捂住嘴；

……

事实上，大多数青春期女孩比男孩更注重个人礼仪，她们更干净整洁、讲卫生、懂礼貌，相对于大多数青春期男孩来说，女孩更看重个人仪表、言谈举止和待人接物时的表现。

中国有句古话叫："不学礼，无以立。"英国著名教育学家斯宾塞也曾说过："礼仪修养是一个人全部品德的基础。"更何况一个女孩的个人礼仪不仅代表着她本人的素质和魅力，也体现着她受到的家教层次。

在现实生活中，那些举止得体的女孩总能获得人们的好印象，而那些个人礼仪欠佳甚至表现糟糕的女孩，则很容易引起大家的厌恶和反感。因此，为了女儿的将来和人际交往着想，妈妈必须着重培养女孩的个人礼仪。

让青春期女孩多结交懂礼仪的好朋友

有一位妈妈的教育经验是这样的：

女儿生日宴的时候，她把自己几个关系好的女同学请到家里。我为这些女孩特意准备了丰盛的饭菜和水果，其中一个女孩特别讨我喜欢。因为她自始至终面带微笑，而且对我说话非常有礼貌，甚至在其他女孩吵吵嚷嚷看电视的时候，她走到厨房要帮我的忙。在女儿的生日宴结束之后，其他女孩都嬉笑着走了,只有这个女孩留下来和我一起收拾"残局",而且一直说:"阿姨,您今天辛苦了吧!真是不好意思,我们太能闹腾了,一定把您累坏了,让我来收拾,您去休息一会儿吧。"等到晚上的时候,我对女儿说:"一直帮助我的这个女孩很懂礼貌、懂礼节,你可以把她当作'良师益友'。以后,你也可以多交一些像她这样的朋友。"

俗话说:"近朱者赤,近墨者黑。"女孩之间的影响是很大的,所以妈妈一定要帮助女孩选择良师益友。上述事例中的妈妈很明智,她不仅通过那个女孩的礼貌行为判断出她有着良好的礼仪修养,还建议女儿多交像对方这样的良师益友。其他女孩的妈妈不妨借鉴一下。

引导青春期女孩在家中使用敬语

"谢谢""请""对不起""您好"等是我们平时与人交际时常用的文明用语,不过通常都是在外出交际时使用,而在家里的时候,妈妈往往不要求女儿使用礼貌用语,认为这是无所谓的事情。其实,这种做法欠妥,因为女孩良好的气质和个人礼仪只有成为一种习惯,才能在人际交往中自然而然地体现出来。

一位妈妈的教育经验是这样的:

一天,女儿衣服上的扣子掉了,我就放下手中的家务活儿给女儿缝扣子。缝好之后,我喊女儿说:"女儿,扣子缝好了,你拿回房间吧!"女儿从自己房间出来,拿了外套转身就要回去。这时,我喊住她说:"妈妈刚刚给你缝衣服这么辛苦、认真,你是不是应该谢谢妈妈啊?"听到我的话,女儿有些不好意思地对我说:"谢谢妈妈。"我笑了,然后说:"妈妈听到你说'谢谢'很高兴啊,以后妈妈帮你的时候你也这么说,妈妈会更开心的。"后来,当我为女儿做事的时候,女儿总会说:"谢谢妈妈。"

养成使用礼貌用语的习惯,是青春期女孩培养个人礼仪最重要的一点。上述事例中的妈妈有意引导女儿在家里使用礼貌用语,久而久之,女儿就会形成一种习惯,对所有人都使用礼貌用语了。自然,这也会在无形中为她的个人礼仪修养加分。

细节27 "我和别人说话就脸红！"

——如何引导女儿克服社交恐惧

14岁的欣如是一个学习成绩非常优秀的女孩，但是性格比较害羞和内向。老师看她学习好又比较负责任，于是就让她来当班长。但是欣如仅仅当了两周的班长就向老师提出辞职，因为她根本管不了大家，同学们也都不知道怎么和她相处，因为她总是一副拒人于千里之外的态度。最后，老师没有办法，只好换了另外一个人缘和组织能力不错的女孩当班长。

青春期女孩的社交能力对于她未来的发展起着十分重要的作用。据成功学专家陈安之先生介绍，成功等于30%的知识加70%的人际关系。那些社交能力强的女孩很容易结交朋友，而且广泛的人际关系能让她们更容易取得成功和进步。相反，那些患有"社交恐惧症"的女孩，缺乏与人交往的勇气和能力，进而影响其个人的发展。社交能力是女孩立足社会必须具备的基本能力，并且可以依靠后天的培养、引导和训练来增强这种能力。

因此，妈妈应该想办法帮助和引导青春期女孩克服她的"社交紧张"情绪。下面就给妈妈们提供一些解决办法：

鼓励青春期女孩参加各种社交活动和集体活动

一位妈妈曾经这样谈到自己的育女经验：

我女儿今年14岁，是一个社交能力非常强的女孩。从小学到初中二年级，她一直担任班长的职务，并且把班里管得井井有条。女儿现在所在的班级是一个有名的"刺儿头班"，有几个调皮的男生连老师都管不了，但他们却听从女儿的安排。女儿能够体现出这样高的社交能力，我想和我一直以来对她的引导是分不开的。

其实，从女儿很小的时候我就经常带着她去参加一些社交活动，而且让她自由地和同龄的孩子相处，例如，我会经常带她去参加音乐会、画展以及朋友间的聚会，让她熟悉各种场合的社交礼仪以及交往方式。周末闲暇时，我也会带她到超市、邮局、商场去逛逛，让她接触一下不同的人群。每到女儿生日的时候，我还会帮助女儿策划一个生日会，让她当生日会的主人，以谦让有礼的态度去接待客人。等到女儿上了中学之后，我时常鼓励她参加或自己组织一些集体活动。通过这一系列有意识的培养，女儿的社交能力比同龄的孩子要强很多。

像这样多带女儿参加各种社交活动以及鼓励她参加学校的集体活动，既可以让女儿学到一些基本的社交礼仪，还可以让她获得良好的社交经验。当女孩接触过了各种场合和人群，她就不会再害怕和他人打交道，社交能力也自然会得到很大的提升。

引导青春期女孩掌握正确的交往技巧

因为妈妈调动工作的原因，11岁的向雪不得不转学离开自己熟悉的朋友。刚到陌生环境的向雪很不适应，她不知道怎样和新同学交朋友，所以放学回家后总是闷闷不乐。妈妈得知这种情况后对向雪说："你刚到一个新环境，肯定和大家都是陌生人，你那些新同学可能也想和你说话或和你成为好友，你为什么不主动一点儿呢？"向雪为难地说："我要怎么主动啊？"妈妈说："首先你要主动和老师、同学打招呼，而且要面带微笑，让大家感觉到你的诚意。你平时不是很喜欢看书吗，明天你可以带着自己喜欢的书去学校，说不定有同学和你有一样的爱好，这样你们就有共同话题了。还有，和新同学交朋友的时候，尽量多表现出你的宽容、大度，这样一定会有同学喜欢和你交朋友的。"第二天，向雪按照妈妈教给她的方法去做，主动和老师、同学打招呼，总是面带微笑，上午课程结束后，她就和两个女同学变得熟悉了。

其实，向雪的妈妈在和女儿的谈话中，告诉了她很多人际交往的技巧，例如，主动打招呼、分享、微笑、宽容等，这些不但会让女孩拥有朋友、融入集体，也会让她学会如何在人际交往中与他人友好合作，进而增加自己成功的可能性。

当然，人际交往的技巧还有很多，例如，让女孩学会耐心等待、遵守规则，学会沟通和赞赏，学会倾听，注意自己的仪表整洁等。

细节28 "她们说我小心眼儿！"
——如何让女孩变得宽容大度

有这样一个真实的故事：

一天，在一个非常著名的度假村，工作人员带着很多孩子在广场上做游戏。等到游戏结束之后，工作人员就把这些孩子都带到他们各自妈妈的身边，但由于孩子太多，工作人员一时疏忽，竟然将一个小女孩留在了广场上。等到工作人员发现孩子人数不对，急忙回广场接孩子时，那个小女孩由于一个人待在广场上，吓得大哭不止。

工作人员满脸歉意地安慰着小女孩，这时，小女孩的妈妈也焦急地赶了过来。只见这位妈妈蹲下来安慰自己哭泣的女儿，并告诉她："宝贝，已经没事了。你看，那个姐姐因为找不到你而非常难过，她不是故意的。好了，去亲亲那个姐姐的脸颊，安慰她一下！"于是，这个只有4岁的小女孩踮起脚尖，轻轻地亲吻了一下她身旁那个工作人员的脸颊，并温柔地告诉她："姐姐，别怕，已经没事了！"

莎士比亚曾经说过："宽容就像天上的细雨滋润着大地。它赐福于宽容的人，也赐福于被宽容的人。"因此，妈妈必须教女孩学会宽容和原谅。因为宽容不但是一种优秀的品德，更是一种能力，能够把人们心中的愤怒和仇恨"挤走"。宽容更是一种处世智慧，当女孩学会了宽容，她就能轻松拥有一份良好的人际关系，而这也必将带给女孩更多的快乐和友谊。

让女孩学会"心理换位"

一位妈妈这样说起自己的育女经验：

有一次，我给女儿买了一本《米老鼠》杂志。本来早上她高高兴兴地拿着去上学了，可是放学之后就气呼呼地把自己关进了房间。吃晚饭的时候，看女儿还是一脸不高兴，我就问她是怎么回事。女儿说："今天下课后，我正在津津有味地看着您给我买的那本《米老鼠》，可是我的同桌小敏起身的时候把整瓶墨水都洒到了我的杂志上，虽然她跟我道歉了，老师也批评了她，但是我还是很生气，我要她赔我的杂志，而且我觉得她是故意的，根本就是忌妒我！哼！"此时，我非常严肃地对她说："如果你犯了同样的错误，你的同桌对你大喊大叫，也告诉老师，还让你赔，你舒服吗？"

女儿想了想，不情愿地说："我——我是有些难受，可做错事的是她，不是我。"我耐心地对女儿说："世界上没有完美的人，谁都有不小心犯错误的时候。你难道不记得前天我刚买的花瓶，就让你砸碎了的事情吗？"

这时，女儿不好意思地低下头。接着我又告诉女儿，要宽容、友好地对待他人，不要斤斤计较，尤其是对待自己的同学、朋友，更要大度。就像今天发生的这件事情，女儿当时应该说"没关系"，这样才能成为受大家欢迎的人，成为快乐的人。

这次谈话对女儿的影响很深，从此之后，她逐渐懂得了宽容的含义，并在自己的生活中试着去宽容、理解他人。

所谓"心理换位"，就是指当双方产生问题及矛盾时，能够多站在对方的角度思考问题，进而学着理解对方，减少彼此间很多不必要的问题及矛盾。现实中，很多女孩只习惯于从自己的立场出发，而不习惯于站在对方的角度看问题。作为女孩的妈妈，要想解决这个问题，最好的办法就是让女孩学会换位思考，然后用宽容博大的胸怀去容纳他人。

妈妈要摆正品德教育观念

在实际生活中，我们总时不时地听到有些妈妈这样对自己的孩子说："别人如果打你，你就打他，他打你一下，你就打他两下。"甚至还有些妈妈把孩子欺负其他小朋友当作"能"的表现。于是在大人的这种错误观念的引导下，孩子自然不懂得宽容、理解别人，甚至还会变得抱怨、记恨、仇视他人。

因此，妈妈在培养女儿的道德品质时，一定要首先摆正自己的教育观念，要明确我们培养孩子的目标是让她成为一个知书达理、宽容大度、谦虚礼貌的有修养的女孩，而不是在培养一个整日斤斤计较、小家子气、尖酸刻薄的

"蛮横女"。

另外，值得我们注意的是，妈妈应该为女儿树立一个良好的榜样，在为人处世上宽容、理解别人。这样，女孩才会在潜移默化中学会宽容和理解；反之，如果妈妈给女儿树立的是一个不好的榜样，那么女儿也很难成为一个宽容大度的人。

让女孩多与同伴交往

在一所学校里，有这样两个女孩。女孩 A 非常普通，是那种走进人群就很容易被淹没的类型。但就是这样一个女孩，却受到很多同学的欢迎，并在学校里结交了许多好朋友。女孩 B 无论从学习成绩，还是容貌、气质上看，都比女孩 A 强很多，但她始终不明白，为什么女孩 A 拥有那么多朋友，而且无论她们走到哪里，都会撒下一路的欢声笑语，而自己却没什么朋友。

一次偶然的机会，女孩 B 听到了几个女孩对自己和女孩 A 的评价，才意识到自己不受欢迎的原因。那些女孩说："B 总是自以为是，我们有一点儿问题，她都不能容忍，总是尖酸刻薄地对待我们，让我们在她面前自惭形秽。可 A 就不同了，她豁达开朗、宽容大度，跟她在一起，你得到的是快乐和轻松，而不需要处处小心谨慎。"

看了这两个女孩的故事，想必妈妈都愿意把自己的女儿培养成像女孩 A 那样的孩子，能够结交很多的朋友，受到大家的欢迎。

所以，妈妈应该鼓励女孩多和同伴交往，并且学会多称赞别人的优点，不忌妒、不怨恨自己的朋友，愿意帮助有困难的伙伴，采纳他人的合理建议等。

细节29 "她不理我了。"
——如何引导女孩化解与朋友的矛盾

细心的妈妈会发现，女儿进入青春期后，常常会遇到一些交友方面的问题，例如，原本形影不离的两个女孩，因为一点儿小事而形同陌路；因为好朋友的一句话，女孩一整天都郁郁寡欢；因为一些小矛盾，女孩和朋友长时间冷战……这些迹象表明，多数青春期女孩都会遇到交往问题。

通常来说，青春期女孩与朋友发生矛盾、摩擦的概率比青春期男孩要高一些，因为女孩的天性中大都有强烈的占有欲，而且容易小心眼儿，例如，看到好朋友和别人谈天说地，女孩可能就会生气，还可能因为鸡毛蒜皮的小事而与朋友之间产生矛盾。

有一个14岁的女孩就曾在日记中这样写道：

我和小丽从小学就是好朋友，我们两个可谓形影不离。可是上个星期，我们因为意见不统一，大吵了一架，直到现在我们还在冷战。这几天，虽然表面上我装得很开心，像没事儿一样，但这些都是故意做给小丽看的。其实，我心里非常难过，上课也没法专心，满脑子都是我们吵架、冷战的事情。我当然很想和她和好，但却舍不下面子。如果我们一直继续冷战下去，我不知道自己还能不能"扛住"。

这就是青春期女孩！在与朋友争吵过后，虽然她们表面假装坚强，但内心却十分脆弱。她们十分渴望友谊，但又常常会在无意中伤害友谊！

青春期女孩在与朋友相处的过程中难免会发生一些小摩擦、小矛盾，妈妈千万不要小看这些小摩擦、小矛盾，如果处理得好，就可以加深她们彼此的感情和亲密度；如果处理不好，只会使女孩对人际交往失去信心。因此，妈妈们不仅要告诉女儿如何与朋友相处，而且在必要的时候，还要给女儿以引导，只有这样，她们才能摆脱交往问题的困扰。

培养青春期女孩的宽容之心

有一位妈妈的教育经验是这样的：

在教育青春期女儿时，我很注意培养她的宽容之心，尤其是当她和朋友产生矛盾时。有一次，放学后女儿气呼呼地回到家对我说："我恨死同桌了，她不配做我的朋友。"听到女儿这些"诅咒"的话语，我先是引导她详细地讲出发生了什么事情，然后对她说："听完你的话，妈妈觉得两种选择摆在你面前，一种是继续恨她，你们的友谊到此为止；另一种是原谅对方，你们继续做朋友。至于你要做出哪种选择，不必急于下决定，等你彻底想明白了再回答就行！"女儿思考了一段时间后，很明智地选择了后者。后来，我一直这样引导女儿，慢慢地，女儿就学会了用宽容之心对待朋友及周围的人。

这真是一位聪慧的妈妈。表面上她是让女儿做选择，实际上是在给予女儿时间让她冷静下来，接着再引导她理性思考。对于青春期女孩来说，与朋友发生矛盾的时候，最需要的就是冷静和理性，只要做到这一点，她们就不会冲动地出口伤人，同时也更有利于她们以博大宽广的胸怀去接纳朋友。

因此，妈妈应该引导青春期女孩学会宽容别人，唯有这样，在与朋友发生矛盾时，女孩才能表现得大度，才能处理得当，才能更加快乐地与别人相处。

引导青春期女孩自己面对与朋友的矛盾

14岁的蓉蓉虽然平时是一个不爱说话的女孩，但她也有几个关系很好的朋友。前两天，因为一件小事，蓉蓉和其中一个好朋友吵架了，她很想和对方和好，可是又担心对方不原谅自己，而且自己也没勇气和对方说出心里话。所以，她就求助妈妈，让妈妈替她给对方道歉。妈妈答应了女儿，但从那之后每次和朋友有矛盾，蓉蓉首先想到的就是找妈妈帮忙，但有时妈妈却让她自己解决，她就不知道该怎么办了。

大多数青春期女孩在与朋友发生矛盾时，都不愿意去面对和解决，她们更期望家长、老师或其他人来帮助自己解决。假如女孩一遇到问题就选择逃避，而不是勇敢地去面对和解决，那么她们就很难养成独立处理问题的习惯。

因此，妈妈应该鼓励女孩尝试着自己去面对、去解决。例如，妈妈可以多用"你有什么好主意？""你觉得你们应该怎么做？"等提问，让青春期女孩感到自己有权利也有责任去思考如何解决自己的问题。而一旦问题得到解决，她就会更自信，下一次再与他人发生矛盾时，她就有勇气自己去处理了。

细节30 "只是我走运而已！"
——如何引导女孩以谦卑的姿态示人

谦卑，即谦虚、不自高自大、放低姿态。它是一种难能可贵的美德，是女孩进取和成功的必要前提。谦卑的女孩更容易博得大家的好感，而骄傲自大的女孩目中无人，谁也看不起，自然也很难交到知心朋友。

依依天资聪颖，特别喜欢学习数学，自小学起，她的数学成绩就名列前茅。上了初中，她表现不俗，深受数学老师的宠爱，老师经常让她代表全班、全年级参加校内校外的数学竞赛，而依依也很争气，每次都能为集体赢得荣誉。

依依的妈妈为有这样的女儿感到骄傲，常当着亲友的面夸奖女儿，这使依依越来越自满，甚至有些目中无人。有一次，同桌向她请教一道数学题，依依却撇起了嘴，说："你是猪啊，这么简单都不会。"依依的同桌听后马上哭了，以后再也没向依依请教过数学问题。还有一次，数学老师在前面讲课，不小心出现了失误，将一道习题解错了。依依在座位上高声地说："不是吧，还能出这种低级错误，怎么当老师的？"老师听后很没面子，立即沉下了脸。就这样，依依骄傲的"尾巴"越翘越高，喜欢她的人也越来越少……

生活中，很多女孩被家人宠着，得到了太多的夸奖和称赞，慢慢变得飘飘然起来，变得骄傲自大了。作为妈妈，要想让女儿谦虚，一定要注意夸奖女儿的方法，而且还要让女儿全面地认识自己，认识到骄傲的危害性。

那么，具体应该怎样引导女孩以谦卑的姿态示人呢？

帮助女孩全面认识自己，正确衡量自己

12岁的枝枝是班上的文艺委员，不仅歌唱得好，而且舞跳得棒。每次午间休息，枝枝都要站在讲台上领唱，教同学们新歌，这让她很得意，于是常常不把同学放在眼里，尤其是五音不全的同桌丹丹。枝枝经常在妈妈面前说丹丹笨。这天，妈妈听见女儿又这样谈论丹丹，于是对女儿说："枝枝，你不能这样说丹丹，会伤害她的自尊心的。再说，每个人都有自己的优点与缺点，丹丹虽然歌唱得没你好，但是学习成绩却比你强，人家怎么从来都没有说过你笨，而且总是到家里来教你做作业呢？"枝枝听后，沉默地回到房间。从那以后，她再也不说丹丹笨了，而且常常跑到丹丹家，教她唱歌、跳舞。

一般来说，青春期女孩的骄傲来源于某一方面的优势或特长，但这些因素会让女孩过高地评价自己，认为自己比谁都强，只看到自己的长处，却看不到自己的短处，并且总是拿自己的长处和别人的短处相比。这样，青春期女孩就容易狂妄自大，不会设身处地地替别人着想。

作为妈妈，应该让女孩全面认识自己，既要让女孩看到自己的优点，也要看到别人的优点，让女孩意识到每个人都不是完美无缺的，并要明白"天外有天，人外有人"的道理。当女孩能够正确衡量自己，就不会产生骄傲、自满的情绪了。

让女孩明白，保持谦虚才能受人欢迎

一位妈妈曾经这样谈到自己的育女经验：

我女儿蜜蜜今年13岁，上初中一年级，刚进班的时候女儿表现很出色，回答问题也非常积极，后来被班上同学选为班长，她很得意。但是，没过多久，班主任就告诉我，蜜蜜最近上课总是不听讲，自己玩儿，而且人变得特别骄傲，对同学的请教也总是不屑一顾。

回家以后，我决定与女儿谈一谈。我对女儿说："蜜蜜，你知道为什么你能当上班长吗？"蜜蜜想了想，说："因为我成绩好、人缘好。"我说："是啊，那都是你以前勤奋努力换来的，但是你现在光顾着去享受这些成果了，而没有继续保持，下次你还能被选上吗？"女儿羞愧地低下了头。我继续说：

"如果你身边的朋友取得成绩后对你态度不好，那你下次还会选他吗？"女儿摇摇头。过了一会儿，女儿对我说："妈妈，我知道了，我以后不会这样了。"

取得一点儿成绩并没有理由骄傲。妈妈要让女儿认识到，只有保持谦虚的学习态度，才能拥有更好的人缘；只有知错能改，才能不断进步；只有不懈努力，才能有更好的发展。

细节31 "对不起，我帮不了你！"
——教女儿学会如何拒绝

一个不会拒绝他人的女孩很容易被别人左右，一个没有主见的女孩有时甚至会给自己带来危险。所以，学会拒绝对女孩来说也是一种快乐，可以让她不勉强自己去做根本不想做的事情，以获得心灵的自由。

瑶瑶上初中之后开始住校，每个月妈妈都会给她一定的生活费。有一天，瑶瑶的一个朋友对她说："你能借我点儿钱吗？我的生活费花光了。"当时已经到了月末，瑶瑶手中的钱也不多了，如果把钱再借给朋友一些，自己这个月的生活费就不够了。她本不想借给朋友，但又怕朋友说自己小气，最后还是借给了朋友。因为手中没有了钱，她只好打电话给妈妈。

其实，像瑶瑶这样不知道如何拒绝别人的女孩在现实中有很多，因为渴望友谊和天性善良的女孩们，常常认为拒绝别人会伤害到对方，所以很多时候她们宁愿委屈自己去接受别人的要求，哪怕有些要求是不合理的，甚至是过分的。可想而知，最后受到伤害的一定是不懂拒绝的女孩自己。所以，对于青春期女孩，我们要早教育她们学会说"不"，这样，她们在别人提出不利于自己的要求时才懂得拒绝，才能更好地维护自己的正当权益。

培养女儿的自信心以及自我价值感

伊丽莎白·哈特利·布鲁尔是英国著名的教育家，她在其著作《自尊女孩手册》中曾经说过："自尊可以给女孩以力量，让她对朋友，对某个怪异或令人害怕的成年人说'不'。"的确是这样，当一个女孩有了充足的自信后，她才能坚持自己的原则，向那些损害自己正当权益的行为说"不"。

她同时指出，那些"一直被认为是'好孩子'的女孩以及只有得到他人的认可才感觉被人接受的女孩"更难向别人开口说"不"，因为她们害怕遭到别人的取笑、斥责和冷落。

因此，要想引导青春期女孩懂得拒绝别人，我们就要先培养她们的自信心，同时也要培养她们的自我价值感，不要让她们在别人身上才能找到认同感，而是要让她们自己来认同自己。

让女儿学会委婉地拒绝别人

有一天，上高一的晓蕾回家后非常不开心，妈妈便问她发生了什么事。晓蕾皱着眉说："梦琪想和我换座位，她眼睛非常近视，座位又在后排，看不清黑板。"妈妈说："梦琪是你的好朋友，你眼睛又不近视，你就和她换换吧。"晓蕾说："我眼睛倒是挺好的，但是梦琪的座位在大后排，我个子矮，如果我换到她的座位上，前面的同学就会挡住我的视线，我就看不清黑板了。"妈妈说："那你就把这个原因告诉梦琪，不同意和她换座位。"晓蕾有些为难地说："我和梦琪是最好的朋友，我这样说她会不会不高兴？"妈妈对她说："不会的，因为这是你的正当权益，再说你说的也是事实，梦琪会明白的。另外你还可以和梦琪一起去找老师，让老师帮忙想想办法。"晓蕾点了点头，第二天把自己的想法告诉了梦琪，并和梦琪一起去找了老师，让老师帮忙调了座位。

青春期女孩大多不懂得拒绝别人，尤其当对方是自己关系比较好的朋友时，她们即使不愿意，也会勉强答应。面对这样的青春期女孩，我们除了要教会她在日常生活中体谅别人，还要教会她维护自己的正当权益，委婉而又礼貌地拒绝别人。

细节32 "我为什么要借他笔记?"

——如何引导女孩学会分享

现在,我们经常会听到有些青春期女孩的妈妈这样说:

"女儿都已经上高中了,可还是很自私,她的东西别人看都不能看。我真担心这样的她交不到朋友。"

"我女儿都已经16岁了,或许是我们的过度娇惯,她现在根本不把其他人放在眼里,也从来不和我们分享她的喜怒哀乐。"

托尔斯泰曾说过:"神奇的爱,会使数学法则失去平衡。两个人分担一个痛苦,只有一个痛苦;两个人分享一个幸福,却能拥有两个幸福。"生活中的许多快乐和痛苦,都是可以拿来互相分享的。分享如同午后的阳光,温暖着人心;又如同湿润的土壤,将爱化成雨露,滋润着情感的种子慢慢生根发芽。对于女孩来说,与人分享是一种应该具备的好习惯,它既是一种美德,也是体现高情商的行为。

有一位妈妈是这样做的:

我一直教导女儿要做一个懂得分享的人,而且我总是会从日常小事上去引导和影响女儿。比如,我做好新面包之后,会让女儿去送给邻居;买了好吃的东西,会让女儿邀请自己的好朋友到家里来;给女儿买书籍、杂志,也鼓励她和同学交换着看……渐渐地,女儿变得越来越大方、宽容,并且学会了和别人分享,还因此结交了很多朋友。

这真是一位聪慧的妈妈,她让女儿明白:当你把自己的东西和别人分享时,你也会得到很多,包括快乐、感激、友谊、信任等。其实,真正的分享,是在自己也不多、也喜欢的时候,还愿意把自己心爱的东西分给别人。不过,如果你的女儿是个"小气鬼",那么妈妈不妨参考一下以下的建议,改变女儿自私的毛病。

让青春期女孩正确认识分享

大多数女孩在幼年时期都会有这样一种想法：凡是与人分享就是对自己的一种剥夺，会给自己造成损失。而有这种想法的女孩到了青春期，就会变得自我意识膨胀，成为一个自私的人。因此，妈妈一定要及时地给予女孩恰当的引导。

有一位妈妈是这样做的：

一天，我领着10岁的女儿在广场中间玩球，一个同龄女孩在旁边看了许久，我就要求女儿邀请那个小女孩一起玩儿。开始时，女儿并不愿意，于是我对她说："你要学会分享快乐，你看现在我们两个人玩儿是两份快乐，如果多一个人参与进来的话，我们的快乐就会变成三份，而且每份快乐的分量还会变重，何乐而不为呢？"女儿疑惑地答应了。不一会儿，女儿就和那个小女孩熟悉起来，玩得比之前还开心。

在回家的路上，女儿对我说："原来快乐是可以分享的，我因为分享了我的快乐从而获得了更大的快乐，分享真好！"我笑着摸了摸女儿的头并夸奖她说："你真棒！学会了分享快乐！"

英国著名的剧作家萧伯纳说过这样一句话："你有一个苹果，我有一个苹果，彼此交换，每个人只有一个苹果。你有一种思想，我有一种思想，彼此交换，每个人就有了两种思想。"可见，学会分享的人不但不会失去，反而会得到，而且往往是双倍的价值回报。

用"交换法"让女孩学会分享

妈妈在教育女孩的过程中可能会发现这样一种现象：在公共场合或在幼儿园的女孩，总希望自己能够独霸所有的东西，有时表现出无理取闹、任性等。如果出现这种情况，妈妈千万不要一味地批评女儿，这样只会产生副作用，如果采用交换的方法让女孩学会与他人分享玩具等物品，一定会起到很好的教育效果。

10岁的慧慧和12岁的君君是一对姐妹。姐妹俩一般情况下都能很好地相处，但也常常会为一件玩具或其他的事情争吵起来。后来，妈妈买了一个小羊形状的定时器。每当两个小家伙一起玩儿的时候，妈妈总是为她们设计相同的时间，有时是10分钟，有时是20分钟，但时间一到，其中一个必须放下自己正在玩儿的玩具，让另一个来玩。就这样，两个女孩都学会了在属于自己的时间里玩儿，而且她们都知道时间一到，自己就不应该再霸占着玩具，否则以后就没得玩儿。因为妈妈还在之前给她们规定：只要其中一个孩子违反了规则，那么这个玩具的所有权就要归另一个孩子了。

细节33 "我答应他了。"
——如何引导女孩诚信待人

"诚信为人之本"，自古以来这就是中国人最看重的道德标准，也是青春期女孩必须具备的品质。很多妈妈会经常对女儿这样说："做人要诚信""不能撒谎""答应别人的事情一定要做到"等，而且女孩平时接触的书籍、影视作品里也都教她们做人要讲诚信。

有一位妈妈是这样做的：

周末，我打算带上初三的女儿去朋友家做客。女儿听到这个消息后满口答应了，但是当我们打算出门的时候，她突然停住脚步对我说："哎呀，我差点儿给忘了。妈妈，我今天不能和您一起出门了，我已经答应李佳了。她今天要来我们家，我要教她吹口琴。"

我看了女儿一眼，故作不在意地说："我还以为多大的事，你下次教她不就行了。等你回来和她说个'对不起'就行了，明天教也行。"

没想到，女儿坚定地摇摇头说："不行，李佳来了要扑空的啊。您平时不是一直教导我要讲诚信吗？我答应别人的事情，不可以反悔！"听到女儿的回答，我高兴地说："听到你这样说我很高兴，你真讲信用。那你留下来等李佳，妈妈一个人去了。"

诚信讲究的是以诚待人，以信取人，它也是女孩博得他人的信任、和他人友好相处的最基本条件。诚信的品质比其他任何品质更能赢得他人的尊重，更能取信于人。所以，妈妈引导青春期女儿遵守承诺，就要从日常生活中的点滴小事做起。

当然，我们在教育女孩信守承诺之前，一定要让她学会首先考虑一下自己的能力，对于不能胜任的事情，不要轻易允诺别人；而对于已经答应了的，就要遵守信用。另外，还要告诉女孩，如果她在履行诺言的过程中因遇到特殊情况而无法兑现承诺的时候，一定要向对方说明情况并表示歉意。除此之外，妈妈在平时还可以从以下几方面入手，把女孩培养成讲诚信的人：

学会不助长青春期女孩谎言的方法

有一个女孩在自己的博客中这样写道：

妈妈今天给我的班主任打了电话，知道前些天进行了一次考试，而我考得很糟糕，但是我并没有和妈妈提起过这次考试。所以，等我放学回来，妈妈就问我："这些天你们没有进行考试吗？"我有些胆怯地说："没有。"妈妈恼怒地说："我最讨厌撒谎了，快说，你为什么和我撒谎？我已经给你们班主任打过电话了。"后来，妈妈狠狠地批评了我一顿。

其实，许多青春期女孩撒谎是迫不得已的，面对女孩的撒谎行为，批评和打骂并不是有效的方法。因为批评和打骂女孩并不能根治女孩的撒谎行为，反而会让女孩觉得恐惧，也让叛逆的她们越来越会撒谎，更谈不上诚信了。

因此，我们要想培养女儿的诚信，就要让她学会"不撒谎"，例如，不要激发女儿防御性地撒谎，避免问"为什么"。那些正面的、叙述性的话语通常更能让女儿接受，从而尽可能地避免谎言的产生。

引导青春期女孩信守自己的承诺

有一位妈妈讲了自己女儿的故事：

一天上午，女儿和我一起去商场购物。当我们买完东西正准备回家的时候，遇到了女儿的一个好朋友，女儿非要和朋友去玩一会儿。因为下午我和女儿说好要去看她姥姥,可是看到女儿恳求的眼神,我和她约定,12点之前一定要回家,我们去姥姥家吃午饭。女儿很高兴地答应了。

我回到家,收拾完东西,等着女儿回来。可是12点早就过了,女儿也没回来。给她打电话,她说一会儿就回来,让我先去姥姥家等她,可是在姥姥家一直也没等到女儿。等晚上回到家,女儿已经回来了,正在家里玩计算机游戏。看到我,女儿知道自己错了,向我道歉。我虽然很生气,但还是心平气和地告诉女儿:"答应过的事情,一定要做到。没有人会喜欢一个总是失信的人……"女儿很认真地听着我的话,从此以后,她再也没有失信过。

无论什么事情,都是点滴积累起来的。培养女儿诚信的品质这件事情也是如此,妈妈应该从细节上要求女儿做到诚实守信。当女儿没有做到诚实守信时,妈妈应该立即指出女儿的错误,并且对其进行耐心教导。只有这样,才能让青春期女孩真正具备诚信的品质。

细节34 "你真棒!"
—— 如何让女孩学会赞美、欣赏别人

20世纪最伟大的心灵导师和成功学大师戴尔·卡耐基在其《人性的弱点》一书中认为:为人处世的重要原则就是学会真诚地赞美别人。没错,赞美和欣赏都是一种积极的情绪,它们会让青春期女孩在人际交往中获得更多的友谊和青睐,从而增加她们在与人交往时的自信和魅力。

青春期原本就是女孩们走出自我,走向社会,学会与他人合作的最重要阶段。在这个特殊阶段,女孩们从内心深处渴望友谊,希望自己多结交朋友,希望自己能有几个可以相处融洽的"闺蜜"。但现实是,很多女孩孤单、冷漠,根本不能与他人友好相处,甚至被同学排挤出"朋友圈"。

一位妈妈讲述了关于15岁女儿的这样一件事情:

我女儿妍妍什么都好,就一点让人头疼,就是说话太"刻薄",根本不给其他人留面子，尤其是和同龄人相处的时候，她的小嘴就像小刀子似的，让其他女孩都不愿意和她一起玩儿。有一次，妍妍班里组织春游，学生家长也可以参加，而且为了好玩儿，学校还建议各个家庭自由组合，结果没有一个孩子愿意和我们组成一个队。原来我以为是别人家不想和我们组队，后来我才知道，是女儿一会儿嫌弃那个同学手脚慢，一会儿又怪这个同学没能力，结果大家都不愿和她在一起。最后，女儿春游也不参加了，气呼呼地拉着我回家了。

上述事例中妍妍最大的毛病就是她看不到别人的优点，对别人太挑剔，更别说去赞美和欣赏别人了。试想，世界上有哪一个人会愿意和一个整天挑剔自己缺点、看自己不顺眼、不认同自己的人交朋友呢？

因此，妈妈应该引导青春期女孩学会赞美和欣赏别人，对别人多些理解和宽容，多去发现别人身上的优点和能力，然后对照自身看到差距，激励自己多学习别人的优点，然后改掉自身的缺点。同时，学会赞美和欣赏别人的女孩，也会获得别人对自己的好感，从而能够让自己与他人更加和谐地相处，交到更多的知心朋友。

那么妈妈应该怎样引导青春期女孩去赞美和欣赏别人呢？下面这些方法女孩的妈妈们不妨参考一下：

采用"游戏体验法"让女孩学会赞美和欣赏别人

一位妈妈的教育经验是这样的：

女儿今年已经11岁了，平时见到邻居也不知道打招呼，显得有些害羞内向，也没有几个可以玩儿的好朋友。为了提高女儿的人际交往能力，我决定采用"游戏体验法"让女儿从学会赞美和欣赏别人开始。例如，谁最先发现别人身上的优点，并且对那个人说出来，那么谁就可以获得一枚星星勋章，一周后，获得最多勋章的那个人可以向对方提一个愿望。最初我和女儿都称赞彼此，后来女儿会赞美小区的清洁工、隔壁的老奶奶、街边补鞋的老爷爷……慢慢地，女儿自己也感觉到她赞美过的那些人对她比以前更友好了，女儿脸上的笑容也多了起来，变得开朗的她也结交了几个好朋友。

这真是一位充满智慧的妈妈，她在日常生活中应用"游戏＋体验"的教育模式，让女儿在"游戏中求体验"，学会把赞美和欣赏挂在嘴边，从而让女儿在无形中也获得了别人的好感和肯定。其实，赞美和欣赏别人是我们在生活中最容易忽视的美德，因为很多青春期女孩心中只想着怎么在人际交往中获得别人的赞美和肯定、欣赏和认同，但是却不懂得去赞美和欣赏别人。

所以，妈妈应该采取各种方法如"游戏体验法"这种寓教于乐的方式，去让女孩学会赞美和欣赏别人。

引导女孩养成付出的好习惯

13岁的饶饶是个独生女，由于长辈溺爱的原因，她总是显得很霸道、任性、不会替他人着想，很多时候只会看到别人身上的缺点和自己身上的优点，这也让她成为伙伴中"不受欢迎的人"。饶饶的妈妈为了改变这种现状，就和饶饶的老师商量，在饶饶的班里开展了一个"猜猜我是谁"的活动。具体规则是：每个学生把自己的名字写在一张小纸条上，全班同学的名字混在一起，然后每人随机抽取一张，纸上的名字就是你要在未来一周内帮助的人，在这一周内你至少要帮助对方做5件事，让他通过你的行动猜出你是谁，这样你就可以成为对方的"爱心天使"。3个月之后，有的同学做了10次"爱心天使"，大多数孩子在这项活动中养成了付出爱的习惯。妈妈发现女儿饶饶也有了很大的改变，后来这项活动还推广到整个学校，学校里的氛围变得越来越和谐、友好。

一个女孩如果学会竭尽全力地去帮助别人，为别人无私地付出，那么她自然会得到别人的赞美和欣赏，而她也会去试着赞美和欣赏别人。久而久之，女孩会在为他人付出的过程中，获得更多的肯定、自信、赞美、友谊和关怀。

第五章 爱学习、会学习
——帮助女孩收获学习乐趣

青春期女孩在学业上有一大特点，就是容易滋生厌学情绪、成绩波动很大。与此同时，青春期也恰恰是女孩学业之路的关键期，一旦出现问题，就可能影响女孩升学的全局。因此，智慧的女孩妈妈，会及时发现女孩学习中的障碍，然后在第一时间就解决掉，有一个消灭一个。当女孩学习道路上的障碍被一一清除后，她学习起来就会畅通无阻，成绩也会不断提升。

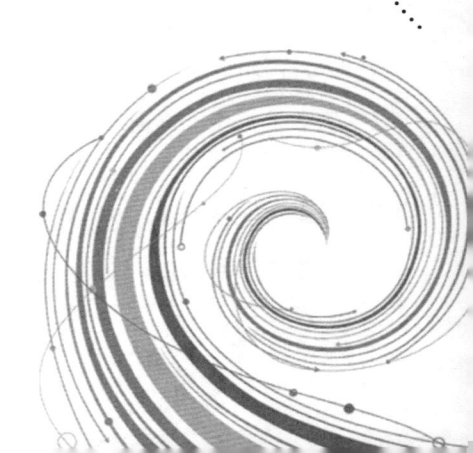

细节35 "做学生真命苦！"

——如何让女孩正确看待学习

在青春期女孩的世界中，很多东西充满无限的乐趣：韩国电视剧、爱情小说、网络聊天、旅行、流行音乐……如果有人说学习也能带来乐趣，估计很多女孩听后会说这是一个美丽的谎言。

对于大多数女孩来说，学习可是件苦差事。有些女孩上课不自觉地就走神儿了，在课堂上发起了呆；有些女孩很听妈妈的话，每天都抱着课本预习、复习，可成绩还是不尽如人意；有些女孩干脆放任自流，跟随班里的"坏小子"们学会逃课、辍学……面对这样那样的青春期女孩，妈妈们真的犯愁了，是不是我的女儿注定与高分无缘呢？

答案是否定的。爱因斯坦曾说过这样一句话："对一切人来说，只有兴趣才是最好的老师。"没错，不是你的女儿笨，而是她缺少一份对学习的兴趣而已。

对于大多数女孩而言，只要这件事能提起她的兴趣，她往往会调动一切热情和耐性完成它，并努力做到最好。所以，聪明的妈妈要学会让女孩与学习"交朋友"，把学习变成她的乐趣。

妈妈要为女儿做爱学习的好榜样

"三好学生"小悦的妈妈是这样教育女儿的：

在小悦刚刚懂事的时候，我就向她灌输每个人都要学习的思想。我会经常对她说："世界上最强大的人就是有智慧的人，有了智慧，人人都无法战胜你，人人也都会尊敬你。所以，小悦，你将来要成为一个有智慧的人。"

后来，小悦一上学便对学习产生了浓厚的兴趣，每天放学后，她会主动做作业。在她写作业时，我也会拿起书籍在一边学习。她做她的功课，我看我的书，互不干扰。我这样做的目的不是要看着小悦，而是要让她看到我认真学习的态度。随着小悦年级的上升，她给我捧回很多奖状和第一名，对此，我十分骄傲和欣慰。

在家庭教育中，身教一向胜于言传。如果女孩未曾见过妈妈的学习身影，那么当妈妈劝导女孩学习时就会缺少说服力。相反，如果女孩经常看到妈妈伏案学习，那么她就会潜移默化地受到影响，以妈妈为榜样而努力学习。

引导女儿把兴趣和知识相结合

李莉莉今年上初中二年级。最让她犯难的事就是不会写作文。每次一提笔就觉得没有东西可写，最后只能东拼西凑、应付了事。妈妈了解了莉莉的情况后，对她说："你不是喜欢对别人说心事吗？你为何不在业余时间写写日记，表达一下自己的心情呢？"莉莉听了妈妈的话，开始每天利用业余时间来记录自己的心情，记录自己最熟悉和最感兴趣的事情。经过一段时间，莉莉惊喜地发现，自己已可以出口成章、提笔成文了，她的作文成绩有了相当大的飞跃，她再也不会为此头痛了。

我们都有这样一种经验：如果我们对某事物了解、充满兴趣的话，我们就愿意接触与之相关的事物。例如，某个电视剧热播的时候，我们就愿意读原文小说。同样的道理，女孩们也是愿意接触和学习她们原本就熟悉、有兴趣的东西。但是并非每个科目都是她们熟悉和了解的，所以，妈妈们要引导女儿将兴趣和知识结合起来，培养和激发她们的新兴趣。

妈妈要为女儿创造愉悦的学习环境

对于女孩来说，她们学习的目的不是获取知识，而是从中得到快乐。所以，我们要让女孩在快乐的学习环境中学习，这样才能激发她们的学习兴趣。

至于如何让女孩从学习中获得快乐，方法是多种多样的。妈妈可以带女儿走出户外，进入大自然，以开阔她的眼界，丰富她的知识，从而提高她的学习兴趣。最好还能指导她参加一些实践，例如，让她自己收集种子，进行发芽的实验等，并鼓励她阅读有关书籍，学会发现问题、提出问题，学会到书中找答案。通过各种方法，不仅让女孩的知识更加丰富，还让她提高了学习兴趣。

细节36 "唉，这次又没及格！"
——如何帮女儿找对学习方法

敏敏平时学习成绩一般，妈妈总说她学习不认真、太马虎，一直以来，对敏敏的学习成绩都很不满意。不过，上了中学之后，敏敏意识到要想改变自己的命运，必须努力学习，所以她开始每天都比别人花费更多的时间在学习上。早上，别人还没起床的时候，敏敏已经开始背英语单词了，课余时间她也在温习功课，晚上别人早就睡了，敏敏还在被窝里看书。期中考试的时候，敏敏的英语成绩第一次得了70多分，所以她非常兴奋，一放学就拿成绩单回家。敏敏原以为妈妈会表扬自己，可是妈妈还是批评了她，说她没什么大的进步。敏敏听后很沮丧，觉得自己不如别人，根本不是学习的料！

其实，敏敏已经很努力地学习了，可她的学习成绩提高得并不明显，她自己也很苦恼。那么作为妈妈应该怎么办呢？很显然，决不能像敏敏的妈妈那样不把女儿的进步放在眼里，要知道，哪怕提高一分也可能是女儿花费心力得来的。

所以，当你的女儿学习不进步，甚至退步的时候，妈妈首先要做的不是批评女儿和表达你的失望，而是应该帮助女儿找到她学习退步的原因，然后再帮助她找到科学有效的学习方法。

一般来说，青春期女孩的学习是否有成效，取决于两点：一是学习方法对不对；二是对学习感不感兴趣。其实，只要妈妈帮助女孩找到对的学习方法，她的学习成绩提高上去了，那么女孩对学习就有了信心，自然就会对学习越来越感兴趣。可见，学习方法对于提高青春期女孩的学习成效是至关重要的。

那么如何帮助女孩找到对的学习方法，进而不断提高她的学习效率呢？下面这些方法妈妈们不妨一试：

帮助女儿掌握一定的学习方法

学习只有讲求学习方法，才能事半功倍。因此，妈妈必须帮助女儿掌握一定的学习方法。一般来说，好的学习方法必须从自身的实际出发，有的时候适合别人的学习方法不一定适合你的女儿。

值得推荐的学习方法有以下几种：

让女孩先学会了解自己，让她知道自己的强科是什么、弱科是什么，哪些科目提高的空间还很大，以便做出时间上的调整；

不要让女孩掉进"题海战术"苦熬，做会的题目尽量别浪费时间重复去做；

让女孩学会课后复习和课前预习，遇到不明白的要做标记；

告诉女孩要学会总结以往的成功经验，并且学会和家长、老师沟通；

让女孩学会独立思考，遇到难题自己要先解决，实在解决不了再去求助家长、老师和同学；

帮助女孩提高她学习的执行能力，如时间管理能力、计划能力和专心能力等；

给女孩准备一个错题本，让她把做错的题收集起来，这是提高薄弱科目成绩最好的方法；

让女孩学会充分利用课堂时间，认真听老师讲课，遇到不懂的问题就要提问，或标上标记，下课问其他同学和老师；告诉女孩一切的成功都来自后天的努力，学习更是如此，只有努力、刻苦地学习才能获得好的学习成绩；

让女孩学会劳逸结合，要知道，只有休息好、玩好才能学习好；

……

帮助女儿巩固学习基础

有一位妈妈的教育经验是这样的：

期末考试的时候，女儿又门门功课亮红灯，尤其是数学，惨不忍睹。不过，我看到女儿糟糕的成绩单并没有动怒，而是心平气和地对女儿说："丫头，你想提高成绩吗？"

听了我的话，女儿先是一愣，而后马上说："想呀，当然想了，做梦都想。"

我说："那好，我们就从提高数学成绩开始，我告诉你一个'秘诀'——每天把数学课本上的一节内容搞懂。"

"就这样？"女儿怀疑地问。

我说："没错，就这么简单，只要你把所看的那节里面涉及的定理、公式以及它们的推导过程都弄明白，学习成绩很快就会提升。"

……

通过这种方法，女儿的数学成绩提高得很快。

这位妈妈的做法很值得称赞。她在面对女儿屡次糟糕的成绩时，没有像其他妈妈那样非打即骂，或通过"题海战术"提高女儿的成绩，而是一切从基础抓起。她先帮女儿打好基础，这种做法不但能减轻女儿的学习负担，而且效果也很显著。有相同境遇的妈妈们不妨试一下这位妈妈的做法。

其实，女孩每次考试都不进步，与基础不牢固有很大关系。学习就像盖房子，地基打不牢，上面盖的砖瓦越多越容易坍塌。所以，只有稳扎稳打，才能为取得好的学习成绩奠定基础。

细节37 "我的学习效率提高了！"
——制订学习计划有什么好处

古语云："凡事预则立，不预则废。"即人们无论做什么事情，如果先有了计划和打算，那么往往会取得好的效果，否则就有可能失败。我们对待青春期女孩的学习也是一样，一定要帮助她制订一个学习计划，因为制订学习计划并认真地执行计划，不但能提高女孩的学习成绩，而且会全面提高她各方面的素质。

但现实却是，很多青春期女孩的自制力和计划能力都很差，例如，她们常常放学后就出去玩儿，天不黑不回家，作业常常丢在一边。很多女孩一回家就看故事书、看动画片，妈妈让她写作业，她就磨磨蹭蹭地不去。

很多青春期女孩整天不是听音乐，就是听广播，大晚上也不睡觉，常常是作业写不完，第二天去学校抄同学的。

……

难道我们拿这样的女孩就没有办法了吗？当然不是，帮助女孩制订学习计划就是最好的解决方法。

为了让女孩不虚度学习时间，妈妈可以从两方面为女孩制订学习计划，一是按学校规定的学习时间，这段时间妈妈要督促和引导女儿完成老师当天布置的学习任务，"消化"当天所学的知识；二是除完成老师布置的学习任务以外的归自己支配的自由学习时间，这段时间妈妈可以帮助女儿制订一个学习计划，比如，半小时用来温习和复习当天的课程、阅读课外书籍、做自己喜欢的事情等，主要用来发展女孩的优势和特长。

下面这些方法也有助于妈妈帮助女儿制订学习计划：

提高女儿的计划执行力

有一位妈妈的教育经验是这样的：

我女儿今年上小学五年级，在我的帮助下，她自己制订了学习计划。在计划执行的前两天，女儿的精神头非常足，每天晚上不用我催，自己就会很快把计划都完成，然后还炫耀说："妈妈，您看，我今天的计划完成得可快了！"可是到了第三天，女儿的新鲜劲儿就完全消失了，不仅复习、预习的步骤省略了，就连做作业都拖拖拉拉，每天晚上非要熬夜到很晚。

后来我想了一个好办法，就是和女儿约定，每天她做作业的时间只有一小时。于是，晚上女儿做作业时，我把闹钟上好后就去忙自己的事情，而女儿则是一边玩儿一边做，我也不提醒她。结果一小时一到，闹钟就响了起来，这时女儿大声地嚷道："时间怎么过得这么快啊，我还有两道题没有做完呢！"说完就冲我投来了求助的眼神，但是我装作没看到，毫不犹豫地对她说："时间到了，你不要做了，马上去睡觉吧！"

第二天，我偷偷把女儿没做完作业的原因告诉了老师，老师也非常支持我这样的做法，当然，老师还是批评了没做完作业的女儿。当天晚上，我又给女儿上好了闹钟，女儿竟然一开始做作业就抓紧时间，效率明显提高，而且不到一小时就把所有的作业做完了，剩下的时间她用来预习和复习。而且从此之后，女儿的学习计划就一直这样执行了下去。

一个小小的闹钟就解决了女儿做作业拖拉的坏习惯，这真是一位聪明的妈妈，她的这种教育经验很值得其他妈妈学习和借鉴。

其实，每个女孩都有自己的学习计划，可为什么有的女孩能够很快很好地完成自己的计划，而有的女孩却没有呢？这其中最大的原因就在于她们是否认真地去执行这一学习计划，是否具有计划的执行力。因此，妈妈和老师要紧密配合，提高女孩的计划执行力。

帮助女儿合理安排各科时间

一天，青少年心理咨询中心接到了一位妈妈的来信，信上写道：我女儿今年刚刚上初一，是一个学习很努力的小女孩，她非常喜欢英语，所以只要有时间她都会看书、背单词，自然她的英语成绩也一直非常好，第一次期中考试的时候就取得了全年级第一的好成绩，但是相较于她出色的英语成绩来说，她的数学成绩就有些惨不忍睹，甚至经常不及格。

我很担心女儿的这种情况，因为女儿并不是上了初中才这样的，在小学的时候，她就把大量的时间用在了学习英语上，而对于数学，除了上课听老师讲解，下课做完作业之后，她就再也不碰它了，虽然说了她很多次，但是她就是改不过来。我也不知道用什么办法能够帮助女儿把其他科目的成绩提高上去。

现实中，青春期女孩可能会因为个人差异、对老师的偏爱、对学科的偏爱或学习时间紧张等因素导致她各科学习成绩出现不均衡的现象。这时，我们一定要帮助她们规划和安排各科的学习时间，并根据具体情况进行合理规划。

上述事例中的这位妈妈可以选择在不影响女儿学习英语兴趣的前提下，告诉她可以在课余时间把学习英语的时段分给数学，比如，放学后用一小时学习数学，半小时学习英语，还有上课时注意听讲和记课堂笔记，下课要及时温习老师刚刚讲过的内容等。

细节38 "一提数学我就头痛!"
——如何引导女孩学好理科

俗话说:"学好数理化,走遍天下都不怕。"可见,理科科目的学习对于女孩来说很重要。但现实却是,很多上了中学的女孩语文、英语成绩很优异,可是数学、物理、化学却成了她们的"软肋"。

那是不是女孩天生就是"文科强、理科弱"呢?当然不是,虽然女孩的逻辑思维能力没有男孩强,尤其是上了中学之后,她们学习理科会比较吃力,但是女孩的机械记忆能力和形象记忆能力比较强,能够轻易把握那些复杂的知识点。如果妈妈们能根据女孩的思维特点来适当改变她的学习方式,那么数理化也会成为女孩的优势。

有一位妈妈的教育经验是这样的:

我是一名高中数学老师,可我的女儿数学成绩一直都不好,我也知道她压力很大,所以当她高一期末考试拿着那张刚刚及格的数学成绩单给我的时候,我并没有批评她,而是帮助女儿分析了她题目错在哪里、为什么做错。暑假的时候,我给女儿制订了数学学习计划,并且和她一起买了几本相关的参考书,同时为了增强她对几何图形的认知,我还特意给她买了有趣的适合她年龄的益智玩具。暑假结束之后,女儿对数学的学习热情高涨了很多,高二期中考试的时候,她还考进了数学前十名,而且她还兴奋地对我说下次一定要进前三名。

由此可见,女孩并不是学不好理科,而是她们缺少一个提高自己数理化成绩的科学的学习方法。我国著名教育专家王金战老师曾经说过:"以我的感觉,越是某一科薄弱的学生,上升的可能性越大。"没错,对女孩来说看似最薄弱的数理化,很可能会成为提升她们学习成绩最快的途径。那么妈妈们究竟该如何引导女孩才能逐步提高她们的数理化成绩呢?

下面就给女孩的妈妈们提供一些方法:

引导女孩掌握学好数学的技巧

数学和物理、化学不同，它是女孩从牙牙学语开始就在接触的学科，小学阶段是女孩学习数学的初始阶段，也是女孩打好数学基础的阶段。女孩到了中学之后，数学学习的难度增加，但此时女孩逻辑能力差的弱点就开始显现出来，这个阶段她们学起数学来明显很吃力。

有一位妈妈这样讲述了关于女儿和数学的故事：

我女儿小学时候数学成绩都是 100 分，上了初中一直徘徊在 80 分左右，等她上了高中，竟然有几次考试数学都不及格。我真想不通，为什么她的语文和英语成绩一直都很稳定，偏偏像数学这样的理科成绩起伏却这么大呢？

这位妈妈的疑惑也是很多女孩妈妈的疑惑，归根结底是女孩随着数学难度的增加对数学逐渐失去了学习兴趣，以至于数学成绩下滑。妈妈要想帮助女儿学好数学，可以这样做：引导女孩欣赏数学之美，增强女孩的审美能力和对数学的学习兴趣；让女孩在数学游戏中成长，可以为女孩买几本趣味数学的练习书籍；大力培养和提高女孩的逻辑推理能力，让她勤于思考。

引导女孩掌握学好物理的诀窍

青春期女孩好奇心、好胜心都比较强，如果妈妈能够巧妙地把握女孩的这些心理，就能引导她们喜欢上物理。

一位睿智的妈妈是这样做的：

女儿上初中后第一次接触物理，一天，我故意问她："女儿，你说是铁重还是棉花重？"女儿想都不想就说："当然是铁重了。""真的吗？"我疑惑地问。女儿肯定地点点头。于是我拿着女儿的物理课本，神秘地笑着说："你说铁重，但课本上可不是这样说的，你仔细看看有关'密度'的这几页书，就知道正确的答案是什么了！"听了我的建议，女儿便认真地看起物理课本来。

无论哪个年龄段的女孩都会对未知或疑惑的东西充满好奇心，我们正好可以利用这一点，拿日常生活中的各种物理现象去引导女孩自己寻找答案。

当然，除了利用女孩的好奇心让她喜欢上物理，我们还可以采用其他诀窍。例如，利用女孩的好动心理，支持她们做物理实验；利用女孩的好胜心理，激发她和同学比赛谁知道的物理知识多；利用女孩的好问心理，引导她对身边未知的物理现象发问，并指导她去寻找正确答案等。

引导女孩掌握学好化学的方法

化学的学习方法其实和物理的学习方法是有相似之处的，但化学比物理可能更抽象，例如"分子""离子""化合物"等化学名词让女孩听起来就头痛。但化学和物理一样，都和我们的日常生活分不开，因此，我们可以利用这一点来提高女孩学习化学的兴趣。

首先，我们要引导女孩把抽象的理论与生活现象挂钩，以提高她解决各种问题的能力。例如，锅生锈如何解决、洗衣粉是怎样产生的、如何更快地清洗水槽的污垢……

其次，我们要利用女孩的好问心理，锻炼她的抽象思维能力和扩散思维能力。例如，书上说"分子是保持物质化学性质的一种微粒"，那我们可以问女孩："除了分子之外，还有哪些微粒可以保持物质的化学性质呢？"

最后，我们可以利用女孩的好动心理，支持她做化学实验，当然，做化学实验要以安全为前提，太危险的化学物质尽量别让女孩接触。

细节39 "我是个笨孩子吗？"
——如何培养女儿的理解力

我女儿上小学的时候学习成绩特别好，尤其是语文，老师让同学们背诵课文，她总是第一个背会的。但是上了初中之后，我发现女儿学习起来很吃力，学习成绩也下降了很多，虽然语文和英语的成绩保持得还不错，但是数学、物理、化学这些科目，她无论怎么努力都跟不上，甚至有几次还考了不及格。这对一向对学习有信心的女儿是一个巨大的打击，看着她整日消沉，我也不知道怎么帮她。于是，就去学校找老师询问女儿为什么学习跟不上，老师对我说："您女儿虽然学习很用功，但只知道死记硬背，很多知识她都理解不了，所以事倍功半。"听老师这样一说，我觉得只要提高女儿的理解力，她的学习成绩就能提上去，可是这个理解力该怎么培养与提高呢？

其实，很多女孩都和上述事例中的女孩一样，虽然很努力地学习，但是因为理解能力不强，结果学习成绩总是提不上去。那么什么是理解力？它对女孩的学习、生活又会有怎样的影响呢？

理解力是衡量一个人学习效果的重要指标，其主要包括一个人整体思考的能力、洞察问题的能力、想象力、类比力、直觉力、解释力等。也就是说一个人理解力越强，他看待问题、思考问题、解决问题的能力就越强，自然能更快地取得成功。

由此可见，妈妈必须要培养青春期女孩的理解力，以便女孩在学习、生活或解决问题的过程中，能够更加游刃有余。那么妈妈们怎样做才有助于提高女孩的理解力呢？下面这些方法妈妈们不妨一试：

从想象力入手培养青春期女孩的理解力

妈妈应该加强青春期女孩理解力的培养，在理解的基础上发挥青春期女孩的想象力，这样能够起到相互促进的作用。

有一位妈妈的教育经验是这样的：

我女儿今年上初中，从小她就很喜欢画画，而且她常对我说考大学的时候，希望考中央美院。但是女儿的美术老师说，女儿对画画没有敏感度和理解力，这让女儿很沮丧。为了帮助女儿，我总是在日常生活中引导女儿的想象力。比如，我看到天上的云彩，就对女儿说："你看那片云像什么？"女儿就会说："看起来像只狗，不过换个角度又像大象。"有时我也会盯着斑驳的墙壁问女儿："你看这块墙壁破了之后像什么，说不定是什么时空之门？"虽然有时女儿会"嘲笑"我的"胡思乱想"，但慢慢地她比我还要会"想象"，并且她开始给这些想象加上色彩，把它们全都画了下来。慢慢地，女儿的画有了主体，显得十分灵动，她对画的理解力也更强了，而且因为浓厚的画画兴趣，她很快得到了老师和同学的肯定，自己也变得更自信了。

这真是一位聪慧的妈妈，她在日常生活中不断影响、引导女儿的想象力，逐渐加深女儿对画的理解力，这样久而久之，女儿在画画上的造诣就会有所提升。无数事实已经表明：想象力和理解力是紧密联系的。因此，妈妈培养青春期女孩的理解力，要注意从想象力入手。

切忌"求快"，多给女孩理解和消化知识的时间

有一个16岁的女孩在日记中这样写道：

我上小学的时候，对于老师讲的内容理解得非常快。可是上了中学之后，我发现自己的理解力慢慢变差了，我觉得这和我妈的教育方式有很大关系。她总是拿我和别人比，而且根本不考虑我的接受程度和感受。别人半小时就能背会的诗歌，我可能要一小时，而且我喜欢理解之后再背，这样记得牢。但妈妈总让我"背快点儿、背快点儿"，我又不是小孩子，我知道哪种学习方法更适合自己，但妈妈管得太多了。死记硬背的东西没过多久我又忘了，考试自然考不好，回家还要挨一顿骂，为什么妈妈就不能给我一些消化知识的时间呢？

的确，如今很多妈妈对于女儿的学习都非常上心，尤其是女儿进入中学之后，妈妈除了关心女儿的生活，还十分关心女儿的学习，甚至很多妈妈像这位女孩的妈妈一样过度介入女儿的学习，以自己的认知去指导女儿学习。

例如，很多妈妈对待女儿的学习总是求快、求量，不管女儿是否理解了知识，就让女儿死记硬背，结果女儿暂时记住的很多知识因为没有彻底地理解和消化，在以后的学习中依然会遇到各种问题。

因此，妈妈切忌"求快"，也要多引导女儿不要让她"求快"，只有理解和消化了知识，知识才会记得牢，才会被灵活地运用。

细节40 "为什么我记不住知识？"
——女孩记忆力差，怎么办

女孩一进入青春期，很多妈妈会发现，女儿的记忆力不如刚上学的时候强了，甚至出现了"健忘"的现象，就像下面这些女孩所说的一样：

"我上课的时候总是会被各种事情打扰，注意力不集中，写作业拖拉。"

"我的学习效率很低，明明早上才背熟的英语单词，可是一上课就全忘了！"

"我小学一二年级的时候是我们班背课文最快的，可是上了初中之后，一篇文章我要背两天。"

"我不知道是不是自己变笨了，现在背什么都慢，忘什么都快！"

"平时如果我不经常复习，就会把以前的东西忘光……"

……

每当女儿出现以上学习问题时，几乎所有的妈妈都会埋怨自己的女儿不认真，不努力，接着就会对其进行"批评教育"，甚至暴打一顿。还有的妈妈见女儿学习没长进，就给女儿报上一堆补习班，结果不仅增加了女儿的课业负担，她的学习情况也毫无起色，于是女儿辛苦、妈妈痛苦。

其实，大部分女孩学习效率低和她们的记忆力下降有很大关系。有关专家经过长期观察研究发现，女孩在记忆上常显示出如下的特点：

1. 记忆缺乏目的性。女孩们通常能记住那些形象鲜明，能引起自己兴趣的事物。例如，妈妈委托女儿做某件事，她会用重复大人说的话的简单方法来记住这件事。

2. 记得快、忘得快。女孩记忆的范围和记忆保持的时间是随着年龄增长而扩大和延长的。例如，她们能很快学会一首儿歌，但如果不复习也会很快就忘了。

3. 记忆缺乏精确性。女孩记忆的精确性也是随着年龄的增长而提高的。

例如，女孩听了一个故事，她能记住感兴趣的某个细节，而整个故事的情节却记不住，或把其他故事的情节也混在一起。

4. 记忆方法缺乏灵活性。由于受知识和经验的限制，女孩不会对事物的内容进行分析，只会对事物的表面进行机械识记。例如，同样对于陌生人，成年人可能记住这个人的相貌特征，而她记住的可能是这个人的衣着颜色等。

那么，针对这些特点，妈妈们该怎样提高女孩的记忆力呢？下面给妈妈们提供几种提高女孩记忆力的方法：

帮助青春期女孩掌握记忆规律和记忆方法

女孩在学习的时候，掌握一定的记忆规律和记忆方法，并培养科学的记忆习惯，发展自己的理解力、记忆力是非常必要的。不过，妈妈要让女孩根据不同的学习内容和要求，采用不同的记忆方法，以保证按时完成学习任务和提高学习质量。

一般来说，记忆法分为以下几种：

1. 机械记忆法：采用单纯的反复记忆来达到掌握和巩固学习内容的目的。这种方法比较适用于学习英语单词、元素符号等。

2. 抓重点记忆法：要立足于全面、系统地学习知识，要突出重点，起到以点带面的效果。

3. 理解记忆法：在看书或听课时，理论联系实际，把科学概念或定理等通过联想来帮助理解，这样就容易巩固、记住新知识。

4. 覆盖关键部分记忆法：先用纸盖住自己认为难以记住的内容，暂时不让自己看见，然后再读余下的内容，想象被覆盖部分的内容，实在想不出来，才移开盖住内容的纸，如此反复几次，就可以记住了。

引导女孩多回忆，内容越精细越好

"不断回忆才能不断牢记"，这句话同样适用于女孩的学习。因为学习本来就是一件反复遗忘而不断复习牢记的过程，常回忆，并尽可能精细，这是锻炼女孩记忆的好方法。

香香今年上高一，平时她妈妈很注意锻炼她的记忆力。比如，妈妈带她见了一位阿姨，回来就让香香回忆一下那位阿姨衣服的款式、颜色、发型和头发的颜色，手袋的款式、面料等；带香香看了一部电影，就让她回忆一下：里面有什么人物？发生了什么事？结局怎样？仔细回忆每一个镜头，越精细越好。通过这种有意识的锻炼，香香的妈妈欣喜地发现香香的记忆力有了很大的提高。

俄国作家列夫·托尔斯泰说过："我每天做两种操，一是早操，一是记忆力操，每天早上背书和外语单词，以检查和培养自己的记忆力。"托尔斯泰的"记忆力操"实际上就是反复"回忆—复习"。因此，妈妈只要有计划地引导青春期女孩多回忆，她的记忆力一定会不断增强。

细节41 "这道题有两个答案。"
——如何让女儿的思维更敏捷

"知识，只有当它靠积极的思维得来，而不是凭记忆得来的时候，才是真正的知识。"这是俄国作家列夫·托尔斯泰曾经说过的一句话。所谓思维，其实就是人们在工作、学习、生活中每逢遇到问题时的"想一想"，它是通过分析、综合、概括、抽象、比较、具体化和系统化等一系列过程，对感性材料进行加工并转化为理性认识，进而解决问题的。一般来说，思维的基本形式是概念、判断和推理。

一般来说，思维能力的高低直接影响着孩子的学习成绩。比如，数学学习主要靠逻辑能力，如果一个女孩逻辑能力很差，那么她在数学、物理等方面的学习就会遭遇很大的困境；如果一个女孩的语言思维能力、想象力很差的话，她说出的话就会让别人觉得"前言不搭后语""不知所云"和"干巴巴"，所以妈妈必须要想办法提高女孩的思维能力，以便她能更快地提高学习效率。

15岁的璐璐在学习上显得很迟钝，似乎总比别人慢半拍，领悟能力也没有别人强。她的妈妈知道有些东西是不能强求的，但可以通过后天的锻炼弥补。所以，平时妈妈会给璐璐买一些趣味性的书籍，让她学会开动脑筋，有的时候妈妈还会找一些脑筋急转弯，锻炼璐璐的反应能力和逆向思维能力。另外，妈妈还会给璐璐买一些符合璐璐这个年龄段的益智玩具，妈妈希望女儿在玩的过程中，能够锻炼自己的空间想象力、创造力等。一段时间以后，妈妈发现璐璐想问题不再只想一面，学习的时候也更注重思考，而且璐璐还总结出了一套解题思路，她的学习成绩自然也提高了不少。妈妈认为，女儿的进步和自己对她的思维训练是分不开的。

这真是一位智慧的妈妈，她懂得根据自己女儿的实际情况，找到一些适合提高她思维能力的方法，像看趣味书、做脑筋急转弯、玩益智玩具等，这些方法都有利于提高女孩的思维能力，像逆向思维能力、发散思维能力、想象思维能力、创造思维能力等。

当然，除了借鉴这位妈妈的育女经验之外，下面这些方法也值得妈妈们一试：

培养女孩学会独立思考

有些学生学习效率之所以不高，主要原因就是缺乏思考。没错，一个不懂得独立思考的女孩，她的思维能力是很难提高的。

下面这个女孩就是如此：

杨乐是个初中生，在妈妈和老师的眼里，她是一个很聪明的女孩，但她就是"懒"，尤其是在学习上。比如，作业总是抄别人的，不按老师要求去背诵文章，也不爱提问题，遇到难题总是让别的同学帮她做。虽然每次考试都仗着小聪明能够及格，但她不思进取，认为这点儿成绩已经对得起自己了。后来，上了高中之后，她的学习能力根本赶不上别人，学习效率也很差，没上一年就退学了，她的理由是自己不是学习的料。

杨乐真的不是学习的料吗？当然不是，她只是不爱思考，喜欢依靠别人，这样一旦有问题产生，她首先想到的不是自己思考、解决，而是去找别人。这样一个懒于思考，不善于发现问题，更不喜欢独立去解决问题的女孩，最后只能陷入学习落后的境地。

因此，妈妈必须要培养女孩独立思考的好习惯，让她学会善于独立地发现问题、分析问题、解决问题，并且能自己判断对错。久而久之，她的学习效率自然会提高上去。

引导女孩学会把自己置身于问题之中

法国著名文学家巴尔扎克曾经说过："打开一切科学的钥匙毫无异议的是问号，我们大部分的伟大发现应归功于'如何'，而生活的智慧大概就在于凡事都问个'为什么'。"没错，妈妈要想使女孩的思维活跃起来，最佳办法就是让女孩学会把自己置身于问题之中。因为一旦心中有了"问号"，她的思维才能活跃起来，思维能力才可能在解决问题的过程中发展起来。

有一位妈妈是这样做的：

为了锻炼女儿的思维能力，我让她做事情的时候凡事都要问个"为什么"，比如，数学课本里说："等边三角形是最稳固的几何图形。"女儿就会问我："妈妈，您知道等边三角形为什么是最稳固的几何图形吗？"我说："是不是因为等边三角形三条边是等长的，三个角也都是60°，而且它的重心、内心、外心、垂心重合于一点。"女儿惊讶地说："妈妈,您真厉害,说得很对。"有时，我也经常问女儿一些"为什么"，例如，春天大地为什么会变绿，树叶变黄是因为什么，炒菜锅为什么会生锈等。女儿每天都在问问题、解答问题的过程中度过，而且我发现女儿懂得的知识不但越来越丰富，她的思维能力也越来越强了。

这位妈妈抓住了提高女孩思维能力的关键点，即提出问题、解决问题。其实，女孩在学习知识的过程中就是要不断地提出问题，然后去寻找答案，这样才能获取知识。

所以，妈妈要引导女孩善于自己发现问题,凡事让她多问一个"为什么"。另外，还要鼓励女孩上课积极思考老师提出的问题，并且要敢提问、会提问，上课前多做一些准备，这样提问的时候才不会抓不住头绪。

细节42 "我要在书海中畅游!"
——如何提高女孩的阅读能力

和青春期好动、过度叛逆的男孩不同,大多数女孩在青春期往往更喜欢阅读。虽然青春期女孩阅读的书籍类型可能更偏重于文学性和娱乐性,例如言情小说、古典名著或娱乐杂志等,但这并不能抹杀阅读带给她们的乐趣。

对于青春期女孩来说,喜欢阅读是一件好事。因为一个常与书为友的女孩,她的知识积累、表达能力、思考能力以及判断能力等方面都会明显强于那些不爱阅读的孩子。另外,阅读也会增加女孩的书香气和知性魅力,有助于让她成长为一个有知识、有内涵、有修养的魅力女孩。

悠悠今年上初三,别看她年龄不大,读的书可不少,在学校同学们都喜欢喊她"小老师",因为她的课外知识很丰富,也经常给大家推荐一些好的课外读物。其实,悠悠喜爱阅读和她妈妈一直以来的教育是分不开的。

在悠悠小的时候,妈妈就经常给她买一些少儿读物,也经常给她讲故事。等她年龄稍大一些之后,妈妈就经常带她去书店,让她自己挑选喜欢的书,并且妈妈也给她推荐一些军事、历史、生物、自然之类的书籍。慢慢地,悠悠的阅读面越来越广泛,古今中外,物理哲学,她什么都喜欢读。因为读书多,悠悠不仅知识丰富,而且表达能力、思考能力等方面都明显强于其他孩子。到了中学阶段,她的才华越发显现出来,不但在报纸上多次发表文章,还参加了全国中学生辩论大赛,并且获得了"最佳辩手"称号。

由此可见,阅读对女孩各方面的培养都是十分有利的。当然,并不是每个女孩都那么热爱阅读,妈妈还需要多引导,让自己的女儿爱上读书。

让青春期女孩结交爱读书的朋友

有些女孩进入青春期后,对阅读依然提不起兴趣。那么妈妈怎样才能让女儿喜欢上阅读呢?下面这位妈妈的教育方法,女孩的妈妈们不妨借鉴一下。

我平时很喜欢为10岁的女儿读一些有意思的故事,但女儿活泼好动,在我读故事给她听时，她总是无法集中精力，对此我烦恼不已。

有一天，姐姐的女儿乐乐来我家。乐乐是个喜欢阅读的女孩，看到我们家有很多她想看的书，就拿了一本坐下来看。女儿看小姐姐看书的时候，不时地笑一下，很好奇，于是缠着小姐姐给她讲书里的故事，但是沉浸在故事中的乐乐不愿意被打扰。我看到这一幕，想到了一个好主意。

那天，我和乐乐都读了《八十天环游地球》。读完后，我们热烈地讨论里面的情节，女儿看着我们两个眉飞色舞地谈论着，心里很不是滋味。晚上，女儿就自己研究起《八十天环游地球》来，读着读着，她也迷上了这本书。后来，她经常和乐乐一起读书，两人还一起讨论。

妈妈若想让女儿爱上阅读，首先要培养女儿的阅读兴趣。在培养女儿的阅读兴趣时，要讲究方法。上面事例中的妈妈巧妙地运用了同龄人间互相影响很大的道理，激起了女儿的求知欲，成功地让女儿产生了阅读的兴趣。所以，要想让女儿爱上阅读，就先给她找一个爱读书的好朋友吧！

为青春期女孩创造良好的家庭阅读环境

香香是一名高一学生，她平时非常喜欢读书，同学们常常惊叹和他们同龄的香香怎么知道得那么多，有人甚至怀疑香香是个天才。但是香香是这样回答大家的疑惑的："我们家不光我爱读书，我爸爸妈妈都喜欢读书，在我们家，我妈还特意打造了一个温馨的读书区，而且爸爸妈妈还会去书店买各种各样的书，有小说、杂志等，都放在书架上，谁想读都可以。我每天最期待的就是和爸爸妈妈一起读书，我们三个谁也不影响谁，但是感觉特别轻松、舒适。"

一个轻松、自在、有趣的阅读环境对于女孩来说非常重要，所以妈妈要尽量为女儿营造出这样的读书环境，就像上例中香香的妈妈那样，专门为女儿打造一个读书区，尽量把图书放在女儿伸手可及、取放自如的地方。当然，除此之外，妈妈们还可以利用业余时间带女儿去图书馆、书店，相信丰富多样的图书会让女孩们兴奋不已。但是妈妈们在为女儿选书时，一定要先选那些女孩心仪的图书，然后再引导她扩大阅读面。

第六章 做未来"走俏"的人
——帮女孩积累立足于世的资本

在当今社会,似乎有这样一种现象:孩子学习成绩提高了,但是素质水平却降低了。当我们都在惊呼这些孩子"没能力""没修养"时,作为妈妈的我们有没有想过:这是为什么呢? 要想让女孩轻松行走于未来社会,就应该教给女孩一些生存必不可少的能力、品德和习惯。如果青春期缺少这方面的教育,势必会影响到女孩的成长以及未来的发展。

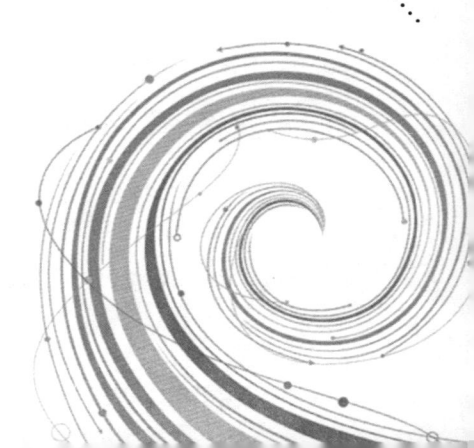

细节43 "这件事我这样看"
——如何提升女孩的表达力

语言是思维工具，语言是交际工具。一个女孩的表达能力直接影响到她的所思所想和人际关系，对青春期女孩来说，更是如此。

有一个妈妈就遇到了这样的事情：

我女儿今年上初二，从小她就是一个"话很多"的女孩，但她总是说不到点子上，这让听她讲话的人总是感觉不知所云。有一次，她在学校里做了一件好事，受到了表扬，回到家，她就想把这件事情告诉我，以便再次得到称赞。所以她开心地对我说："妈妈，今天在教室的时候，我和同桌在做游戏，我们玩儿的是小蜜蜂，后来另外两个同学也要一起玩儿，我一开始不同意，后来我又同意了。我们玩着的时候……"女儿讲了30分钟我也没明白她到底是想告诉我什么，于是我不耐烦地说："你一下子说了这么多，但我一点儿都听不懂，听你说话真费劲。我还有事要忙，你先去写作业吧！"后来我通过女儿的班主任了解到，女儿原来在学校捡了一个同学的小钱包交给了老师，受到了老师的表扬。

看吧，像这样不知道如何正确表达自己思想的女孩，有时候真让妈妈头痛。其实，女孩的表达能力的发展要比同龄的男孩早一些，当男孩只能简单地讲几句时，女孩就能像个"大演说家"一样侃侃而谈了。

青春期女孩虽然有强烈的表达欲望，但有时因为她们表达能力弱，让听她们讲话的人不知道她们在讲什么，反而会给人一种啰唆和不知所云的感觉。因此，我们应该努力提高女孩的表达能力。

培养女孩正确有效的表达方式

青春期女孩之所以表达能力弱，很可能是因为她们没有掌握一定的表达方式，不知道怎样把事情讲清楚，或把内心的想法、意见清楚地表达出来。所以，我们要教给她们正确有效的表达方式，培养其表达能力。

有一位妈妈的教育方式是这样的：

一天，我和 14 岁的女儿一起去逛街，看着五颜六色、款式各异的衣服，女儿显得很兴奋，而且总是拉着我说："妈妈，您看这件衣服真漂亮！""妈妈，您看那条裤子怎么那样，这个款式会让人觉得有点儿那个什么！"……女儿说的话有些我能理解，有些我就无法理解。所以，我笑着对她说："说话怎么能只说半截，而且意思表达不清楚呢？这样可是很容易引起歧义的，用词准确别人才知道你真正想要表达的是什么！"女儿想了想我说的话，点点头。后来，她想要对我讲述一件衣服或一件事情的时候，总是试着用最贴切的词语让我理解，并且讲话的目的也很明确。

所以，妈妈在日常生活中要注意对女儿的表达能力的培养和引导，让她自己学会组织语言，把多种主要信息完整地表达出来，做到口齿清晰、用词准确、富于表现力等，这对规范青春期女孩的表达方式，令其说出意思明确的话非常重要。

锻炼青春期女孩当众说话的胆量

12 岁的晓灵是一个口才很好的女孩，上个月还在学校的演讲大赛上获得了一等奖。很多和她同龄的女孩在人多的场合下会羞怯、怕生，但她却不一样，在什么样的场合下她都不慌不忙，照样能够把话说得圆圆满满。晓灵能做到这一点，和妈妈对她的培养是分不开的。

从晓灵很小的时候，妈妈就注意培养她的表达能力，例如，鼓励女儿当众朗诵古诗等。等她稍大一些，妈妈就有意带她去一些公共场合，鼓励女儿去和商店的服务员、路边的老奶奶、游乐园的孩子等主动说话，妈妈还会带女儿参加一些公益电视节目，晓灵见识了这些"大场合"，遇到其他场合自然就不羞怯、怕生了。

很多青春期女孩在熟悉的人面前表达能力很强，但一到公共场合就开不了口了。所以，妈妈要想让青春期的女儿拥有超强的表达能力，就要锻炼她当众说话的胆量。

另外，妈妈也要经常鼓励女儿多读书、多和人交流，尤其是和那些有智慧、有思想、表达能力强的人交流。因为经常和这些人交流，女孩自然会受其影响，潜移默化地提高自己的表达能力。

细节44 "我们合作吧！"
——如何培养女孩与人合作的能力

有这样两个真实的案例：

案例一：校园合唱团的音乐老师发现这样一个问题：在训练时，女声部总是唱不齐。于是，老师把女孩们集合起来，让她们反复练习，但效果仍然不理想。老师仔细分析了其中的原因，发现并不是女孩们不懂唱歌技巧，而是她们太想展现自我，太想在集体中突出自己的声音，于是各唱各的，把歌曲演绎得乱七八糟……

案例二：菱悦今年上初中二年级，是一个学习成绩非常优秀的女孩。但是菱悦的人际关系非常差，她在学校不仅没有交到一个朋友，甚至连宿舍的舍友都不喜欢她。在宿舍里，她不许别人碰她的东西，有时候，同学上厕所惊动了她，她也会不客气地说："注意点儿不行吗，人家睡觉呢！"因为不懂得体谅、关心他人，所以没有人愿意和她交往。

从上面的事例可以看出，具有那种唯我独尊、不容他人的想法的青春期女孩，其合作能力一定很差。

一般来说，女孩十分注重人与人的关系，但是为什么有些青春期女孩就是不懂得与他人合作，反而更容易和他人发生摩擦呢？原因在于青春期女孩在构建人际关系时，有较强的排他性和占有欲。例如，当女孩们一起合作某件事时，为了表现自我，常常把集体荣誉抛在脑后。再如，女孩不愿意自己的朋友再结交其他的朋友，如果她们结交到了新朋友，会让女孩感觉非常不舒服，甚至会对朋友产生怨恨心理。这都是青春期女孩的排他性和占有欲在作怪。

除此之外，妈妈过度的溺爱和娇惯也是青春期女孩不会与他人合作的重要原因。因为青春期女孩的自我意识很强烈，再加上家人的溺爱，让她变得完全不懂得体谅、宽容他人，更不懂得把自己融入集体中，所以，她的人际关系和与人合作的能力往往很差。

因此，妈妈要引导女孩学会与他人合作，具体可以参照以下方法：

让女儿学会与他人分享

妈妈要想让青春期女孩懂得如何与他人合作，就要让女孩首先学会体谅他人，并学会与他人分享。

一位妈妈曾经这样谈到自己的育女经验：

我女儿从上学开始就懂得怎样交朋友，她的秘诀是：懂得与人分享、不自私，所以大家都很喜欢她。例如，有好的东西她总是第一时间拿出来给朋友们；在学校，她也会和好友一起分享自己的书籍、心事。正是因为女儿懂得与人分享，她的朋友非常多，人缘也非常好。

其实，这和我一直以来对她的培养有很大关系。在女儿小的时候，我就让她学着把好东西分给家人、朋友，在她上学之后，我还鼓励她要做一个大方、慷慨的女孩；女儿进入青春期后，我告诉她开心的事情和不开心的事情，都可以和我或她信任的朋友分享。正因为如此，女儿和大家的关系处得很好，而且还是她朋友圈里的"重要人物"。

可见，要想教会青春期女孩如何与人合作，首先要教会她懂得与他人分享。现在大多数的青春期女孩都是家里的"娇宝贝"。很多妈妈出于对女儿的爱，把好吃的全留给孩子，即使有时候女儿想与妈妈分享，妈妈在感动之余，却说："你自己吃吧，妈妈不喜欢吃。"这样的做法强化了女孩的独享意识，慢慢地，她可能就会成为一个不懂得分享的人。

所以，妈妈一定要对女儿进行正确的引导，让她学会与他人分享。这样，才能让女儿迈出与人友好相处的第一步，进而成为一个受欢迎的人。

让女儿在"团队学习"中学会协作

有一位妈妈的育女经验是这样的：

上初一的女儿是家里唯一的孩子，平时她没有什么朋友，上中学之后，女儿变得更加不爱说话了。每天女儿最喜欢做的事就是把自己闷在房间里，也不和其他同学一起玩儿，与他人的沟通和合作能力都比较弱。

初一暑假的时候，老师布置了一道调查作业："你给爸爸妈妈洗过脚吗？"于是，我就借助这个机会，鼓励女儿和几个同学一起进行调查。一开始，女儿很不愿意，有些害羞和胆怯，我就一再鼓励她说："不用怕，你是个勇敢的孩子。妈妈可以成为你的第一个调查对象。"接着，我又让女儿先和关系比较好的同学结成了两人小组，并建议胆子稍大的那个女孩去询问别人是否愿意接受调查，然后由女儿简单地说明内容和填写步骤。

在两个女孩行动之前，我已经和那个女孩的妈妈商量好，让两个孩子先从对方的家庭成员开始问起，然后再问比较熟悉的邻居，最后再鼓励她们去跟陌生人沟通、交流。没想到这个方法非常奏效，一段时间下来，两个女孩的调查小组由最初的两人组发展到后来的六人组，而且在没有大人的参与下，她们自己学会了分工协作，调查工作也进展得非常顺利。

等到暑期开学后，女儿不但圆满地完成了老师布置的作业，而且变得不再惧怕和陌生人交流了，最重要的是她交到了许多好朋友，整个人也变得开朗、乐观、自信了很多。

教育专家指出：青春期女孩的学习不同于成年人，让女孩独自学习很容易使其产生强烈的孤独感。所以妈妈应该让青春期女孩与同龄的孩子合作，进行语言沟通和良性竞争，这样女孩们才会互相鼓励、分享快乐和收获，增加学习的兴趣和动力。

细节45 "我是班长,我来带头。"
——如何引导女孩建立责任感

一天晚上睡觉前,女儿对我说:"妈妈,明天该我做值日,您做饭要早一点儿。"第二天,我早上6点钟就把饭做好了,但是女儿却迟迟不肯起床。我有些着急,叫了女儿好几次,她才很不情愿地从床上爬起来。我对女儿说:"你今天不是要值日吗,我叫你好几次,你怎么不起床呢?"女儿说:"我还没睡醒。"我说:"今天该你值日,你没睡醒也要起来啊。"女儿毫不在乎地说:"做值日的又不是我一个人,有时候他们还来不了呢!"

唉!现在的孩子太缺乏责任心了,在我们那个年代,就是宁可不睡觉也要赶上做值日,从来没有迟到的。我觉得,我们应该好好培养孩子的责任心了。

这是一位妈妈在博客中写下的内容,提醒大家要注意培养孩子的责任感。

和青春期男孩相比,青春期女孩的责任意识一般是比较强的。当她们承诺做一件事时,会竭尽全力去完成。有些女孩还懂得体贴妈妈,小小年纪就开始分担家务,以减轻妈妈肩上的压力。

但是近年来,由于家人的过度娇宠和溺爱,很多女孩开始变得不关心周围的人和事,甚至连自己的妈妈都漠不关心。在她们心中,就只剩下了自己,这样的女孩自然缺乏责任感。

一位妈妈曾经这样谈到自己的女儿:

一直以来,我和老公都把女儿当作家中的"小公主""小太阳",但现在我们发现,这种做法是完全错误的。因为我越来越发现自己的女儿是一个自私、冷漠的人。虽然她在这个家庭中已经生活了十几年,但是这个家庭却仿佛和她没有关系一样。有时候,家里的笤帚倒在地上,她宁可"跳"过去,也不肯扶起来。每次吃晚饭,她放下碗筷就自己玩儿去了,从来不帮我收拾一下。前一阵子,老公常常犯胃病,她不仅没有问候一声,还嫌爸爸不能带她去玩儿。今年9月,女儿上中学住了校,和这个家庭似乎更疏远了,除了每月回家拿钱外，她从来也没有关心过我和老公。现在我们非常后悔，当初真不该那样娇惯女儿。

从这个事例可以看出，正是家长的娇生惯养，让女儿变得自私、冷漠，甚至连自己的父母、家庭都漠不关心。试想一下，如果一个女孩连自己的父母、家庭都漠不关心，她又怎么会关心其他的人和事呢？又怎么会尽职尽责地做好自己的工作呢？当一个人自我意识过于膨胀时，她的责任感也就消失了。

对个人来说，责任感是一种高尚的情操，它能让人言行一致、勇于承担；对社会来说，责任感更是一种极为宝贵的态度，无论是家庭还是社会团体，都喜欢那些责任心强、敢于承担责任的人。所以，我们要从小培养女儿的责任感，让她们成为一个有爱心、有责任心的女孩。

让女儿明白责任感的重要性

一位妈妈曾经这样谈到自己的育女经验：

我女儿舞跳得非常好，是班里的文艺委员。去年元旦，学校要举行歌舞比赛，老师把编排舞蹈、带同学练习的任务交给了女儿。每天放学，女儿都留在学校，练习到八九点钟才能回家。有一天，女儿却很早就回到了家中。我有些奇怪地问："今天怎么回来这么早啊？你们不是要练舞蹈吗？"女儿赌气地说："那几个男生太笨了，我怎么教也教不会他们，我以后再也不管这事儿了。"我说："你如果不教他们，他们到比赛的时候不是跳得更不好吗？"女儿说："我才不管呢，爱怎么样就怎么样吧！"我拍拍女儿的肩膀说："老师把这个任务交给你，表示他对你非常信任。你想一想，如果你中途放手不管了，老师还会信任你吗？"女儿低着头不说话。我接着说："你看，上个月爸爸获得了公司的'先进标兵'，为什么爸爸会获奖呢？这是因为爸爸有责任心，公司下达的任务无论多难多重都努力完成，我们应该向爸爸学习。"女儿点了点头说："妈妈，您说得对，明天我就继续教他们练舞。"

著名教育家陶行知先生曾经说过："行是知之始，知是行之成。"当女孩充分了解了责任感的重要性，她们才会真正努力去实践。所以，作为妈妈，我们首先应该告诉女儿责任感的重要性，让她们意识到没有责任感的人是不会取得成功的。此外，妈妈还要给女儿树立一个良好的榜样，这样，女孩才会真正成为一个有责任感的人。

培养责任感要"从小抓起"

　　这里所说的"从小抓起"包含两个方面的含义。一方面，是指在女孩年纪较小的时候就要培养她们的责任感。试想一下，如果一个女孩的方方面面一直由妈妈负责，等她长大了突然要求她要对自己的事情负责时，她会有什么样的感觉？她一定会感到非常茫然无措，因为她已经习惯了在妈妈的照顾下生活。所以，我们要培养女孩的责任感，就要让女孩从小学会自己的事情自己做，这样她们长大后才能成为一个勇于承担，能够对自己、对他人负责任的人。

　　另一方面，培养女孩的责任感应该从小事着手，比如，让女孩擦擦地，吃完饭帮忙收拾一下碗筷，写完作业后自己收拾书包……女孩这些事做得多了，就会慢慢养成习惯，她们的责任感自然也就培养起来了。

让女儿养一只小动物

　　很多女孩都喜欢小猫小狗，但是一些妈妈嫌脏、嫌烦，不同意女儿养。其实，让女儿养一只小动物对她们的成长是非常有益处的，这样既可以培养她们的爱心，也可以培养她们的责任感。

　　在养小动物这个问题上，有一些妈妈抱怨说："我给女儿买了一只小狗，但她只知道和小狗玩儿，根本不喂它，也不给它洗澡，这些都成了我的事儿。"这种情况是可以避免的。在买小动物之前，妈妈应该和女儿事先声明，让她自己对小动物负责。此外，妈妈还可以延缓女儿购买小动物的愿望，让她的愿望不那么轻易实现，从而使她变得更加珍惜。如果女儿没有按照事先说好的去做，妈妈不要批评、责骂她，可以对她说："你看小狗没人管多可怜，我女儿是个有爱心的女孩，一定不会扔下小狗不管的。"这样，可以唤起女儿的爱心，重新负起喂养小动物的责任。

细节46 "妈，我帮您刷碗。"
——如何引导女孩爱上劳动

"我女儿都13岁了还不会洗衣服，她的衣服从来都是我洗。"

"我在八九岁时就帮妈妈洗衣做饭，但我女儿现在都16岁了，连碗都没洗过。"

"我女儿太懒惰了，每次吃饭的时候，她从来不帮我拿碗筷。等我们把碗筷摆好了，她才凑过来。吃完饭，她也从来不帮我收拾桌子。"

在人们的心目中，女孩一般都是勤劳能干的。但是现在为什么出现了这么多不爱劳动的女孩呢？这当然和妈妈的教育方式有关。现在很多妈妈心疼女儿，怕女儿吃苦受累，便"剥夺"了女儿的劳动权利。还有些妈妈担心干家务耽误女儿的学习，宁可自己受累，也不让女儿帮自己干活儿。慢慢地，女孩们变得越来越懒惰，即使是帮妈妈拖拖地、洗洗碗也不肯干了。

心理学家研究发现，劳动可以促进青春期孩子的智力发展，而且对女孩品德、兴趣、意志的培养，都起着至关重要的作用。因此，让青春期女孩养成爱劳动的好习惯，是每一个妈妈的责任与义务。

有的妈妈会说："我家的女儿不爱劳动怎么办？"其实，许多女孩对家务劳动都是充满好奇的，关键在于妈妈如何去引导，使其保持劳动的积极性。那么，对于妈妈来说，怎样让女儿养成爱劳动的好习惯呢？

别心疼女儿，让她承担一些家务

一位妈妈在网络日志中这样写道：

由于工作忙，所以女儿从小就生活在爷爷奶奶身边。二位老人非常娇惯孩子，女儿到了15岁，还什么都不会干。这次她放暑假了，于是来到我们身边。女儿一进家门非常高兴，她跳到沙发上，然后两腿一伸，手拿遥控器，看着喜欢的电视剧，不由地感叹道："自由真好！"我担心这个状态会持续到新学期开始，于是我开始点醒女儿："自由？你们老师不是布置了社会实践活动的作业吗？难道你忘记了？你选择吧，是去发报纸还是去送牛奶？再不就在家里做点儿力所能及的活儿？"女儿一听，马上低下了头："唉，那我选择从家里的活儿做起吧！"很好，不错的开端，接下来我要好好锻炼她一下了。

趁热打铁，我开始要求女儿自己的衣服自己洗，而且每次洗完都要拿给我检查，我说过关了，她才可以去做别的事情。在我的诱导下，女儿不仅将自己的衣服洗干净了，还帮我和她爸爸洗衣服，这当然受到家人的一致赞扬！

到后来，她还承担了家里的卫生劳动，比如扫地、拖地，她爷爷来的时候看到这些情况很奇怪："孙女怎么了？好像脱胎换骨了，成了一个全新的孩子！"

苏联著名文学家高尔基曾经说过："天才就是劳动，人的天赋就像火花，它既可能熄灭，也可能燃烧起来，而使它成为熊熊烈火的办法只有一个，那就是劳动，再劳动！"

但是很多妈妈都忽视了这一点。其实，青春期女孩很需要从自己的劳动里获得成就感，建立信心与责任心。对于妈妈们来说，一定要摆正教育心态，切不可因为心疼女儿而不让她们劳动。这样做，其实并不是在爱女儿，而是在害女儿。

以夸奖的方式让女儿帮忙

有一位妈妈的教育经验是这样的：

我女儿是一个非常聪明、性格开朗的女孩，但她有一个毛病就是"懒得动"，她每次都会为自己的懒惰找借口辩护，千方百计地让自己蒙混过去，不劳动。她换下的衣服总是随手就扔，连书包都不主动收拾。每次我督促她，女儿总会说："我先休息一会儿。"过了一会儿，我再让女儿收拾，她就说："有点儿累了，明天再说吧！"

有一天，女儿的朋友来家里做客，又把房间搞得很乱。我想让女儿收拾，但怕她又找借口。于是，我换了一种方式，对女儿的朋友说："我女儿是我们家的主人，非常能干，经常帮我做家务。"女儿听到以后很不好意思，开始带头整理房间。

对于女孩来说，做家务不是她的义务，而是学习的手段之一，因此当自己的女儿对劳动产生抵触情绪时，妈妈千万不要责怪她，更不能采取强制手段，而应该换一种方式教育她，让她在鼓励中明白自己应该做什么。如果女儿的行为习惯有了良好的改善，妈妈应该及时鼓励，以激发她的劳动热情。

对女儿实施劳动教育，妈妈千万不要简单地把女儿当劳动力使唤，也不要把劳动当成惩罚女儿的手段，更不要以金钱和物质对女儿的劳动进行奖励，而应该重视劳动过程的具体指导，多给予鼓励,让女儿感受到劳动的快乐。

将劳动"游戏化"，增强劳动的趣味性

游戏是女孩的学习方式之一，其实做家务也可以游戏化。比如，妈妈可以利用女儿好胜、好奇、不服输的性格特点，与她进行家务比赛，看谁做得又快又好。在这个过程中，妈妈既可以故意让女儿胜出，以增强她的信心和做家务的热情，也可以偶尔让女儿"落败"，并借此机会引导女儿总结教训，适时地向她传授胜出的"秘籍"。

另外，需要注意的是，引导青春期女孩做家务，一定要在她心情好的时候，这个时候的精神状态更有利于家务活儿的顺利进行，否则，女孩很容易在不良情绪和家务之间建立负面联系，进而导致她对劳动产生错误的认识。

细节47 "我能管理好自己。"
——如何让女孩拥有超强的自控力

也许我们常常羡慕一些这样的妈妈：也没有见她们怎么管教女儿，可她们的女儿却非常懂事，每天早上自己按时起床，放学后不用妈妈催促就能把作业工工整整地做完，至于女孩的房间以及各种物品，更是收拾得干干净净、整整齐齐，根本不用妈妈费心。为什么我们费尽全力也没有做到的事，这些妈妈不费吹灰之力就做得那么好呢？是我们的女儿不如人家，还是我们的教育方法存在问题呢？

下面是一位妈妈的"育女感言",我们读完后说不定会有所启示。

我女儿的自制力非常差,每天放学第一件事就是看连续剧,如果没有我和老公的催促,她连作业都写不完。每天晚上,我和老公都会催促女儿四五次,这让我们不胜其烦。

有一天晚上,我对正在看动画片的女儿说:"妈妈以后不再提醒你写作业了,妈妈相信你自己就能把作业写好。"没想到我的话起到了"神奇"的作用,1 天、5 天、10 天、1 个月……女儿不用我们提醒就能把作业写好了。有了以上的经验,我和老公再也不做女儿的"拐杖"了,而是把"自由走路"的权利还给了女儿。自从我们开始培养女儿的自我管理能力后,女儿不仅把自己管理得井井有条,而且取得了不小的进步。

看过上面的事例后,很多妈妈也许突然间会醒悟:不是我们女儿的能力差,而是我们的教育方法出了问题——我们总是害怕女儿做不好、出错,所以总是提醒、帮助她们,慢慢让女孩养成了不能自我管理、处处依赖妈妈的习惯;而那些聪明的妈妈会着重培养女孩的自我管理能力,让女孩自己管理自己,这样不仅省去了自己很多力气,女孩也容易取得更大的进步。

那么,我们应该做哪一种妈妈呢?这个答案不言自明。

心理学家研究发现,在取得成功的过程中,情商比智商的贡献更大。而情商中最核心的部分,就是我们常常提起的"自我管理能力"。自我管理能力是一种非常优秀的能力,它能够让女孩自己管理好自己、自己照顾好自己,让妈妈不再担心她们的学习和生活。尤其在女孩步入社会后,如果她们仍不具备自我管理的能力,处处都依靠别人的提醒、帮助,最后只能被社会所淘汰,很难成为真正的人才。所以,我们应该从小就着重培养女儿的自我管理能力,为她们以后的成功打下坚实的基础。

妈妈适当地放手

现在很多青春期女孩自我管理能力差,最大的原因就是妈妈"不放手"。妈妈总是担心女儿不会管理自己、不会照顾自己,所以总是提醒、帮助她们,甚至本该由女儿做的事情妈妈也一手操办。不知道我们是否想过,不管我们多么关爱自己的孩子，总有一天她们要走出我们的怀抱，我们是不能照顾她们一辈子的。所以，妈妈应该适当地放手，从小就培养女儿的自我管理能力，如果女儿能够管理、照顾好自己了，妈妈还有什么好担心的呢？

在生活中培养女儿的自我管理能力

女孩的自我管理能力是在生活中慢慢形成的。我们在培养女儿自我管理能力的时候，可以从生活中的一些小事着手：小一点儿的女孩让她们学着穿衣、吃饭、洗手、洗脸；大一点儿的女孩让她们学着打扫自己的房间、整理自己的玩具、独立完成作业、按时起床、上学等。当女儿取得一定的进步时，我们要对她们提出表扬，这样可以激发她们自我管理的兴趣，慢慢地由"要我做"变成"我要做"。当女孩能够独立地解决生活中的小事时，她们的自我管理能力也会得到很大的提高。

培养女儿的判断力以及取舍能力

蕊蕊是一个喜欢看漫画的女孩，她让妈妈给自己买了很多漫画书，一回到家就手不释卷地看起来，最后连作业都忘了写。有一天妈妈对她说："妈妈知道你非常喜欢看漫画，但如果你光顾看课外书而忘了写作业，你的学习成绩就会受到影响。你看这样好不好，你回家后先看20分钟的漫画，然后认认真真地写作业，等把作业写完后，你就可以安心地看漫画了。"后来，蕊蕊接受了妈妈的建议，看漫画和学习都没有耽误。

很多女孩管不住自己，是因为她们要做的选择让自己犯难。例如，有些女孩既想写作业又想看动画片，最后动画片没有看痛快，作业也没有写好。在这种情况下，妈妈要培养女儿的判断力以及取舍能力，让她们能够抵制住诱惑，做出正确的选择。另外，妈妈还要教育女儿做事要有计划，这样，她在遇到选择的困惑时，才能更好地解决矛盾、管理自己。

细节48 "压岁钱该怎么花？"
——如何培养女孩的理财能力

很多妈妈都会有这样一种思想，只要女儿学习好，那么其他事情都可以商量甚至放纵，这其中也包括她们的一切开销，就连生活上的琐事也全都是由父母代为处理，平时，女孩想要多少钱，妈妈就会给她多少钱，给的时候也没有一点儿使用指导。如此一来，女孩对金钱的概念十分模糊，也无法理解妈妈挣钱的辛苦，继而影响到自己的择业观和人生观。因此，妈妈不该一味把女孩"富养"，应看重理财的意义，引导女孩树立正确的金钱观。那么，如何让女孩从"娇女"变成"财女"呢？妈妈们应学会下面几招：

从小培养女孩的储蓄意识

一位妈妈曾经这样谈到自己的育女经验：

在女儿五六岁的时候，我就开始培养女儿的储蓄意识。当女儿向我要求买一件衣服或一个玩具的时候，我就会对女儿说："妈妈每天都给你零花钱，你如果把零花钱存起来，过一段时间不就能够买到了吗？"女儿接受了我的建议，把零花钱存了起来，果然每次都买到了自己想要的东西。慢慢地，女儿很少乱花钱了，而是把钱存起来买自己想要的玩具、服装等。后来，我还送给女儿一个储蓄罐，这更增加了女儿存钱的兴趣。等女儿长大一些，我给女儿办了一个储蓄存折，让她专门用来存压岁钱，这让女儿十分兴奋。在我的指导下，女儿不仅把所有的压岁钱都存了进去，还不时和我算一算得到了多少利息。

现在，我女儿完全没有乱花钱的坏习惯，储蓄意识也非常强。

储蓄是一种很好的习惯，我们从小就应该培养女孩的储蓄意识。妈妈首先应该教女孩学会为短期目标而存钱，为女孩办理一个储蓄存折，这样不仅可以防止女孩乱花钱，还可以让她熟悉银行的各项业务及手续，对培养她的理财能力有很大帮助。

让女孩学会精打细算

15岁的女孩倩倩以前可是个"小浪费"。全家人一起去逛超市,她总是把自己喜欢的东西接二连三地往推车里扔;平时妈妈给她的零花钱,往往一眨眼的工夫就不见了踪影。这样下去可不行,倩倩的妈妈看在眼里,急在心里。女儿从小不学会打理金钱,那么长大了以后该如何自立呢?倩倩的妈妈经过思考,决定从零花钱这个"小问题"上着手,采用"选择题"战术,让女儿学会有计划、有克制地对待金钱。

从吃的方面开始着手,妈妈告诉倩倩,如果想要吃好吃的,那么放学就得走回家,而不能坐车,如果坐车那么就得放弃零食。还有,平时帮忙做家务可以有部分零花钱,这笔钱可以自己支配,也可以"储蓄"在妈妈这里,到年底,妈妈可以一次性给她兑现5%的利息……这样一道又一道的选择题摆在倩倩面前,她就多了一门心思,学会了精打细算。在这个基础上,妈妈再趁热打铁,给她灌输一些简单的储蓄知识。没过多久,在妈妈的帮助下,女儿也开始拥有自己的银行存折了。

当女孩再长大一些,妈妈就可以重点培养女孩科学的理财观。要让女孩知道,人生未来哪些地方要花大钱,关于结婚的开销,关于买房的存款利用,甚至以后退休养老的保障等。有了比较"有感觉"的目标后,相信女孩一定会更加认真对待。

细节49 "认识你我真幸运!"
——怎样让女孩有一颗感恩的心

苏联著名的教育家苏霍姆林斯基曾说过:"良好的情感是在童年时期形成的,如果童年蹉跎,失去的将无法弥补。"因此,越早对青春期女孩进行悲情教育越有利于培养她的感恩之心和对他人的同情心。

有一位妈妈是这样做的：

我的女儿今年刚刚 10 岁，由于家人的宠爱，她变得有些自私、任性和霸道。为了让女儿懂得感恩，每天晚上我都会给她讲一个感人的故事。有一次，我在报纸上看到关于《感恩的心》这首歌曲的创作缘起，于是就讲给了女儿听：

有一个先天失语的小女孩，爸爸很早就去世了，她和妈妈成了彼此的依靠。因为家庭条件不是很好，小女孩的妈妈每天很早都要出去工作，很晚才会回来，但每次回来的时候都会给女儿买一块她最喜欢吃的年糕。小女孩每天晚上都会坐在大门外等妈妈回家，其实她并不是很喜欢吃年糕，但因为年糕是最便宜的食品，所以她就骗妈妈说自己喜欢吃。后来，在一个风雨交加的夜晚，小女孩怎么也等不到妈妈的身影，妈妈为什么还不回家呢？小女孩鼓起勇气在下着大雨的黑夜里前行，她走啊走啊，终于看到了妈妈，可妈妈此时正躺在地上。小女孩快速地跑到妈妈的身边，使劲摇晃着妈妈的身体，但妈妈却没有任何的反应，一双眼睛死死地睁着，手里还紧紧攥着那块年糕。这时，小女孩才知道妈妈不是累得睡着了，而是死了。

小女孩的眼泪早已控制不住地流了下来，但妈妈为什么不闭上眼睛呢？难道是在担心她吗？为了让妈妈安心地离去，小女孩在风雨中一遍又一遍地唱着这首《感恩的心》，渐渐地，已分不清她脸上流淌的是泪水还是雨水……

说完这个感人的故事，我又轻轻哼起了那首《感恩的心》，女儿也跟着哼唱起来。然后一向冷漠的女儿突然抱着我说："妈妈，我爱您！谢谢您这么辛苦地养育我，我以后再也不惹您生气了。"

一个不懂得感恩的女孩是无法去爱别人的，妈妈们可以借鉴以下几种方法来培养女孩的感恩之心。

让女孩观看一些有关"感恩"的影片、电视节目

有一位妈妈在自己的网络日志中这样记录道：

每天在工作和家庭中繁忙奔走，这让我感到一种压力，但这些身体上的折磨我都可以忍受，唯一让我无法忍受的是女儿对我的态度。人们常说"女儿是妈妈的贴心小棉袄"，可我并没有感受到这件"小棉袄"的温暖，相反随着女儿年龄的增长，她对我总是有很多不满："妈，您做饭怎么这么难吃，我不吃了！""妈，您太唠叨了，让我清静一会儿！""您管得太多了！"……女儿的不理解也许有一部分确实是我的过错，但她不懂得体谅妈妈的心，让我很难过。

为了让女儿懂得感恩，每个周末，我都会尽量带她去看一些有教育意义的影片，平时在家里看电视，也尽量引导她去看一些感人的电视节目。没想到，一段时间后，事情真的朝好的方向发展了。女儿由最初的反感、抵触，到后来慢慢愿意接受，现在是主动注意有哪些好看的影片，然后和我一起去看。

女儿的转变还不仅于此，她现在对我的态度好了很多，还会偶尔帮助我做家务，这在以前是根本不可能发生的。最近这两天，她又想学做菜，至于原因用她的话说就是："妈妈，您的厨艺有待提高，不过，我学会之后，咱们就可以天天享用美食了。"我想女儿这一切的转变，和我让她时常去看那些教育影片和电视节目是分不开的。

如今，很多青春期女孩都存在"感恩心理缺失"这一现象，她们往往习惯以"自我"为中心，对于个人之外的人和事物都表现得比较自私、冷漠。妈妈要想改变女孩的这种心理，平时可以有意识地让她们观看一些关于"感恩"主题的影片和电视节目，以便让她们在深受感动的同时反省自己。

时常带女孩参加慈善捐助会

捐款箱、捐助晚会、慈善义卖活动……这些大多以集体形式出现的公益行为时常会出现在人们的日常生活中。事实上，悲情教育的宗旨就是要让青春期女孩亲身去感受来自他人的伤痛、感动，进而触动她们的情感神经，并最终促使她们伸出自己的友爱之手去关爱他人。

11岁的艳艳有一个很胖的小猪存钱罐，妈妈对她说，等她的小猪吃满硬币的时候，她就可以买那个最喜欢的娃娃了。所以，每天她都很乖地帮妈妈打扫卫生，帮爸爸整理书房，因为这样她就可以赚取一定的酬劳，来充实自己的存钱罐。

有一天,妈妈带着艳艳去参加一个为"救治白血病儿童"的捐助活动,让艳艳的小猪存钱罐变"瘦"了,但她一点儿也不伤心,因为妈妈曾告诉过她,小姐姐的病治好之后,光秃秃的头上就会和她一样长满黑黑的长发,但小姐姐没有钱治病。艳艳希望那个生病的小姐姐能和她一样有漂亮的头发,于是,小艳艳就把自己存钱罐里的钱都取了出来,并全部投进了捐款箱。虽然那些都是一角一元的硬币,加起来也没有10元钱,但那却是一个小女孩最真挚的关爱之心。

所以,妈妈可以时常带自己的女儿去参加一些慈善捐助会,让女孩从小就懂得贡献自己的力量去帮助那些受苦受难的人。

细节50 "怎么做结果更好?"
——如何引导女孩学会自我反省

青春期女孩的叛逆心理虽然一般没有青春期男孩那么严重,但她们的心理在这个特殊时期也会发生很多微妙的变化,例如更加敏感、易怒、多愁善感、忧虑、自卑……一旦某件事情引起了她们的某种情绪,她们就可能因为一时冲动而犯下错误。因此,作为妈妈,我们一方面要预防青春期女孩可能会产生的问题或错误,另一方面也要引导女孩对那些已经发生的问题或错误进行自我反省。

有一位妈妈是这样做的:

我女儿恩恩一直是个乖巧漂亮、成绩优异的女孩,让我和老师都很放心。可自从女儿上了初中之后,我发现她变了。她开始和别的女孩比吃、比穿,放学后经常去网吧,周末有时候还在同学家过夜。女儿的突然转变令我措手不及,也令我很生气。所以,我就开始经常批评和教导她,但我发现一点儿用都没有。后来,我就问女儿为什么"死性不改",女儿说我和她爸爸经常吵架，而且每天只会问她的学习情况，所以她很烦。知道了问题的症结之后，我和女儿约定，每天我们都学着自我反省，多站在对方的角度想问题。这样一段时间后，我发现女儿有了慢慢好转的苗头。

可见，妈妈要想引导青春期女孩学会自我反省的第一步，就是自己要以身作则，反省一下自己的教育方法对青春期女孩是否产生了不良影响，然后进一步查找原因，并找出解决办法。

其实，引导女孩学会自我反省，并不是简单地把她关在房间里让她自己思考，真正的自我反省应该是这样的：站在自身之外，审视那些已经发生的事情，然后对自己提出"为什么""怎么样"以及"如果……，那么……"之类的疑问。也就是说要让女孩学会真正地"扪心自问，凝思过往"。

如果一个女孩不懂得自我反省，认识不到自身的不足和自己需要改进的地方，不懂得改正自己犯下的错误，那么她就很难取得进步。因此，妈妈应该多方面引导青春期女孩学会自我反省。

善用"诱导自省法"

"诱导自省法"又叫冷处理法。顾名思义，就是当女孩犯错后，不要急于纠正或进行教育，而是将她的错误先搁置一边，等待时机成熟稍加引导，让女孩自我反省。这样的教育方式不仅能让女孩养成良好的反思习惯，还能使母女之间实现有效的沟通。

有一位妈妈的教育经验是这样的：

有一次，我带13岁的女儿青青到姐姐家走亲戚。姐姐家的大女儿瑞瑞和青青平时关系很不错，所以两个人一见面就愉快地玩儿了起来。正当我和姐姐在厨房做饭的时候，客厅里突然传来瓷器破碎的声音，我们赶过去一看，姐夫最心爱的古董花瓶被打碎了，瑞瑞和青青都低着头说不是自己。我知道女儿青青在家就经常打碎东西，但我没有揭穿她的谎言，而是装着相信她的样子，也没再提起这件事情。但是一有空，我就给女儿讲一些关于诚实的故事，或让她看那些关于承诺的电影，终于女儿主动承认了错误。后来，她还特意给自己的小姐姐瑞瑞道了歉，两个女孩又开心地玩儿在了一起。

这真是一位聪明的妈妈，她没有当面批评女儿的错误，而是引导女儿去反思错误，她深知通过女儿自我认识错误而改正要比正面教诲而改正的教育效果更好。因此，我们都可向这位妈妈学习，多针对女孩的思想状况、错误类型，对她进行启发式的教育，逐渐培养女孩的自我反省能力。

让女孩学会总结经验教训

英国著名的教育专家伊丽莎白·哈特利·布鲁尔在其《自尊女孩手册》一书中关于"鼓励自我反省"是这样建议女孩妈妈的：

每天晚上和你的女儿一起简单回顾并反思一天的活动，把它作为每晚的例行任务之一，并让她"自言自语"如此做的好处和坏处；

你自己也要进行回顾和反思。对她说"我不知道自己能不能换一种方式来做那件事情"，或说"事情发生时，我真的感到非常激动／生气"，这样可以向她展示什么是行动中反思；

确保你的女儿阅读小说作品，尽可能和她一起讨论小说中的情节和人物；

视其年龄大小，适时鼓励她参与戏剧表演、想象性游戏和化妆打扮。当然，除了以上这几点，妈妈最应该引导女儿学会的是总结经验教训。

不过，现实情况是，很多妈妈喜欢越俎代庖，帮女儿总结经验教训。这无疑会掺杂进妈妈的人生观、价值观，既剥夺了青春期女孩自我反省的空间，又影响了她独立的思想。

其实，总结是反思的根本，让青春期女孩学会总结，其实就是培养女孩用积极心态反思错误的好习惯。只有这样她才能在自我反省之后，知道如何改进自己，避免出现更多类似的错误。

细节51 "我们把剩饭打包吧！"

——如何把勤俭的美德传给女儿

古人曾经说过："成由勤俭败由奢。"成功是由勤劳节俭开始，而失败多是由奢侈浪费导致的，即使现在人们的生活很富裕，但这个朴素的真理永远也不会过时。

下面是一个真实的、发人深省的故事：

一天，妈妈带着女儿去逛街。在一个繁华的街口，有一位老爷爷正在卖《北京晚报》。妈妈从口袋里掏出10元钱交给女儿，让她去买10份晚报。女儿买回晚报，妈妈跟她商量，让她按原价把晚报卖出去，看看要花多少时间才能卖完这10份晚报。女儿在妈妈的帮助下费了几个小时才把10份晚报卖出去。然后，妈妈让女儿去问卖报的老爷爷，卖出一份报纸能赚多少钱。女孩从老爷爷那里知道，卖一份报纸只能赚几分钱。她算了一笔账，花了这么长时间才赚了几毛钱。终于，小女孩领悟了妈妈的良苦用心，她主动对妈妈说："妈妈，我以后再也不会随便花钱了，赚钱真的太不容易了！"可见，勤俭不但是一个人的重要品质，而且还可以让一个人通过自己的勤俭克己持家，逐步走向富裕。

如今很多女孩不懂得节俭，花钱大手大脚的现象相当严重。在某所小学里，校工在校园内捡拾的物品堆满了一间屋子，大至皮夹克，小至铅笔、橡皮等学习用品。学校多次广播要求学生去认领，却没有人去。在一次家长会上，校长讲了这件事，最后只有几位妈妈带着孩子去认领，其他物品仍旧堆放在屋子里无人问津。

许多"以俭养德"的事例告诉我们：要把女孩培养成有志向、有追求、有出息的人，勤俭节约、艰苦朴素的教育是必不可少的，这是妈妈能够给女儿的永久财富，也是世代相传的"传家宝"。每一个妈妈在教育女儿勤俭节约的时候，都必须从自己着手，从小事着手，以身作则，只有这样才能为女儿树立一个良好的榜样，帮助其纠正奢侈浪费的不良行为。在家庭教育中，妈妈尤其要注意以下几方面：

让女孩明白，钱是通过劳动赚来的

妈妈要从"给女儿钱"向"让女儿去赚钱"的思想观念转变，要让女孩早一点儿明白，钱是通过自己劳动赚来的。现在已有不少的家庭这样做，并取得了不错的效果。

白雪的妈妈总是对白雪讲这样一句话："想花钱就应该付出努力，付出劳动。上天从来不会无故掉下馅饼！"白雪牢牢记在了心里。

白雪读初二时，有一次，她无意间听妈妈提起一些杂志的稿费标准，于是白雪心里便有了主意，她开始以学校与家里发生的有趣事件为素材，创作了几幅插画。然后，在妈妈的指导下，自己去杂志社推销。在向杂志社推销的过程中，白雪体会到了赚钱的辛苦，生活的不易。从此，她更加爱惜金钱了。

你也可以仿照这个事例，使女孩懂得一粥一饭都来之不易，一滴水、一度电都是经过工人的辛勤劳动得来的，妈妈为她们提供衣食住行所需的费用也是费力气赚来的。当她们知道一元钱要付出的辛苦与汗水，才会对钱有一个概念。当女儿知道了付出与劳动报酬的关系后，对钱的认识也会发生根本性的转变，自然也会变得勤劳节俭起来。

让青春期女孩体验一下"贫穷"

生活条件的优越，往往让现代社会的女孩们体验不到"贫穷"的滋味，无法理解勤劳节俭的含义。因此，妈妈不妨来点儿"苦肉计"，让你的女儿身临其境地品尝"贫穷"的滋味。

一位妈妈在培养女儿的勤俭时采用的方法很独特：

暑假的时候，我把11岁的女儿送到乡下的爷爷家里，让女儿体验一下农村生活。平时，女儿和农家孩子一起放牛、耕种、锄草，吃油水不多的饭菜……

在爷爷家，女儿认识了几个小朋友。渐渐地，我发现她喜欢上了她的那些憨直可爱的朋友,喜欢上了淳朴宁静的农村生活。与此同时,女儿还学习到了不少农业知识,学会了很多农活儿。临近开学时,我把女儿带回了家。此时,女儿已经养成了勤俭的好习惯,她不会再剩饭,不会再总是要求我给她买这买那,而是学着把自己的零花钱都存起来,女儿还对我说,她要把钱花在有用的地方。

生活环境对青春期女孩的影响是很大的。当青春期女孩一直生活在条件优越的环境中,她自然很难学会勤俭;而当她真正体验到了"贫穷"的滋味后,她就会明白"一粥一饭,当思来之不易"的道理。

第七章　关于早恋那些事儿
——把"爱的纪律"讲给女儿听

如今，由于受文化、媒体的影响，早恋现象在初中、高中普遍存在。面对情窦初开的女儿，很多妈妈不知该如何引导。松了，女儿可能会失足成恨；严了，叛逆的女儿可能会做出一些极端行为。如何把握好"度"的问题，是妈妈们必学的一门重要课程。最关键一点就是妈妈们要调整好自己的心态，平和地看待女儿的早恋问题。只有持着这种平和的心态和女儿沟通，女儿才会接纳你。

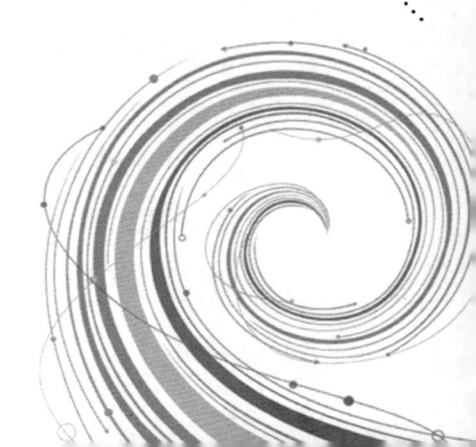

细节52 "我们仅仅是朋友。"
——女孩能不能有异性朋友

青少年心理咨询中心的专家们总是会接到下面这类热线电话：

"最近家里的电话总是响起来，而且都是女儿班里的一位男生打来的，两个人聊得很热络，我也不清楚他们是什么关系。可我又不敢直接问女儿是不是在早恋，我该怎么办呢？"

"我女儿说她认识了一位大哥哥，是她的学长，还让我们允许她以后带这个哥哥回来吃晚饭。您说他们之间究竟算什么关系呢？"

"我爸妈太大惊小怪了，不就是在学校多认识几个男性朋友吗？他们至于整天紧盯着我吗？我又没早恋，我们仅仅是朋友。"

"为什么我就不能有异性朋友呢？难道男女之间就不能有纯洁的友谊吗？"

……

为什么在面对"异性朋友"这个问题上，家长会那么担心，女孩会那么疑惑不解呢？答案很简单，家长担心进入青春期的女孩会早恋，而女孩则认为交友是"我的事情""我的权利"，家长不应该介入，甚至主观地认为自己和异性来往就是在"谈恋爱"。双方没有达成良好的沟通与互相理解，自然会产生很多误会和矛盾。

难道女孩真的就不能有异性朋友吗？当然不是，心理专家认为，一个身心健康的女孩，其青春期应是伴有丰富的异性友情滋养，但她又不专注和执着于与某个异性同学的关系，更不会陷入类似恋爱那样对某个异性朋友的心理依赖。而要养成这样健康的成长状态，妈妈对待青春期女孩友情的态度和引导方法是关键所在。

不要强硬地限制女儿与异性交往，教其把握分寸

有一位妈妈的教育经验是这样的：

女儿上高一的时候，有一天突然哭着跑回家，而且说什么都不肯再去上学，我问她是不是在学校发生了什么事，女儿哭着说："班里的女同学说我是狐狸精，她们都在背后说我的坏话。"原来，长相漂亮的女儿在班里很受男生的欢迎，或许是因为虚荣心的影响，女儿和男生的关系都很好，大家还说她是"班花"，甚至是"校花"。因为很受男生的欢迎，有时也会收到很多情书，于是女儿就把这些事告诉班上一些要好的女同学，想让她们帮自己想办法解决，但那些同学却说女儿是在炫耀自己的魅力，故意显摆，所以都开始渐渐疏远女儿。这一次哭是因为女儿的一个异性朋友的前女友找到女儿，说她抢了自己的男朋友，还骂女儿"不要脸"，而其他女同学都在一旁幸灾乐祸，这让女儿很伤心。我听后非常生气，并且告诉女儿以后不准再和男生来往，要不是她和男生关系好，大家怎么会不理她？所以，从那之后我对女儿的要求更严了，尤其是在她的交友方面，可是我发现女儿竟然和我作对，不但在学校和很多男孩交往，还开始和社会上的一些异性来往。

很显然，这位妈妈的引导方式出现了问题，她一开始不应该强硬地限制女儿与异性交往，而是应该先帮助女儿分析她遇到的问题，然后协助她一起解决问题。例如，这位妈妈可以告诉女儿她之所以被女生疏离，是因为人都会忌妒，而她不懂得收敛，反而故意和很多男生来往，引起了大家的误解。接着，妈妈可以让女儿学会谦虚，不要因为长相漂亮就虚荣、骄傲，也不要与男生的关系过于密切。

相信只要女孩懂得把握与异性交往的分寸，那么就不会被大家所误会，也不会弄得"众叛亲离"。更何况异性同学之间的交往是中学生生活的重要内容，是必不可少的，而且男女同学正常交往，既可以取长补短，相互交流，提高学习效率，又有利于增进彼此的了解，扩大交往的范围，提高女孩的交往能力。因此，妈妈应该教会女儿把握与异性交往的分寸，而不是强硬地限制。

告诉女儿与异性交往要给自己留有余地

这天，是小兰15岁的生日，妈妈让她邀请一些朋友到家里开个小聚会。可是，妈妈发现来的朋友全都是女孩，没有一个男孩。虽然说都是女生让妈妈很放心，可是没有异性，是不是也代表女儿交友不正常呢？于是，妈妈就假装无意地问女儿："你生日会怎么没见有男生来啊？"小兰说："我好朋友里没有男生，那些男生说话都太不靠谱了，而且我不喜欢和男生交往，他们太烦人了。"听完女儿的话，妈妈有些担心，害怕女儿今后有交友障碍，甚至还担心会因此影响女儿今后的生活。

　　青春期女孩与异性之间的交往是她生理、心理发育及提高社会适应能力的需要。但妈妈要帮助女孩建立正确的交友观念，并且促使青春期女孩选择有益健康的交往行为，摆脱与异性交往的心理障碍和困惑。

　　当然，在引导女孩与异性交往的过程中，肯定会遇到小兰所说的"男生说话不靠谱"等情况。因此，妈妈要告诉女儿，出于保护自己的目的，她在与异性交往的过程中，言谈举止要留有余地，不能毫无顾忌，例如，谈话中涉及两性之间的一些敏感话题时要尽量回避；身体接触要把握好分寸，不要太拘谨，也不要太随便；记住不要乱开玩笑；适合同性讨论的话题不要和异性讨论太多等。

　　另外，妈妈还要告诉女儿，不能因为讨厌某些男生的言行举止，就完全隔绝自己与异性的交往，这也是不对的。

细节53 "我收到了一封情书"
——女孩如何拒绝异性的求爱

　　一天，妈妈在帮助女儿整理房间的时候，发现女儿枕头底下有一张折叠好的漂亮信纸。一时好奇，妈妈就打开看了一眼，没想到竟然是别的男孩写给女儿的情书，上面写道：这个男孩第一次见到女儿时，是如何怦然心动，又是如何被女儿的善良、温柔所感动，最后还说自己很喜欢女儿，希望女儿可以做他的女朋友。看着这封"情真意切"的情书，妈妈的心里隐隐有了一丝担忧，万一女儿被这封信打动，万一对方也是女儿喜欢的男孩，那么他们会不会早恋呢？后来，女儿回到家的时候，妈妈就问她这封信是怎么回事，女儿发现妈妈乱翻自己的东西，很生气，于是她不屑地说："不就一封情书吗？你女儿我有魅力，收到情书很正常！"可越是听女儿这样说，妈妈的心里就越不踏实。

想必很多女孩的妈妈都和这位妈妈一样，担忧收到情书的女儿会不知分寸地早恋，或在拒绝对方的时候伤害到别人。

一般来说，女孩收到情书也会非常烦恼，因为她不知道是答应对方，是回绝对方，还是置之不理，抑或是告诉家长、老师？这无形中就会带给女孩一种压力。那么在女儿收到情书时，妈妈们该如何引导女儿呢？

教给女儿拒绝情书的方法

有一位妈妈的育女经验是这样的：

这天，14岁的女儿有些神色慌张地回到家，我以为是她期中考试成绩不理想，于是准备晚饭后再慢慢开导。

吃饭的时候，我发现女儿心事重重，就有意识地引出很多话题，但都被女儿一一平静地答复了。平时我们母女就像好朋友一样什么都聊，所以说着说着，女儿支支吾吾地想提问了，可是好像很难开口，她说："妈妈，呵呵，嗯，这个——"我笑着说："有什么就说，你有什么不能告诉我的。"女儿说："也不是不能告诉您，但您不能笑话我，也不能太说我。我告诉您是因为信任您。""好，你说吧！""妈妈，您以前上学的时候给别人写过情书吗？您收到过情书吗？那您又是怎么办的？""妈妈没有写过情书，不过收到过情书，但是我那时候觉得学习最重要，所以很快就拒绝对方了！""那如果有男生给我写情书，我也不想谈恋爱，该怎么办？""你可以直接拒绝别人，但说话不能冲，毕竟对方是男孩，自尊心很强。你可以委婉地告诉对方，你想先好好学习，感情的事情以后再说，大家可以心无芥蒂地做好朋友。"……经过和我的一番谈话，女儿得到了很多拒绝别人情书的方法，她的难题也解决了。

一般来说，女孩收到情书后，最想知道有什么办法能把这件事情处理好，比如说在拒绝男孩时怎样才能让对方不难堪。其实，妈妈们教给女儿拒绝情书的方法有很多种，例如：冷却法，让女儿对对方不予理睬或适当回避，避免和对方过多接触；直接法，就是直接拒绝对方，让对方断了对自己的想法；给对方写一封婉转的回绝信，信的内容切忌挖苦打击对方，也不要和对方暧昧不明。

提醒女儿不要将情书视为爱情

这天，妈妈在给女儿洗衣服的时候，突然发现女儿口袋里有一封信，打开一看，竟然是男孩给女儿写的情书。拿着这封信，妈妈愣了半天，想要立刻好好教育女儿一顿，可是又怕适得其反。于是，妈妈又将这封信放回了女儿的口袋，而这件衣服妈妈也假装忘了给女儿洗。事情过去两天之后，妈妈故意和爸爸演了一出"双簧"，间接地告诉女儿他们两个上学的时候也都收过情书，但那只是对异性的一种欣赏，并不是爱情。女儿并不知道自己收到情书的事情被父母知道了，不过妈妈看到从这一番谈话中，女儿已经知道如何处理自己的事情了。

这真是一位冷静的妈妈，她懂得先让自己在一种理智的情况下去和女儿沟通，而且她也没有对女儿收到情书这件事情不闻不问，而是想办法去解决。

其实，很多青春期女孩不完全了解，情书所传达的有时仅仅是一种喜欢，而且这种喜欢往往具有很大的盲目性，和真正意义上的爱情是不同的。假如收到情书的女孩把这种喜欢当成爱，甚至全身心投入的话，很可能会误入歧途。因此，妈妈们必须要提醒女儿不要将情书视为爱情。

细节54 "我对他很有好感。"

——如何帮女儿区别喜欢与爱

现实生活或影视剧中，我们常会听到这样一句话："我很喜欢他（她），但不爱他（她）。"那么喜欢与爱究竟有什么区别呢？社会心理专家鲁宾对爱与喜欢的关系曾进行了系统的研究，他发现爱不是喜欢的一种特殊形式，爱与喜欢根本就是两种不同的情感。

通常来说，爱与喜欢的区别主要表现在以下几方面：

1. 不同的亲密要求。相爱双方不仅有高度的情感依赖，而且会渴望亲密的身体接触，喜欢的要求就相对弱些。

2. 不同的依恋程度。陷入爱的世界的人在感到孤独时，会强烈地想让对方来陪伴和安慰，而喜欢则不会有这样的表现。

3. 不同的利他表现。爱会让人高度关怀对方的情感状态，觉得让对方快乐和幸福是自己义不容辞的责任。爱会表现出高度的宽容，即使是那些自负、自私的人，在真正爱着对方时也会表现出某种理解、无私和宽容。而喜欢是一旦被幻想打破就有可能消失或转移的情感。

通过了解以上爱与喜欢的区别，相信大多数青春期女孩的妈妈在女儿"恋爱"的问题上，已经知道怎样去引导女儿认识爱与喜欢的不同了。其实，女孩进入青春期后对异性产生好感是一种很正常的现象，女孩青春期对异性的关注是从"喜欢"开始的，更多的是好奇和懵懂。当然，我们也不能否认她们在十几岁就真心爱上某个男孩。

所以，我们不能盲目地阻止女孩喜爱异性，而是要引导她认清爱与喜欢的区别，让她明白究竟对那个"他"是一时的迷恋还是真正的爱，只有这样才能正确引导女孩对待自己的恋情。

妈妈只有教会女孩区分她对对方的好感究竟是一时的喜欢，还是发自内心的真正的爱，这样女孩才不会因为内心对异性的倾慕而影响自己的生活和学习。

帮助青春期女孩分清友情与爱情的界限

涵蕾是高二的学生，她学习成绩好，是个聪明温柔、招人喜欢的女孩子。一次下雨路滑，她不小心扭伤了脚。隔壁班的男生张枫刚好路过，将她送到医务室上药，下课后，张枫又到教室帮涵蕾拿书包并陪她回家。一路上，他们谈到流行歌曲、电视剧，又谈学习、谈班里的事。最后竟谈到自己将来的打算；他们感到非常愉快。从此，他们成了最亲密的伙伴，上学一块儿来，放学一块儿走。时间长了，同学们说："涵蕾和张枫好上了。"听到这些传言以后，他们自己也迷茫了。

青春期女孩往往对"爱与喜欢"的区别不是很清楚，因此，妈妈应该告诉女孩，爱与喜欢虽然密切联系，但两者是不同的情感。例如，爱，代表着愿意为对方无条件地付出，而不求回报；喜欢，仅代表个人的心理感受，它包含"想拥有，想得到"，当见到喜欢的人或事物时，自身感觉到快乐。当喜欢达到一定的强度，我们愿意为之付出更多的物质、时间、情感，甚至倾其所有时，就上升为爱了。

为青春期女孩营造宽松的交友环境

一直以来，妈妈给千萍创造的都是一种宽松自由的交友环境，妈妈希望女儿能结识各种各样的朋友，但前提是这些朋友都能或多或少地给她一些正面影响。不过，千萍进入青春期之后，爸爸妈妈发现她经常和一个男孩走得很近，甚至有一次爸爸下班回家看到她和那个男孩很亲密。千萍似乎也觉察到爸爸妈妈已经知道了她的"秘密"，所以她总是避着家人，于是妈妈找到一个合适的机会对女儿说："妈妈并不反对你交朋友，只要你学习不下降，凡事负责任，我会很支持你！"千萍听完妈妈的话之后，原先的尴尬和忐忑都没有了，她开始更努力地学习，而且感情问题也处理得很好。

青春期女孩爱慕异性，这是一种很自然、纯洁的情感流露，但是并不是严格意义上的恋爱，不过，大多数青春期女孩都常常误以为自己对异性的倾慕是爱。所以，面对这种情况，妈妈应该为女儿营造一个宽松的交友环境，让她在与异性交往中建立友谊，进而破除女孩心中"男女之间的交往就等于恋爱"的狭隘观念。

细节55 "数学老师太有型了！"
——女孩会不会爱上了男老师

有一个15岁的女孩在自己的网络日志中这样写道：

我真的好喜欢我的数学老师，他不但年轻帅气，讲课也非常有趣，对待同学们都非常好。我知道班里有几个女生也在偷偷单恋数学老师，但我觉得数学老师对我是特别的，有时他上课的一个眼神我就知道是什么意思，而且他也常常对我笑。有好几次，我都想去跟老师表白，可是又怕被拒绝。不过，令我最伤心的是，前两天一个女生告诉我，数学老师竟然有女朋友了，而且两个人还决定要结婚了。听到这个消息，我非常伤心和痛苦，为什么数学老师的女朋友不是我呢？可是我又不能把心里的痛苦告诉别人，大家一定会认为我爱上老师是不对的，我该怎么办呢？要不要把心中对数学老师的爱说出来呢？

事实上，很多青春期女孩都有类似的"恋师"现象，从心理学上来说，这是女孩性意识、性行为发展过程中的一种普遍现象，虽然有些时候它带给女孩的可能是不良的影响，但"喜欢老师"却是一种正常的情感。

为什么青春期女孩会产生这种爱恋老师的情感呢？首先，在学校里，男孩与女孩之间的交往是被禁止、被非议、被排斥的，在这种情况下，渴望异性关注的女孩们为了满足与异性交往的需要，于是往往把目光转向了自己的老师；其次，成年的男性老师大多具有成熟的男性魅力，例如，青春期女孩经常从他们身上看到亲切、坚强、博学、耐心、帅气、自信等美好的一面，那么自然容易被吸引。当然，除此之外，女孩还可能受到影视作品、文学杂志等方面的影响,对"师生恋"存有一种渴望。

那么妈妈们如何帮助青春期女孩正确地处理她们"爱上男老师"这一特殊情况呢?下面这些方法或许对妈妈们有所帮助。

鼓励女孩勇敢地多和同龄人交往

最近,妈妈发现女儿清妍口中说得最多的就是她的新任化学老师,女儿总说那位男老师英俊帅气、知识广博,上这位化学老师的课也非常有趣,还说这位男老师对大家都很和蔼。清妍总对妈妈说班里很多同学都喜欢这位男老师,甚至有几个女孩还把这位老师上课的照片存在自己的手机里。清妍已经是高中生了,妈妈知道她对异性有好感,也知道这位男老师在女儿心中的地位很高。但妈妈没有告诫女儿不应该喜欢自己的老师,而是鼓励女儿多和同龄的孩子一起玩耍、学习,有自己不懂的问题,先问同学,同学不会答再去问老师。慢慢地,妈妈发现女儿口中不再提那位男老师了,而是变成了和她同龄的朋友。

妈妈们都知道,让女儿健康快乐成长的最好办法就是鼓励她勇敢地和同龄人交朋友。因为在和同龄人的交往中,她们才会有更多的共同语言,也更容易摆正自己的位置。

除此之外,当妈妈们发现女儿有喜欢男老师的倾向时,千万不要责骂和羞辱,而是要学着转移她们的注意力,多开拓她们的视野,让她们把精力多放在学习上。

引导女孩认清她对老师的"爱"究竟是什么

有一位女孩曾给心理专家写了这样一封信:

我是一名中学生,我有一个问题希望专家老师们为我解决。一年前,我喜欢上了我们班的地理老师,他对我也很好。可是最近我发现,他对另一个女孩比对我还好。论地理成绩,我比那个女孩好太多了,论学习的领悟能力和进度,我也比她好,就算比我们两个人的外貌,我也比她漂亮多了。可是我们地理老师对那个同学就是特别偏爱,对我的关注也少了,我心里真的非常难过。有时候,我真希望那个女生转学,永远不要出现在地理老师面前,可是我又觉得这样的自己很小心眼儿,很厌恶自己。我该怎么办呢?

其实,很多青春期女孩对老师的喜爱并不是爱情,而是渴望从老师那里得到一种关注和肯定。如果老师对她特别关注、肯定和喜爱,那她自然对这个老师也特别喜爱,而一旦老师把这种喜爱分给了其他的同学,那么因为被忽视而产生的忌妒心就会令女孩很难过,有些女孩甚至会有"失恋"的感觉。

所以,我们首先应该要引导女孩认清她对老师的"爱"究竟是什么,然后再采取相应的办法解决。例如,如果你的女儿和上述事例中的女孩一样,对老师的喜爱是来自老师对自己的关注和肯定,那么妈妈就要一方面多给女儿关注和肯定,然后要让女儿明白老师对待每个同学都有关注,也许关注的程度不一样,但她绝不是最特殊的那一个,让她摆正心态;另一方面,我们也可以在女儿不知情的情况下,和她喜爱的老师聊一聊,让老师在教学的时候既不要太忽视自己的孩子,也不要给她太多的关注,以免让她误会。

细节56 "只想偷偷看着你。"
——如何引导陷入单恋的女孩

进入青春期的女孩爱慕异性,这是一种很正常的心理发育现象,而"单恋"是这场"爱慕"里的"常客"。

所谓单恋,是指一方对另一方的以一相情愿的喜爱与倾慕为特点的畸形爱情。通常来说,单恋对于大多数青春少女就像一场美丽的"爱情误会",是一场情感错觉。例如,有些女孩可能是因为对方帅气的外表而倾心,或是因为对方学习好而喜欢,或是因为对方笑起来比较迷人而喜欢,也可能是因为对方体贴、温柔的性格而喜欢,总之,单恋是自己的主观感受,而对方毫无表示,甚至根本不认识自己。

小娟今年要上高三了,可是最近她特别烦恼,根本没心思学习,因为她发现自己悄悄爱上了班里的体育委员，一个长相帅气、学习成绩优异，又很有才气的男孩。记得有一次，小娟生病了，但还是坚持上课。下课后，那个男孩不但给她买了一盒感冒药，还温柔地嘱咐她回去休息，虽然那个男孩也经常这样关心其他的同学，但小娟觉得他对自己的关心是与众不同的。

从那之后，小娟就特别想要听到他的声音、看到他的笑容，有时为此魂不守舍，上课也老是走神，她甚至希望自己天天生病以期待得到那个男孩的关心。但是对方却丝毫没有察觉，依然那么热心地关心同学。有时小娟看到他和班上那些出色的女孩融洽地相处在一起，就感到特别自卑，但是单恋一个人很痛苦，可她又不敢和别人说，现在她根本没心思学习了。

其实，在青春期女孩与男孩的感情问题上，"落花有意流水无情"的事情经常发生，毕竟单恋不是两情相悦，它会让女孩觉得痛苦、不知所措，甚至想要去证实对方对自己到底有没有"意思"。而这个证实的过程和最后的结果同样会令女孩焦急、无助、痛苦，因此作为妈妈，我们必须要引导女孩正确对待"单恋"，教会她们正确处理遇到的感情问题。

尊重青春期女孩的"感情"，帮助她排解不良情绪

一天，青少年心理咨询中心接到了一位妈妈的邮件：

我18岁的女儿今年刚上高三，学习成绩一直很优异，而且长得很漂亮，在学校很受异性关注。但她性格内向，不善言辞，3年前，她喜欢上同班的一个男孩，一直不敢向对方表白，只能在自己心里思念，结果搞得她精力涣散、失眠、焦虑、急躁，学习成绩也跟着下降。我们了解了女儿的情况之后，并没有及时帮助和引导她化解不良情绪，甚至还责怪她"不务正业"，结果女儿认为我们根本不尊重、不理解她，竟然在高考前夕离家出走了。我真不知道现在要怎么办了！

女孩进入青春期后，随着性生理的成熟，性意识的萌动，影视媒介的刺激等，她们身上会出现很多单恋的故事，可能有的令人倍感甜蜜，而有的则令人肝肠寸断，而且大多数青春期时的"单恋"都会随着成长的脚步变成回忆里的一首小插曲。

因此，妈妈没必要对女儿的"单恋"太过担忧，而是应该学着尊重她的"感情"。另外，面对单恋带给女儿的困扰，我们不应该批评和指责女儿，而应该帮助她排解不良情绪，让她从焦虑、无助的情绪中早日解脱出来。

引导青春期女孩正确对待"单恋"

一天，小冰吞吞吐吐地告诉妈妈，她单恋上了一个男孩，而且最近经常想起那个男孩，想起他们之间有过的交集，小冰觉得自己的"单恋"已经开始严重影响学习，但她越是想拼命压制不去想那个男孩，对那个男孩的思念就越深，为此，她感到非常苦恼和着急，希望妈妈能帮助她走出这个困境。妈妈告诉小冰，像她这种情况是一种正常现象，是青春期女孩生理与心理成熟的标志，没必要害怕和自责。妈妈建议小冰多充实自己的生活，让自己没有时间瞎想。接着妈妈又对小冰说："不要刻意去压抑那份情感，你可以把它当成一件正常的事情，心里就会坦然很多，但如果进一步发展就有危险，这也是你不想看到的，所以你自己一定要掌握好度，不要让自己失控。"之后，妈妈还建议小冰多为其他同学或事情留出一些位置，例如，帮学习不好的同学补课，多为班级做点儿事情等。听完妈妈的建议，小冰变得轻松多了。

看吧，只要妈妈对陷入"单恋"的女孩多加引导和安慰，她们就会做出正确的选择并找出合理的应对方法。但如果你一听说自己的女儿"单恋"或和某个异性走得很近，就觉得发生了"大事"，甚至草木皆兵，那么这样并不利于解决女儿的"单恋"问题。

因此，妈妈应该首先从心里认同单恋是一种正常现象，然后让女儿也认同单恋是一种正常现象，让她能够顺利地度过这个"单恋"时期，更加健康、积极地生活、学习。

细节57 "恋爱自由,不要你们管!"
——如何对待女孩的早恋问题

嘉欣是个16岁的漂亮女孩,妈妈发现女儿上了高中之后,变化特别大。以前最多和她顶顶嘴,现在动不动就发脾气,而且学习成绩下降,购物的热情反而高涨,甚至越来越注意打扮自己。有一天,妈妈偷看嘉欣的日记,发现女儿班里有个男孩喜欢她,她也对那个男孩有好感,两个人似乎已经确定了恋爱关系。自从知道了这件事,嘉欣的妈妈没有一天睡过安稳觉,不是担心嘉欣因为恋爱耽误学习,就是害怕女儿一时冲动做出后悔终生的事情,可是每当她对女儿谈起恋爱的事情,女儿就大吼着让她"不要管",她真不知道该怎么办了。

其实,像嘉欣这样的青春期女孩在现实生活中有很多。很多女孩进入青春期后,会变得叛逆、情绪冲动、爱美,也会遇到很多青春期的恋情问题,这些都是正常的青春期现象。

青春期女孩原本对同伴情感就有着强烈的需求,尤其是对异性的情感,她们充满了好奇和向往。所以当你意识到自己的女儿有了喜爱的异性,首先不要惊慌,因为这个信号告诉你:女儿长大了。其次,你要学着相信自己的女儿,然后给予她正确的指导。最后,女孩谈恋爱的信号有时也提醒妈妈们,在女孩的心目中可能存在爱的缺失,所以她们需要从异性身上获取关爱。

面对"早恋"这个问题,有些妈妈往往会采取一些强硬手段来"切断"女儿的恋情。但凡事"堵不如疏",要想从根源上解决女儿"早恋"的问题,妈妈们必须找出好的引导方法。

学会和女儿"约法三章"

教育专家认为,现在管教青春期女孩不能再用以前的严父慈母方式,而是应该多和她们沟通。女孩在青春期喜爱异性,这是很自然的,是女孩成长的一部分,假如妈妈强烈反对,就会给女孩造成很大压力,进而使家庭关系变得十分紧张。

面对女儿刘乐谈恋爱的事情,妈妈没有完全放任女儿,而是和女儿"约法三章",要求女儿不能荒废学业,而且绝不能偷吃禁果,让她明白一时冲动做出不负责任的事情,对双方都是一种伤害,并且对女孩的伤害往往更大。没想到这招对刘乐真的很奏效,她和那个男孩交往一年后分手了,妈妈虽然感觉松了一口气,但她也知道以后女儿还会有第二个、第三个男朋友。她很庆幸自己和女儿已经建立了很亲密的关系,女儿也已经知道妈妈开明的态度,母女关系十分融洽。

其实,青春期女孩谈恋爱这件事情不是成年人阻止就能妥善解决的,只有理智和冷静地对待这件事情,才不会让女孩受到过多伤害。所以,妈妈不妨和女儿"约法三章",让她学会平衡学习和恋爱的关系,懂得自己掌握恋爱中的尺度,学会为自己和他人负责。

帮助女儿树立正确的恋爱观

高考前三个月,妈妈发现周佳正在谈恋爱,妈妈的意思是让她和那个男孩分手,但是周佳反应很强烈,说已经两年了分不开了。妈妈怕强硬拆开他们会影响女儿的复习和高考,就允许女儿和她男朋友课间短暂交流,其他时间认真学习,可是周佳不听妈妈的劝告,精力不仅没有全部用在学习上,而且脾气很大,动不动就冲妈妈吼,妈妈愁得都不知道拿她怎么办才好。

女孩在高考时期心理压力很大,所以有时她们渴望找一种方式来宣泄厌倦、烦恼和郁闷等情绪,这时和喜欢的异性倾诉或从异性那里获得某种心理满足,她们就会觉得心理压力相对小一些。

但是青春期女孩对待恋爱的认识还不全面。因此,妈妈应该告诉她们,真正的爱是宽容、责任、体谅和义务,是一辈子的承诺和关怀,不仅仅是两个人开心地在一起。如果一个女孩做不到自强自立、自尊自爱,那么她是没有能力去付出爱,也无法真正获得爱的。

我们还应该告诉女孩:青春期,并不是播种爱的季节,它只是准备和学习如何去爱的阶段。她们应该做的是增长知识与能力，让自己能自立自强地生活，并且拥有健全的心理与人格，才能让自己自信从容地爱与被爱。

细节58 "我被人拒绝了，呜呜呜！"
——女儿"失恋"了怎么办

在网络上，我们经常会看到一些女生关于"失恋"求助的帖子：

"我暗恋一个男孩很久了，上个星期放学回家的时候，他还冲着我温柔地笑了一下呢！我想他也是喜欢我的吧，可是昨天我才知道，他马上要转学了，我们以后恐怕没机会见面了！我'失恋'了，怎么办呢？要不要告白呢？"

"今天，我爱了两年的男孩突然和我说分手，我痛苦极了。失去了他的爱情，我活着还有什么意思呢？我怎样才能让自己解脱呢？"

"我在初中的时候曾经谈过一个男朋友，后来上高中我们没在一个学校，而且为了学习和其他的一些事情，我主动提出了分手。原以为分手是一件很简单的事情，可是没想到会这么痛苦，导致我现在学习成绩也跟着下降。虽然我不后悔分手，可是心里也不舒服，有没有什么办法可以帮我尽快从失恋中走出来呢？"

……

其实，生活中像这样"失恋"的女孩很多，中学时期的恋爱虽然看起来稚嫩、美好，但同时也很脆弱，再加上不被家长、老师所承认，所以女孩们的心里都会增加很多负担，甚至每天都在想办法如何在享受甜蜜恋爱的同时又不被人发现。也正因为如此，在"失恋"的时候，女孩们会很痛苦和烦恼。

一般来说，"失恋"的女孩会具有以下消极心态：有些女孩会觉得自卑、羞愧、迷茫、沮丧；有些女孩会因失恋而变得暴躁、失去理智、具有报复心、愤世嫉俗；还有些女孩会变得堕落、绝望、自残、轻生等。失恋会导致不良情绪，而不良情绪又会影响女孩的身心健康，甚至会导致一系列社会问题。

所以，妈妈们必须重视青春期女孩失恋的问题。

引导女儿学会正确地宣泄情绪

有一位妈妈在网络上担忧地写道：

上初三的女儿最近受了打击，因为她交往一年的男朋友突然和她分手，跟别人在一起了。结果这件事情使女儿的脾气变得特别暴躁，动不动就摔摔打打的。有时还整天把自己关在屋里，饭也不吃，好朋友来找她玩儿，她也不出去。我劝女儿，不必为了一个不爱自己的人让自己这么痛苦，但她根本不听，还冲我大吼："您根本什么都不懂！以后我的事情您少管！"后来，女儿还经常和几个社会上的不良少女出去上网，还学会了逃学。眼看就要中考了，我很担心女儿根本应付不了学习。

这位妈妈的担忧不无道理。上述事例中的女孩因为失恋变得脾气暴躁，甚至不思进取，这对她来说没有一点儿好处。

其实，女儿失恋的时候，妈妈可以引导女儿将心中的失意与苦闷倾诉出来，甚至可以让她大哭一场，或找几个好朋友倾诉，或把自己的失恋感受用文字记录下来，也可以选择大吃一顿，或让自己运动流汗。总之，妈妈要引导女儿正确地宣泄因失恋引起的不良情绪，让她逐步从失恋的阴影中走出来，变得坚强、乐观。

告诉女儿要勇敢地正视"失恋"，学会换位思考

有一位妈妈的教育经验是这样的：

几天前，我从女儿的好朋友那里知道她失恋了，是对方甩了她，所以女儿很痛苦。为了帮助女儿摆脱痛苦，我主动找到了那个男孩，想知道他为什么甩掉我的女儿。那个男孩对我说："阿姨，我知道早恋不对，但我确实很喜欢您的女儿，她非常聪明和体贴。可是，还有一年我们就要参加高考了，我的时间和精力有限，我也没有她聪明，我必须付出更多的努力才行。否则，我就太对不起我爸爸妈妈了。"后来，我把这个男孩的话婉转地传达给女儿，女儿听后思考了很久，像是下定了很大的决心。一年后，当女儿和那个男孩

都拿到大学通知书的时候,女儿这样对我说:"妈妈,谢谢您为我做的一切。如果不是您主动找那个男孩让我得知分手的真正原因,我可能会一直消沉下去,是您让我学会了如何解脱自己和为别人着想。"

失恋本来就不是"天塌下来"的大事,只要妈妈们告诉女儿要勇敢地正视一段感情的结束,多站在对方的角度想一想,那么自己的痛苦和烦恼就会减少很多。再说,恋爱有成功,自然也会有失败,而两个人的感情也会有好有坏,所以教会女儿凡事不要太苛求,学会换位思考,自己就会快乐很多。

第八章　掀起性教育的面纱
——开诚布公地与女儿谈性问题

"妈妈，我从哪里来？"几乎每位妈妈都会遇到女孩问这样的问题，然而，受传统观念的影响，妈妈们每次谈到"性"问题时却又欲言又止，或含糊其辞、不得要领。作为妈妈，我们必须要知道，性教育是不可回避的话题，它关乎女孩的身心发展。妈妈应该以过来人的身份和女儿聊一聊性知识，让女儿正视与性相关的各种问题。

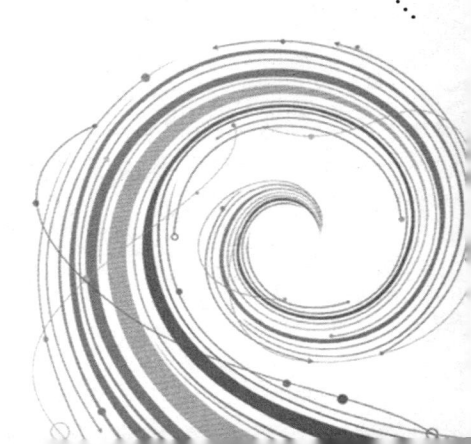

细节59 "我是从哪里来的？"

——"性"要如何对孩子说出口

有一位妈妈在网络上这样求助：

我女儿今年11岁，前几天我在书店买了一本英国儿童性教育绘本，这本书女儿很喜欢看，可是我心里却很忐忑，怕女儿突然问一些我不知道怎么回答的问题。没想到，还是躲不掉，这天女儿看到两张人体图时，突然惊讶地说："啊，这不是尿尿的地方吗？妈妈，这上面说的精子卵子是什么啊？它们又是怎么结合的呢？"面对女儿这一连串的问题和她那好奇的眼神，我不知道该怎么说，只得含糊过去，但显然没有让女儿满意，她还是整天问我男人和女人怎么生宝宝，精子和卵子怎么结合。我真不知道怎么和女儿讲这些性问题，总觉得难以启齿，我该怎么办呢？

其实，很多妈妈和这位妈妈有一样的烦恼，她们大多因为"难以启齿"这个理由回避女孩的性问题，这也正是中国家庭性教育尴尬与无奈的现状。事实上，无论是家庭还是学校，似乎都在尽量回避"性"，正因为成年人对于"性"的躲躲闪闪，才引起了女孩们对于"性"的更大好奇。要知道青春期这个阶段，越是看似隐晦、神秘的东西越能激起女孩的好奇心，挑起她们的冒险意识，甚至很多女孩因为对"性"的错误认识，导致了一系列问题的出现。

性对于中国妈妈来说是一个很微妙的话题，但我们不能主观认为"女儿大了对这些问题自然就知道了"。要知道，正确的性教育不但能够促进女孩形成健全的人格，而且还决定着她一生的幸福。因此，妈妈必须学会如何正确地对女儿开口说"性"。

正确回答女儿"我从哪里来"这个问题

曾经有一位专家在中学生群体中询问过这样一个问题："'我从哪里来'这个问题，你的妈妈是怎样对你说的？"结果显示，学生们的回答千奇百怪：

"我妈说我是从医院垃圾桶里捡来的。"

"我是从白菜地里种出来的！"

"我是坐着洗脸盆从河里漂来的，是奶奶捡了我。"

"我是我爸妈从烟囱里捡到的。"

"我是我妈从山上抱回来的，她还说当时有狼在后边追她。"

……

作为妈妈，你是怎么对女儿回答这个问题的呢？是说她是抱来的、捡来的、偷来的，还是不小心从天上掉下来的？或许你觉得这样对女儿说可以暂时堵住她的嘴，事实上，有些女孩在青春期都会产生这样一种想法："我可能不是我爸妈亲生的，我要去找我的亲生父母。"

如果妈妈能一开始就准确地告诉女儿她是从妈妈的肚子里来的，是爸爸妈妈爱的结晶，并告诉她精子和卵子是怎样结合的，那么她就不会对自己的出生产生好奇了。当然，假如你真的不好意思和女儿讲她是怎么来的，可以通过看性教育影片、书籍等方式慢慢引导女儿自己去探知，这样既避免了当面解说的尴尬，也巧妙地回答了女儿的问题。

简单直接、轻松自如地和女孩说"性"

这天，一放学回到家，上五年级的女孩可维就突然问正在做晚饭的妈妈："妈妈，什么是做爱？"妈妈一听，当下脸色大变，严厉地说："住嘴，以后不许乱说话！"感到很委屈的可维说："上课的时候老师没把这个问题讲清楚，我不知道才问的啊！"妈妈说："瞎问什么，以后这个问题谁都不能问，等你长大了就知道了！"谁知，可维说："为什么一定要我长大了才知道，我们班苗苗好像知道，明天我问她去！"妈妈一听，更恼火了，伸手就给女儿一巴掌，嘴里还说道："死丫头，谁都不能问！"可维莫名其妙被打了一下，哭着跑出去了。

其实，可维的妈妈完全没必要故作神秘地训斥女儿一顿，因为"性"并不是一件可耻的事情，相反她这样做之后，会让女儿觉得"性"是一件羞耻的、隐蔽的事情，对女儿的性教育只能起到反作用。

所以，妈妈在回答女儿提出的有关性的问题时，态度要平和、自然，而且回答问题时可以简单直接，这样有利于女孩对性形成正确的认识。

细节60 "流血了，怎么办？"
——如何进行青春期卫生保健

青春期对于女性来说是从月经来潮到生殖器官逐渐发育成熟的时期。这个特殊时期的到来，同时也代表女孩的身体及生殖器官发育很快，例如一进入青春期，女孩全身成长迅速，而且随着卵巢发育与性激素分泌的逐渐增加，女性生殖器官也有明显的变化，随着第二性征的出现，女孩的音调变高，乳房丰满而隆起，出现腋毛及阴毛，更趋向于成熟女性，并且有月经来潮。

通常来说，由于女孩对生理知识知之甚少，面对自己的身体在青春期的快速发育，有时是充满不安的，甚至是恐慌的，于是随着青春期女孩生理变化的发生，她们的思想情绪也会受到很大影响，根本不知道如何应对，尤其是在卫生保健这一方面。

有一个女孩就遇到了这样的尴尬事：

刚上初一的晓晴去姑姑家过暑假。这天她感觉肚子不舒服，于是就去厕所，结果发现自己的内裤上都是血。晓晴非常害怕，她不知道自己是怎么了，甚至觉得自己得了绝症，说不定下一秒就会死。可她也不知道怎么和姑姑说，就决定先瞒着。到了晚上休息的时候，担惊受怕了一天的晓晴穿着裤子躺在床上，一动也不敢动。她一方面觉得身体很难受，另一方面又痛苦地以为自己患病要死了。发现她不对劲的姑姑问："晓晴，你怎么啦？为什么不脱衣服睡觉？"晓晴一听"哇"的一声哭了，然后抽泣着对姑姑说自己流血了，要死了。作为过来人的姑姑告诉晓晴她不会死，还对她说这是每一个女人都必须经历的事情，她只是月经来了，没有患病。同时，姑姑还拿出卫生巾，教给晓晴如何使用，并且告诉她要勤换卫生巾，不能吃凉的以及辛辣的食物，也不要在经期洗头。听完姑姑的话，晓晴没有这么担心了，赶紧在姑姑的帮助下换了新的内裤，并且垫上了卫生巾。

女孩第一次月经来潮的时候，如果事先没有了解相关的卫生保健知识，很容易像晓晴这样惊慌失措，以为自己得了重病，进而变得心神不宁，根本不知道如何正确对待。

因此，妈妈除了要及时给女孩讲解一些青春期性知识，同时也要像晓晴的姑姑那样给女孩讲解一些青春期卫生保健知识，这样女孩在生理发生变化时，才能冷静、正确地应对，进而保证身心健康。

那么妈妈们应该怎么引导女孩进行卫生保健呢？下面这些方法妈妈们不妨一试：

教给青春期女孩经期的卫生保健知识

一位妈妈的教育经验是这样的：

女儿第一次月经来潮时很惊慌，我告诉她月经的到来是代表她成熟了，同时我也给她买了相关方面的书籍。但是我发现女儿并不太注意经期的卫生，每次月经来的时候，她照样将凉的、辛辣的食物一起吃，而且喜欢用凉水冲澡。初二上半学期，女儿开始出现了严重的痛经现象，所以从那之后，她开始听我的话在经期不乱吃东西，而且注意卫生，不再用凉水冲澡。后来，她的痛经好了，而她也养成了良好的经期卫生习惯。

一般来说，妈妈们应该在女儿初潮前就要让她学习一些月经期的卫生知识。例如，让女儿经常用干净的温水冲洗外阴，避免经血结痂；告诉女儿月经期间要保持乐观与稳定的情绪，不要因为身体不适而过度烦恼；让女儿学会适当控制运动量，避免剧烈运动；告诉女儿经期要注意保暖，避免受寒、着凉；让女儿学会注意饮食卫生，同时也要让她学会做好月经周期的记录等。

教给青春期女孩乳房及会阴部的卫生保健知识

上初一的菱镁这天回到家之后，妈妈突然把她叫进房间说："女儿，明天把胸罩戴上！"菱镁撅着嘴说："我不戴，别的女同学都不戴，我也不戴。"

可妈妈看着女儿发育良好的胸部，有些为难地说："你现在已经长大了，戴胸罩是为了你好！"菱镁看了看自己日渐丰满的胸部说："我不戴，我穿紧一点儿的内衣就行了！"最后，妈妈只好不了了之。

青春期女孩的乳房卫生保健非常重要，因为乳房不但是少女成熟的标志，同时也为日后哺乳准备了条件，所以女孩必须要学会好好保护自己的乳房。为此，保健医生给青春期女孩提供了这些建议，如青春期女孩不应束胸，不要穿紧身内衣，否则会影响乳房的正常发育，也会对女孩的身体内脏器官产生不良影响；女孩还应该佩戴合适的胸罩，这样不但能够显示女性的形体美，也有利于塑造女孩的胸形，减缓身体内部器官的压力；女孩还应该注意乳房的卫生，要经常清洗乳头、乳晕、乳房，不要在经期前后因为乳房胀痛和乳头痒痛等随便挤弄乳房，以免发生细菌感染等。

另外，妈妈还要告诉青春期女孩要注意会阴部的卫生，例如，告诉女儿每晚最好用温水清洗外阴，并且清洗外阴的盆、毛巾和水要单独使用；内裤要选择透气性好、吸湿性强的棉织品；如果女孩发现白带过多，并且有异味或有血色时，要及时去医院检查治疗等。

细节61 "借我看看这本书。"
——如何教育受"黄毒"影响的女儿

如今，计算机、手机已经成为中学生获取信息的主要来源，但正因为计算机网络和手机网络的便捷性和普遍性，一些"黄毒"就很轻易地进入了中学生的视野，不断地毒害我们的孩子。

一位妈妈就遇到了这样的事情：

我女儿今年15岁，她上初中后，我就花钱给她买了一部手机。女儿天生好奇心就很强，自从她无意中发现手机有下载的功能后，就开通了很多功能，而且经常通过手机上网浏览黄色视频网站，每次看完她都觉得很过瘾。

因为她正处于青春期，我说了她几次，她就和我顶嘴，最后我也就放弃了。可是，上个月我正在上班，医院突然给我打来电话，说是我女儿做人流手术的时候，遇到危险，让我赶快过去。这时候，我才知道，女儿不但已经交了两三个男朋友，而且这次是第二次堕胎了。我真没想到，在我眼中一向很乖的女儿什么时候变成了这样。我很后悔，后悔当初为什么不及时疏导女儿，可是现在，后悔已经来不及了。

很显然，这位妈妈发现女儿在手机上浏览黄色视频网站时，并没有进行正确及时的引导，最后才逐渐让女儿走向了错误的道路。

对于青春期女孩来说，她们原本对于"性"就有一种好奇心理，如果妈妈强硬地限制她们用计算机、手机上网，那么她们的逆反心理就会更严重，甚至会做出一些令其后悔终生的事情。

那么妈妈们如何才能让青春期女孩远离"黄毒"呢？下面就给妈妈们提供一些引导方法：

加强女孩的思想道德教育，引导其健康上网

有一位妈妈悔恨地在网络上写道：

我女儿今年16岁，可她竟然背着我们在外边和异性同居，而且还怀孕了。其实，回头想想，这一切都是我的错，当初女儿背着我们看黄色小说、浏览色情网站，我们知道后并没有及时教育她，没有告诉她什么是对、什么是错，结果让她一步步地深陷其中。我一直以为女孩的好奇心满足之后就会变正常，毕竟我女儿是一个懂事、热心、学习优秀的好孩子，可没想到她竟然和别人同居，还有了孩子。我真是悔不当初！

现在很多女孩都可以通过计算机、手机上网，最初她们的目的可能是搜索一些学习、娱乐的信息，但是"黄毒"在网络的世界里无孔不入，所以她们难免受到影响。这时，如果妈妈不引导女孩正确上网，不加强女孩的思想道德教育，那么她们很可能会走上歪路。

因此，妈妈对青春期女孩一定要提前做好预防"黄毒"的工作，不断对她们进行思想道德教育，并且给她们讲解一些性知识，同时更要引导其通过计算机、手机健康上网。

引导青春期女孩戒掉"色情作品"

有一位妈妈的教育经验是这样的：

一天下班回家，我看到16岁的女儿正在房间里看书，可是我一进门，她竟然慌慌张张地把书藏在枕头下面。其实，我已经察觉到那是什么类型的书了，因为前两天我在女儿的书柜里发现了这些书，那是女儿从学校附近的租书店租的言情小说，而且这类言情小说里有很多男女亲热的赤裸描写。我知道女儿脸皮薄，也知道她完全是因为好奇和兴趣，但我不想让她接触这类不良的小说等书籍。所以，从此之后，我开始有意缩减女儿的零花钱，并且和女儿进行了一次面对面的交谈，我告诉她：学习正常的性知识是对的，但言情小说千万不能乱看，一定要阅读内容健康的书籍。

通常来说，色情作品不但有大量的男女裸露镜头或画面，而且充斥着淫秽语言，这对于青春期女孩来说就像荼毒身心的精神鸦片，让她们越沉迷越难以自拔，危害非常大。因此，妈妈必须引导她们戒掉"色情作品"。

细节62 "我喜欢男性服装。"
——如何对女儿开展性别教育

这天，一位妈妈忧虑地找到青少年心理专家倾诉道：

我女儿今年读初二，在老师同学的眼里，她就像个大大咧咧的男孩。在她进入青春期之后，一直很讨厌女性化的特征。例如，她故意把一头长发剪短，而且像个男孩那样剪成短短的爆炸式发型。上了中学之后，我再也没见她穿过裙子，永远都是那些肥大的裤子，我说她不像一个女孩，她就不屑地看着我说："您懂什么，这叫酷，而且我就喜欢这样。"女儿现在这么喜欢中性的装扮，我想一方面是受电视上那些明星的影响，另一方面是受学校其他学生的影响。虽然女孩喜欢穿男孩的服装没什么，打扮中性化一些也没错，但我真担心女儿会因此变得不男不女，万一将来她成了同性恋，我该怎么办啊？

这位妈妈的忧虑到底有没有必要，是不是她夸大了女孩中性化的危害呢？事实上，心理学家们通过案例研究发现，一些要求变性的人或同性恋者往往是家庭的性别教育出了问题。当然，除了家庭对青春期女孩缺少性别教育，有些学校也缺少有针对性的性别教育，另外社会环境也可能导致青春期女孩缺乏正确的性别意识。

于是，社会上女孩越来越中性化，而且穿衣打扮、言谈举止都类似男孩，而很多男孩则开始变得女性化，这种性别错位无论是对孩子本身，还是对家庭、对社会都会产生不良的影响。所以，对女孩的性别教育势在必行。那么妈妈们如何才能在不伤害女儿，让她们健康成长的前提下，开展性别教育呢？下面这些方法妈妈们可以尝试一下：

鼓励女儿发挥"性别"优势，向异性学习

女孩与男孩一进入青春期，无论是身体发育，还是各方面的能力都开始显露出不同。例如，女孩的力量比不过男孩，在学习方面，女孩在数理化、逻辑推理、机械操作及解决问题等方面的能力相对比男孩弱。

于是，很多青春期女孩认为男孩代表的是力量、坚强、自信、果敢、冒险、能力等"头衔"，所以她们希望和男孩一较高下，但往往因自身的原因而失败。其实，妈妈要引导青春期女孩真实地看到自己与异性的差异，并且鼓励她们发挥"性别"优势，向异性学习。

有一位妈妈的教育经验是这样的：

我女儿很小的时候就对机械改装感兴趣，这可能是受我爱人的影响，我爱人是一名机械工程师。女儿进入青春期后，我很注意对她的"性别教育"，虽然我很希望她能从自己的父亲身上学到勇敢、坚强、自信、理性这些优良的品质，但同时我也希望她能有女性的温柔、细心、娇媚。所以，女儿在我和爱人的共同影响下，不但会缝补衣服、下厨做饭，而且能修理家用电器。现在，女儿不但有很多女性好友，也有很多男性好友，而且她性格温和，做

事果断，被朋友们称为"最有魅力的女孩"。

妈妈在引导青春期女孩的过程中，一定要克服对女孩性别上的种种思维定式，要针对青春期女孩的性别特点，给予女孩足够的关爱和支持。同时，妈妈也不能完全局限于女孩的自身特点，要让女孩正确地学习异性身上那些好的性格和习惯，达到完善女孩自身的目的。

切忌把女儿当儿子养

有一位妈妈唉声叹气地对友人这样讲道：

我老公是一名军人，当初我刚怀孕的时候，他希望生下来的是个小子，可最后生出来的是个女儿。虽然老公有些失望，但他也很疼爱女儿，不过他不喜欢女孩柔柔弱弱、娇滴滴的样子，所以，从小他就对女儿要求很严，希望女儿长大后像个男孩那样坚强、勇敢。

别人家女孩的玩具是漂亮的洋娃娃，穿的是粉红色的公主裙，我们家女儿玩的是玩具手枪、汽车，穿的永远是迷彩服。女儿上了中学之后，老公就计划让她去上军校。后来，女儿没有辜负他的期望，成了一名军人，但她办事做人完全一派"男人"风格，没有一点儿女孩气，走到哪儿都是风风火火。女儿的朋友都喊她是"哥们儿"，她有很多很要好的异性朋友，而女孩似乎都不愿意和她玩儿。现在女儿都已经27岁了，连个对象也没有，虽然她身边异性朋友一大群，可她的"另一半"却迟迟不见出现，这不免也让女儿着急起来了，她现在总是责怪我们说："都怪你们，要不是你们把我当男孩养，我能变成现在这样吗？"可是现在后悔也已经晚了啊！

女孩男孩原本就不同，就算妈妈为了培养一个更加坚强、勇敢的女孩，也不应该把女儿当儿子养，而是应该在注重女孩天性的基础上，采用恰当的教育方法，让女孩能发挥出自己的潜能，充分地展示出自己的才华。唯有这样，她才能对自己的性别有正确的认识。

细节63 "我是坏孩子吗？"
——女儿偷吃了禁果，妈妈怎么办

一位妈妈在网络论坛上发帖求助：

我女儿刚上初二，可是前两天我得知，她竟然和她们班里的一个男生发生了性关系，我真不知道该怎么办才好。

青春期女孩身心尚未成熟，她们可能只是因为一时的性冲动或对"性"的好奇，而和异性发生性关系。一般来说，这种情况下偷尝"禁果"会让她们从刺激、欣喜变得忐忑、恐惧，接着她们会担心被家长发现而惶惶不可终日。

所以，当妈妈发现女儿已经偷尝了"禁果"，一定要小心谨慎地处理，千万不要把事态扩大，更不要气急败坏地批评、咒骂、暴打女儿，因为这样只会让女儿变得更加叛逆、怨恨。正确的做法是平心静气地倾听女儿的想法，开诚布公地和她讨论解决问题的最佳方法。除此之外，下面这些引导方法也值得妈妈们尝试：

发现女儿偷尝"禁果"，不要呵斥她

多数家长得知孩子早恋时往往暴跳如雷，而如果得知孩子发生了性行为甚至因此怀孕了，家庭中的变故甚至可以比拟火山爆发。

张女士得知上高二的女儿怀孕时犹如五雷轰顶，但她旋即平静下来。张女士没有怪罪女儿，而是深深地自责。她觉得自己没有保护好女儿，并发誓一定不让女儿再受任何伤害。为了帮女儿减轻压力，张女士对此事非常保密，甚至包括孩子的父亲。同时她鼓励女儿要有勇气去面对、去战胜人生道路上的挫折。

在妈妈无微不至的关怀下，女儿逐渐从伤痛中走出来。经历过这一人生的大考验，女儿长大了很多，她认识到只有在以后的道路上走好才能对得起妈妈。从那一刻起，女儿发愤备战高考。一年后，她以优异的成绩考入某名牌大学。

所以，当你发现女儿偷尝"禁果"后，不要总是呵斥她，甚至侮辱打击她，而是应该协助她一起把事情解决好。最重要的是，在解决问题的过程中，你要让女儿认识到错误，以及应该承担的责任，让她明白在青春期哪些事情是应该努力去做的，而哪些事情是应该被禁止的，只有这样她才能真正地成长。

对女儿进行性教育，给她更多知情权

这天，一位妈妈得知正上初二的女儿谈了一个男朋友，两人感情似乎还不错。妈妈很担心女儿因为谈恋爱而耽误学习，更担心她和那个男孩偷尝"禁果"。但妈妈也知道青春期的孩子很叛逆，如果她逼迫女儿和那个男孩分手，很可能会让女儿更叛逆。所以，妈妈选择了另外一种方式来引导女儿。

首先妈妈给女儿买了很多关于性知识的青少年读物，然后妈妈又给女儿讲解了一些青春期安全知识，让女儿意识到如果过早地和异性发生性关系，是对自己的一种伤害。最后妈妈还写信告诉女儿，自己并不反对她结交异性，但希望女儿能对自己和别人都负起责任。后来，女儿告诉妈妈，她和那个男生不会越雷池一步，他们会共同努力学习，如果考上大学感情还不变，他们就在一起。听到女儿这样保证，这位妈妈很欣慰。

很多青春期女孩因为对于"性"知道得太少，再加上有些妈妈对这个问题讳莫如深，间接剥夺了女孩的知情权，所以对于"性"知之甚少的女孩可能会去尝试。因此，妈妈可以开诚布公地与女儿讨论性及性器官的基本常识，要把正确的价值观、判断是非的标准清楚地告诉女儿，从而让她懂得如何尊重、爱护自己和他人。

细节64 "我脑海中全是这些想法。"
——青春期性幻想正常吗

性幻想对于青春期女孩来说，是正常的性生理和性心理现象，但是绝不可沉迷其中，否则会对青春期女孩的身心健康造成不良影响。

15岁的小荷最近一段时间非常痛苦，她觉得自己得了精神病，于是偷偷地来到一家心理咨询室找专家治病。心理专家一看面前这位面容憔悴、眼神忧郁的少女，就认为这个女孩一定有"心病"，于是就让她详细地谈谈自己"精神病"的表现。小荷告诉专家，她学习成绩一般，平时的爱好就是看小说，慢慢地，她对书中的爱情故事着了迷，于是，自己在心中也开始编故事，在她的故事里，自己成了漂亮的公主，并被英俊的男孩追求。以前自己只是在故事中沉迷，可是久而久之晚上就开始做一些奇怪的梦，自己有时甚至希望永远沉浸在这种梦中。到最后，她开始变得目光呆滞，神情木讷，自言自语，为此家人还骂过她很多次，但她就是改不了，因此她十分痛苦。针对小荷的症状，心理专家给她做了检查，最后诊断她是患了强迫性神经症，后来经过几个月的心理和药物治疗，她终于好了。

青少年心理专家认为，像小荷这种长期无休止地沉溺于性幻想的青春期女孩，不但会影响自己的学习以及与他人的正常交往，而且很容易出现精神活动的异常，引发更严重的问题。

那么妈妈们如何正确引导青春期女孩坦然面对正常的性幻想呢？

引导女儿坦然面对青春期性幻想

有一位妈妈的教育经验是这样的：

最近几天，我觉得上初二的女儿精神状态很不好，晚上失眠，白天不想早起，蔫巴巴的。于是，等她放学后，我问她："丫头，你最近怎么啦？是不是身体不舒服，妈妈要不要带你去医院看看？"女儿听我这样问，脸上有些慌乱，又有些羞涩和难堪，她低头思考了一会儿，深吸一口气对我说："妈妈，我告诉您我的问题，您不准笑我，也不准说我，这两天我痛苦极了。""你说吧，妈妈不会笑你！"女儿说："我——我喜欢我们班一个男生，最近不知什么原因，我脑子里总有一些幻想，一会儿是我和他在海边散步，一会儿是我们在水中划船……我很害怕，我不想去想这些，可就是不由自主地去想，妈妈，我是不是病了？"我对女儿说："孩子，你不用担心，这是你这个年龄段很正常的一种现象，叫青春期性幻想。不过，这种幻想要适可而止，否则对你的身心都会造成伤害。这样，周末妈妈带你出去旅游，让你亲近一下大自然。"听完我的话，女儿脸上的表情舒展了很多。

由此可见，妈妈应及时、准确地给女儿以引导告诉女儿适度的性幻想是正常的，而过度的性幻想是有害的，这样，她才会正确看待青春期性幻想，让自己的身心健康发展。

引导女儿学会调适自己的性心理

有一个16岁的女孩在日记中这样写道：

我不知道自己最近怎么了，为什么总是想那些男女之间的事情。明明知道不应该，可就是控制不住自己。晚上做梦竟然梦到有一个男孩吻我，他是谁呢？我为什么看不清他的脸？如果继续这样下去，我想我一定会神经的，我该怎么办呢？我觉得自己现在就像活在黑暗中，如何抛开这些龌龊的想法，让自己阳光起来呢？

现实生活中，很多青春期女孩都和上述事例中的女孩一样，渴望找到一种能从性幻想的世界中逃脱出来的途径。为此，妈妈们可以引导青春期女孩学会调适自己的性心理，教会她们正确处理青春期性幻想问题。

例如，妈妈可以教给女儿这样几种心理调适法：自我暗示法，让女孩在性幻想出现时，对自己暗示说："这对青春期的我是正常的想法，下面我要认真地看书。"情境变换法，如学习时走神，女孩可以选择出去运动、和同学聊天、看看风景等转换一下情境，缓解一下由于性幻想带来的心理压力。想象放松法，让女孩寻找一个安静的环境，并以最舒服的姿势坐着或躺着，深呼吸，尽量放松。

细节65 "我该怎么办？"
——女孩该如何保护好自己

一位16岁的少女在网络日志中写下了这样一段文字：

第八章 掀起性教育的面纱——开诚布公地与女儿谈性问题

我不知道自己是怎么熬过来的，一年前我在网络上交了一个网友，虽然他比我大十几岁，但我们还是相爱了，而且我不顾一切地在暑假去另外一个城市找他。面对他温柔的攻势，我终于在几天后和他发生了性关系，直到我回来前他都对我非常好。可是等到开学之后，他对我渐渐开始冷淡，还说自己已经有老婆孩子了，希望我不要去打扰他的生活。此刻，我才知道自己被他骗了，可是当初发生关系时我是心甘情愿的，现在我又能抱怨什么，只剩下悔恨！没想到，几个星期后，我发现自己竟然怀孕了，我很害怕，不知道该怎么办！我不敢告诉父母，不敢告诉同学老师，只是一个人偷拿家里的钱去堕胎。在医院，我故意装成成年人，可是当医生用遗憾的眼神看着我时，我死的心都有！为什么事情会变成这样呢？

很显然，事情之所以变得如此糟糕，都是因为这个女孩没有学会好好地保护自己。她草率地去见网友，并且听信了对方的花言巧语与其发生了性关系，最重要的是她在与对方发生关系时没有使用避孕套，也没有在事后吃避孕药。所以，才会有之后怀孕、堕胎的事情发生。

青春期女孩身心尚未完全成熟，妈妈必须要教会青春期女儿更好地保护自己，还要教会女儿要自尊、自爱，让女儿保持举止端庄、得体、大方，同时也要让女儿避免对异性流露出过分的热情与亲近，更要理智地拒绝异性的爱慕与追求，最后还要敢于反击异性的挑逗与侵害。另外，下面这些方法也有利于青春期女孩学会保护自己：

引导女儿巧妙地拒绝异性的性要求

有一位妈妈的教育经验是这样的：

女儿上了高中之后交了一个男朋友，两个人感情也不错，而且互相鼓励努力学习。我虽然不提倡女儿"早恋"，但我觉得女儿已经长大了，有了自己的想法和目标，如果我横加阻拦势必会引起她的反感。不过，我也担心两个年轻人因为冲动犯错，所以，我必须要让女儿懂得保护自己。于是，这天我决定和女儿好好谈一谈。

我告诉女儿我并不反对她交男朋友，只要她努力学习并为自己负责，交朋友也并没有什么错。接着，我又说出我心中的担忧，希望女儿能够好好保护自己的身体，不要轻易地去吃"禁果"。如果对方要求和她发生性关系，一定要学会拒绝。

刚开始听我谈论这个问题时，女儿感到很害羞和难堪，但看我如此认真，她对我说："妈妈，您放心，我会小心的。如果他强行要求和我发生关系，我就和他分手，因为他没有尊重我！"听完女儿的话，我总算安心了一些。

其实，很多青春期女孩都有可能面临这种情况，那就是当异性提出性要求时，女孩应该怎么做呢？作为妈妈，应该引导女儿巧妙地拒绝。

妈妈可以事先给女儿一些建议，例如，让女儿婉转地拒绝对方。同时妈妈要给女儿讲述一些发生性关系之后对女孩身体、学习、生活的伤害，比如有可能会怀孕、堕胎等。相信当女孩了解了与异性发生性关系的严重后果后，她就会提高自我保护意识。

教给女儿一些保护自己"身体安全"的方法

在生活中，我们有时会看到一些少女遭遇性暴力、性侵害、性骚扰的案例。所以，妈妈一定要教给女儿一些保护自己"身体安全"的方法。

有一位妈妈是这样做的：

女儿上中学之后开始坐公交车往返家与学校之间，或许是因为这一段路上上班上学的人比较多，女儿放学回来对我说，公交车上总有一些不怀好意的男人故意靠近她们这些女生，有一次，她还看到一个大叔把手放在一个女生的臀部上，让她觉得特别恶心又有些害怕。为了帮助女儿对付这些公交色狼，我先是给女儿报了一个她喜欢的跆拳道班，并且在网上下载了一些"防狼招数"让她学习。另外，我还建议放学后她要尽量和认识的同学一起回家，而且遇到色狼的时候要勇敢大声地说出来，不要因为害怕、害羞等原因让坏人得逞。几天后，女儿突然兴冲冲地回来对我说，她和几个女同学怒斥了一个故意接近她们的男人，结果那个男人半道就灰溜溜地下车了。

这真是一位聪慧的妈妈，她不但教会女儿保护自己，也让女儿学会了与色狼斗智斗勇。

第九章　跳出"流行"的旋涡
——别让不良风气侵蚀女孩的心灵

在女孩探索世界的生命旅途中，需要有所参照和模仿，以适应这个纷繁复杂的现实社会，于是她们很容易被染发、文身、打耳洞、无心向学等社会习气所影响。另外，由于大多数家庭只有一个孩子，于是很多妈妈极力满足女儿在物质上的所有要求，因此，女孩容易出现盲目追求高消费、讲名牌的现象……妈妈若不加以正确引导，女孩必将受到不良习气的影响。

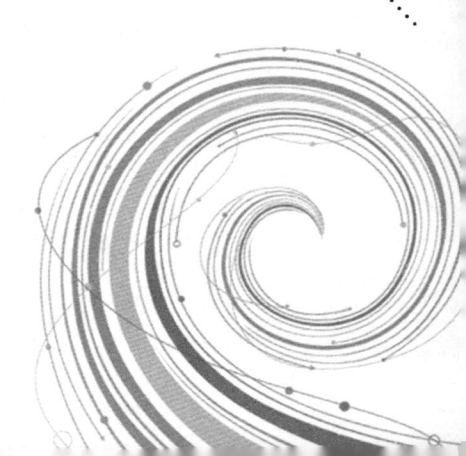

细节66 "开捷达就别来接我了!"
——如何应对孩子们的"攀比潮"

从心理学角度来说,虚荣、攀比是青春期女孩的一种性格缺陷,是一种被扭曲了的自尊心,而这往往主要是由家庭原因造成的。很多中国妈妈习惯对女孩进行娇宠和溺爱,而这自然容易养成女孩虚荣、攀比的心态,致使她的欲望无限地膨胀。

女孩一旦进入青春期,随着身体、心理各方面的发展,她对自身外貌、衣饰、"面子"等问题就会更加关注,例如,有的女孩会关心自己的容貌是否美丽,衣服是否时尚,在朋友圈是否受欢迎等。其实,归根结底这些都是青春期女孩的虚荣心和攀比心在作祟。

一位妈妈讲述了关于女儿的这样一件事情:

女儿自从上初中后,就变得很爱攀比,什么东西都要名牌。去年我刚为她买的手机,可没用多久,她就吵着换一款3000元的新手机,还说自己现在用的手机落伍了。现在女儿不让我开车载她上学,只让她爸爸载她,问她为什么,她说我开的是捷达,丢她面子,她爸爸开的是奥迪,与其他同学的父母相比,还算过得去。真不知道女儿怎么变得这么爱攀比?

这就是女孩为了"面子"而攀比,这不得不引起我们的警惕和反思。下面就给青春期女孩的妈妈们提供一些扭转女儿"虚荣""攀比"心态的教育方法:

引导女儿在"物质"上和最差的比

一天,上初二的女儿放学后对妈妈说:"妈妈,给我买一套耐克的运动服,我们校庆运动会要穿。"

妈妈问她:"老师要求你们必须都穿新买的耐克运动服吗?"女儿笑笑说:"老师是没有要求,可到时候肯定很多人都穿着名牌参加,我不想被大家笑话。"妈妈不信地问："真的吗？"

女儿马上说："当然是真的！今天在学校大家都说好了，说是在校庆运动会上穿什么牌子的衣服，还有个同学特意让她爸从欧洲给她买运动服呢！我就不让您浪费飞机票去欧洲了，给我买一套耐克就行。"

其实，青春期女孩和那些物质上最好的比，是一件非常糟糕的事情。因为每个人的家庭经济状况不同，如果女孩因为虚荣和那些家庭富有的比吃、比穿、比玩，很容易产生巨大的落差感，也会对妈妈提出更多的无理要求。假如妈妈不能达成她们的物质要求，那么她们很可能会因此而犯错，甚至影响自己的一生。

因此，妈妈应该引导女儿多看看那些比自己生活条件差的人，让她体会到自己在物质上已经比很多人优越、幸福，例如，引导女儿看一些贫困地区的新闻报道和图片，节假日带她去体验"苦日子"，鼓励她多参加捐助福利院的公益活动等。

引导女儿多和最优秀的人比品质、比学习

中国有句古语："高比所以广德也，下比所以狭行也。比于善者，自进之阶。比于恶者，自退之原也。"大意是说，人要和比自己德行高的人比，这样才能更完善自己，反之，只会使自己的德行减退。所以，妈妈应该引导女儿多和那些优秀的人比品质、比学习、比心态，这样才能帮助她们树立正确的人生观、价值观、道德观。

一个高二的女孩在微博上这样写道：

妈妈一直教导我要多和那些品质优秀、学习努力的人比，要多问问自己：别人比我优秀在哪里。于是，我发现有的人比我开朗活泼，有的人比我热心助人，有的人比我善用学习技巧，有的人比我勤快……通过这些自我反省和比较让我意识到自己的不足，我自己也知道了应该往哪个方向努力，所以现在的我各方面进步都很快。

看吧，只要妈妈引导女儿意识到多向比她优秀的人学习，那么具有进取心和好胜心的女孩就会多学习别人身上的优点，然后来不断完善自己。所以，

在日常生活中，妈妈应该时常引导女儿多和优秀的人"攀比"品质、习惯、能力等。

细节67 "要么瘦，要么死！"
——女儿对减肥乐此不疲，怎么办

不知从何时起，社会上掀起了"减肥"的热潮。大多数青春期女孩认为，人越瘦就越美，部分电视广告和娱乐明星也在不断强化这种审美标准。很多女孩不自觉地被这种畸形的审美标准所影响，逐渐形成了"要么瘦，要么死"的病态自我认知。

13岁的张静活泼好动，饭量一向很好。可是有一段时间，张静突然不爱吃饭了，每次只吃小半碗饭。对于牛奶、鸡蛋、鱼、肉等食物，更是连碰都不碰。妈妈以为女儿病了，一问才知道，原来这些天女儿正在减肥。妈妈说："你不吃饭哪儿行呢，再说你身体又不胖，减肥干什么？"张静说："女孩瘦了才好看，我有个朋友比我瘦还在减肥呢，我哪儿能不减呢！"妈妈拗不过她，只能由着她。

两个月后，张静真的苗条了许多，但是却皮肤泛黄、日渐憔悴了，还常常出现头晕、心慌等现象……

对于女孩来说，她们最忌讳的一个字就是"胖"。为了塑造完美、曼妙的身材，很多女孩日复一日、年复一年地忍饥挨饿，宁可亏待自己的身体也要坚持下去。而那些身材稍胖的女孩常常会感到自卑，在那些高挑的女孩面前抬不起头来。

的确，身体过胖会影响美观，也会影响身体健康。但是对于女孩来说（尤其是青春期女孩），如果盲目地追求苗条，杜绝一切与脂肪有关的食物，很容易造成营养不良，严重的还会引发其他疾病。

据某家报纸报道，有个女孩为了减肥长时间节食，结果在课堂上晕倒。

后来经过医生诊断，发现她已经患上了严重的胃病，可能终生都要忍受胃痛的折磨。从这则报道可以看出，女孩减肥常常带有盲目性，妈妈一定要给她们适当的引导。

其实，女孩只知道"胖了不好看"，但是却不知道怎样才算胖，因此，妈妈非常有必要告诉她们一个标准的体重公式：

女性标准体重（千克）=［身高（厘米）—100］×0.9（千克）

超重：实际体重 > 标准体重 20%

偏瘦：实际体重≤标准体重 ×（1 — 10%）

减肥对女孩的身体损害非常大，但是很多女孩都想减肥，甚至本来很瘦但仍然还要减肥。在这种情况下，如果妈妈想阻止女儿减肥，不要责骂女儿，也不要强迫女儿吃饭，可以采用下面几个方法。

从小培养女儿正确的审美观

10 岁的燕燕看完减肥广告后问妈妈："妈妈，女孩是不是越瘦越好看呢？"当时女儿和妈妈正在看电视剧《红楼梦》，妈妈便反问女儿："你看《红楼梦》中的林黛玉很瘦、很苗条，但是总是病恹恹的，你认为这样好吗？"女儿想了想说："这样不好，太瘦了爱生病。"妈妈点了点头说："对，太瘦太胖都不好，不瘦不胖才正好。"

在女儿小的时候，妈妈就应该灌输给她们这样一个思想：女孩并不是越瘦越美，健康的女孩才是最美丽的。女儿有了这样的思想，长大了才不会盲目地减肥。

和正在减肥的女儿谈谈心

一天下午放学回来，小洁向妈妈宣布："我以后要减肥了，你们晚上不用做我的饭了。"妈妈当时就急了："你又不胖，减什么肥？你把身体饿坏了怎么办？"小洁不服气地说："我减肥不用您管！"然后背起书包就回屋了。妈妈还想去和女儿争辩，但却被爸爸阻止了。

两天后，妈妈带小洁去爬山，结果女儿没走多远就累得气喘吁吁了。妈妈拍拍女儿的肩膀说："前两天妈妈不让你节食是怕你把身体饿坏，你刚才也看见了，身体太瘦弱根本不好，连爬山都费力。妈妈不是不允许你减肥，你可以跑跑步、打打球，还可以少吃点儿零食，但是晚餐一定要吃的，因为你需要大量的营养来长身体，我想你不希望自己长成童话中的小矮人吧？"女儿当时没说什么，但是到了晚上就开始吃晚餐了。

对于青春期节食减肥的女孩，很多妈妈的第一反应就是训斥，还有的妈妈会逼着女儿吃饭。这样的做法并不好，因为处在青春期的女孩叛逆性很强，妈妈的训斥、强迫反而会激起她们的反抗。所以，最好的方法是妈妈可以和她们谈谈心、聊聊天，让她们感受到妈妈的爱，从而自愿地接受妈妈的建议。

细节68 "肿么？我酱油了？悲催啊！"
——女儿满口流行语，该不该管

"你肿么了？""我只是来打酱油的！""人生真是悲催！""伤不起！""一切都是浮云！""神马情况？""真雷人！"……这些流行语是不是经常从你女儿的口中蹦出来呢？可能大多数青春期女孩的妈妈们都会无奈地说："女儿说的话我越来越听不懂，她总是说我过时了！"

不过，随着网络的日益普及和发展，如今的女孩们不但喜欢满嘴流行语，有时候还喜欢自己创造一些词语出来。这种行为一方面会增加女孩的创造性和学习的趣味性，但同时也容易对她们的语言基础造成冲击。

一位妈妈就经历了这样的事情：

最近，面对14岁女儿层出不穷的流行语，我经常是一头雾水。女儿最常对我说的一句话就是："妈妈，您已经OUT了！"后来我才知道，她这是说我过时、落伍的意思。有时候，女儿还会对来家里做客的大外甥女说："姐，你现在都已经快是骨灰级的'剩斗士'了，不要再做宅女了，赶紧找个男人嫁了吧！"我一点儿都听不懂她口中的"剩斗士"和"宅女"是什么意思，

第九章 跳出"流行"的旋涡——别让不良风气侵蚀女孩的心灵

就问大外甥女,她一边和女儿打闹着,一边说:"这丫头是说我没人要,整天就知道待在家里!"女儿这些流行语不知道是从网络上,还是从同学那里听到的,反正我是越来越觉得跟不上潮流了。虽然我也知道女儿说这些流行语很有意思,也能活跃她的思维,但这些流行语对女儿在语言的理解方面会不会形成误区呢?我真害怕有一天,她满嘴"火星语",连基本的地球语言都不会说了。

这位妈妈的担心不无道理,所以面对女儿口中的流行语,妈妈们没必要严令禁止,但同时应该引导女儿说一些尽量符合一定的思维习惯与语言规范的流行语。

那么妈妈们应该如何引导青春期女孩正确使用流行语呢?下面这些方法不妨一试:

引导女儿杜绝使用不良网络语言

曾经有家报纸做过一项关于网络语言在中小学生中的使用情况的问卷调查。该项调查显示,有 95% 的学生都确切知道调查人员提供的网络词语所表达的意思,同时还发现有近 73% 的学生表示曾在不同场合使用过不良网络语言取笑或辱骂过同学、老师或网友。

一天放学后,心雨的妈妈看见上初二的女儿心雨在纸上写着什么,她走近一看,发现自己根本不知道女儿写的是什么意思,那张纸上写着:"我是一个有梦想滴孩纸,有木有!我是一个超口耐的萝莉,有木有!我是一个很萌的女孩,有木有!但是,我身边有些朋友真是 BT,她们很让我兽不鸟,而且总是欺负偶,真想踢他一脚……"后来心雨的妈妈通过询问其他人才知道女儿前半句是自夸,后半句是骂人,心雨的妈妈担心这样会对女儿的健康成长产生负面影响。

不良的网络语言对青春期女孩来说确实存在影响,但妈妈们又不能因为网络语言的负面影响,就让女孩远离网络,毕竟网络对女孩的发展以及知识增长都有很大益处。

对此,专家给妈妈们的建议是:多引导女儿杜绝使用不良网络语言。例如，事先和女儿订好协议，禁止她使用"三俗"（庸俗、低俗、媚俗）网络语言。

引导女儿合理有度地使用流行语

一位妈妈担忧地讲述了这样一件事情：

有一天，上中学的女儿回到家对我说："妈妈，我也想搞个围脖。"我还觉得纳闷说："这大夏天你买围脖干什么，冬天的时候我再给你买。"没想到女儿听完之后，哈哈大笑，说我是"奥特曼"，连围脖都不知道。当时我是一头雾水，后来女儿嘴里经常蹦出来"雷人""蚁族""秒杀""杯具""菜鸟"等流行语，她还对我说周围的同学都喜欢用，也用得最多，如果谁不懂这些词语的意思，就会被同学和朋友取笑，会被认为"很土"，而且她们网上聊天、写日记，都会用类似的语言，用得多了，写作文的时候也会不由自主地写进去。我真担心这样下去，女儿嘴里就会说流行语，连基本的语言都不会说了。

有些教育专家认为，语言词汇是随着社会进步不断更新的，我们没必要一味抵制，因为有很多网络语言和语文教学中的规范是不冲突的，只要让女孩们适时、适度、适量地运用，一般来说，对女孩的语文学习不会造成很大的影响。

细节69 "我要做梨花头，再染浅棕色！"
——如何面对紧追时尚的女孩

在一次关于"青春期女中学生审美观专题讲座"上，有一位妈妈向专家这样提问道："我女儿今年刚上初一，我发现现在的女孩和我们那个年代太不一样了，才十几岁的小姑娘就烫个爆炸头，染上七彩色，一伸手十个指甲全是血红色，光耳洞就打了好几个，而且那些奇奇怪怪的饰品让我越看越觉得难看。但是女儿却说那是酷、个性、时尚，我真没觉得有哪一点时尚，现在的女孩怎么都变成这样了？"

专家告诉这位妈妈："青春期女孩出现这种情况很正常，因为在她们的眼中那就是时尚、就是美，而且她们很容易受一些同龄人或影视明星的影响，以至于她们的审美观出现了偏颇。"

专家最后给出的建议是，妈妈要在尊重女儿审美观的前提下，正确引导女儿认识什么才是属于她这个年龄段的美，并帮助她树立正确的审美观。

转移女儿不正确的审美视线

审美品位的高低，最能反映一个女孩的气质。怎样让青春期女孩具备较高层次的审美意识，以便让这些爱美的女孩在富有个性的审美中建立自尊与自信呢？

一位聪明的妈妈是这样做的：

我们家的经济状况一般，但上中学的女儿却很爱美。看到学校有些女孩衣着个性，或打耳洞、戴手链，她心中不免流露出几分羡慕。有时，她会悄悄地问我："妈妈，您觉得玲玲的裙子好看吗？"

我意识到女儿开始越来越爱美了。但如果我只简单地告诉女儿玲玲的裙子不好看，家里没钱给她买新衣服，我想这样说对女儿是不公平的。而且，强制的态度也不利于女儿形成正确的审美观。

所以，我在集市上花了几十元钱买了几米布，然后按照电视上那些最流行的款式给女儿做了几件衣服，有裙子、背心、上衣，而且我还在上面绣上了一些独特的图案。女儿穿上这些衣服不但显得活泼、美丽，而且很有气质。后来女儿从学校回来就兴奋地对我说，她有好几个女同学让我帮忙给她们做衣服。后来，我再问女儿："你还要玲玲那样的裙子吗？"女儿赶忙说："我不要，那件裙子看起来根本没法和妈妈的手艺比，而且现在纯手工的衣服可比买的衣服珍贵多了！"

青春期女孩有一些不正确的审美观是十分正常的，因为她们很容易受外界的影响，比如看别的女孩烫头发、打耳洞就认为那是美等。因此，妈妈千万不要粗暴干涉和严格限止女儿，而是应该采用一些方法适当去转移女儿不正确的审美视线。就像上述事例中的妈妈一样，当女儿穿上令他人羡慕的漂亮衣服时，她自然会认为自己才是最美的，不需要再效仿他人。

让女儿体验"创造美丽"的乐趣

有一位妈妈的育女经验是这样的：

女儿今年12岁，她非常喜欢芭比娃娃，所以老公出差的时候就给女儿买了一套很漂亮的芭比娃娃。但是我发现那些芭比娃娃身上的衣服质地粗糙，缺乏美感。于是我对女儿说："我们一起动手，为你的芭比娃娃制作一件最漂亮的衣服怎么样？你来设计样式图案，妈妈帮你一起做。相信做出来一定非常棒。"

女儿立即来了兴致，3天后，她就设计好了自己所喜欢的衣服样式——一件非常漂亮的碎花小裙子。接着，我和女儿去商店买了布料、针线等相关材料。很快，我和女儿一起动手，画图、剪裁、缝制……仅仅用了一天，我们就把这件小裙子做好了，而且做得非常漂亮。芭比娃娃穿上女儿和我制作的小裙子显得更漂亮了，接下来女儿又鼓动我给芭比娃娃做了好几件漂亮的衣服，每次都是她设计，我和她一起制作。后来，女儿出去给自己买衣服的时候，审美眼光明显提高了很多。

上述事例中的女孩通过亲自动手设计衣服、制作衣服，不仅可以给她留下美好的记忆，而且可以让她经历创造美好的过程，增强自己对审美的自信心。所以，妈妈要尽量让女儿体验"创造美丽"的乐趣。

细节70 "这是妈妈送我的。"
——你的女儿也爱"炫富"吗

有一位妈妈给心理咨询中心的专家打电话说:"我女儿自从进入青春期后,更加爱面子、爱美,自尊心很强,吃的穿的她总是要名牌,而且喜欢四处显摆。前两天更在网上炫富,说自己家很有钱,自己的零花钱一个月就两千,她住的是豪宅,家里好几部车。我真不希望她将来变成一个虚荣爱攀比的女孩,可我真不知道怎么教育她!"现实生活中,很多青春期女孩的妈妈都和这位妈妈有着同样的忧虑,面对爱"炫富"的女儿,妈妈们的表现并不相同。我们先来看下面这样两个案例:

案例一:15岁的采薇最近喜欢在网络上"晒"她的名牌包包、零用钱存折、化妆品、出国旅游照等。妈妈知道了女儿在网上"炫富"的事情后,不但不加以阻止和正确引导,反而给女儿更多的零用钱,让采薇更热衷于网上"秀"。

案例二:15岁的女孩珂珂家境很好,有一次她进入一个网上论坛,发现大家都在"秀"自己的首饰,出于好玩,珂珂也给自己的首饰照了照片发到网上。不过,正巧被妈妈看到了,妈妈告诉她"秀"首饰如果是为了相互攀比和炫耀,那么再贵的首饰也会显得廉价,同时也会显得自己很肤浅。听完妈妈的话,珂珂再也不在网上"秀"首饰了。

面对女儿"炫富"的问题,两个妈妈采取了不同的引导方式,采薇的妈妈是溺爱与助长女儿的"炫富",而珂珂的妈妈则是采取讲道理的方式,最后的结果就是采薇会变得越来越爱"炫富",而珂珂懂得攀比、虚荣只会让自己显得肤浅。很显然,面对女儿喜爱"炫富"的行为,妈妈们应该像珂珂的妈妈学习。

一般来说,青春期女孩之所以爱"炫富",是受她们这个年龄段虚荣心、攀比心、家长过度溺爱与娇宠、社会不良风气等不良影响导致的。所以,要想纠正女儿的"炫富"心理,妈妈要学会对症下药,同时也要注意一些引导方法。

引导"炫富"的女儿吃点儿苦

有一位妈妈的教育经验是这样的：

我和爱人都是商人，平时天南海北地到处跑，为了弥补对女儿的亏欠，她要什么我们都会满足。但是我慢慢发现进入青春期的女儿开始变得喜欢到处"炫富"，而且还偷偷在网上发一些家里如何富有的帖子，甚至会把自己的名牌衣服、包包、手机等照成照片发到网上。我很不喜欢女儿这样"炫富"，而且我们家的钱也都是血汗钱，我担心女儿这样下去会形成奢侈浪费的坏习惯。所以，在征得爱人的同意后，我不再工作，而是带着女儿出去旅游，不过我们采取的几乎是徒步旅行的方式，我还会特意让女儿去体验那些穷苦人家的生活，让她去看一看山里的孩子是如何生活、学习的。孩子毕竟是善良的，慢慢地她受到感染，不再到处炫富，而是学会珍惜自己的生活并去帮助那些需要帮助的人。

妈妈要想让女儿改掉爱"炫富"的坏毛病，可以让她吃点儿苦，让她亲身体会"钱来之不易"，让她学会用自己的辛勤劳动去获得自己想要的一切。

告诉女儿"什么是真正的富有"

最近，蓝蓝的妈妈遇到一件令她烦恼的事：

上初二的女儿总觉得我这个当妈的很寒酸，每天上班骑着自行车，让她很没面子。所以每次家长会她都拒绝我去参加，而是让她爸爸开着车去。可是前两天，蓝蓝的爸爸出差，只好我去参加。但没想到女儿哭着阻止我说："您要是骑着自行车去参加家长会，我就不上学了。"女儿这句话严重伤害了我的自尊心。没办法，我只好打车去给她开家长会，而且回家的时候，也和她一块儿打车回的家。面对女儿的这种"炫富"心理，我真的不知道该怎么办了。

事实上，很多青春期女孩"炫富"的内容已经从自身的穿着打扮、家庭经济状况上升到父母身份等方面的"攀比"。

因此，妈妈必须及时制止女儿这种毫无意义的"炫富"，让她知道"什么是真正的富有"。妈妈要告诉女儿，一个人真正的富有不是家财万贯，不是金银满身，不是开豪车、住豪宅，不是有个"了不起"的爸爸或妈妈，而是她每天的生活是阳光的、充实的、有意义的，懂得依靠自己的力量去迎接生活的幸与不幸，并且每天都在努力地生活，为自己、为家人、为社会奉献着力量，这才是真正的富有。

细节71 "李敏镐，我爱你！"
——女孩追星过于狂热，怎么办

一位妈妈忧虑地在网络日志中这样写道：

最近我发现14岁的女儿出现了一些不可思议的状况：喜欢穿大肥裤子，耳朵上扎了四五个耳洞；迷恋国外的明星，尤其是韩国的偶像组合，而且每次电视上出现这些明星的画面或新闻时，这孩子就跟疯了似的在家里激动得尖叫起来；平时张嘴闭嘴也都是明星，好像她的生活除了明星就再也没有别的话题了。我有时都觉得这孩子是不是"疯了"，是不是应该带她看一看心理医生？在这种情形下，她的学习状况自然很糟糕。

有一段时间，我对女儿采取了一些强制措施，例如，把她看的明星杂志、明星贴画都给毁了，还让她把自己蓬乱的长发剪了。可没想到我这些举动引起了女儿更大的反抗，现在她反抗越来越激烈，学习更是一塌糊涂。

很多教育专家认为，青春期女孩开始追星，表明她已经有了社会化倾向，这是成长的表现。因此，面对爱追星的孩子，我们不应该严厉禁止，而是应以尊重为前提，然后引导女孩找到正确的追星方式。

一般来说，青春期女孩的心理状况往往比较复杂，出现对明星的迷恋行为是一种正常表现，她们需要某种形式的自我确认，而追星恰恰就满足了这种心理需求。当然，女孩在追星过程中也很容易出现一些不良状况，如盲目崇拜和模仿等，所以最好的方法就是妈妈也加入女孩的追星行列，与她一起去追星!

那么,如何陪伴着女儿一起追星呢?

引导女儿理智追星

乐嘉今年刚上高一,远在外地出差的妈妈为了和她联系方便,就给她买了一部手机。但是一段时间后,出差回来的妈妈从爸爸那里了解到,女儿的学习成绩下滑了很多,而且每个月的话费突然增加了不少。一开始,妈妈怀疑女儿早恋了,但她没有直接去询问女儿,而是通过各方面的了解得知,原来女儿最近迷恋上一个韩国的男子组合,而能上网的手机就成了她每日的明星信息来源平台,无论是上课还是下课,她都在用手机上网。

妈妈没有大声斥责女儿的行为,也没有马上收回女儿的手机,而是自己先去网络上全面了解了那个组合,然后专门为女儿制作了精美的明星相册,作为她的礼物。但在送上自己这份"特殊"礼物的同时,妈妈也提出了自己的要求,就是希望乐嘉以后在学习的时候不用手机上网,而是专心学习功课。

乐嘉见妈妈不但没有反对自己追星,而且还支持自己,高兴的同时也很歉疚。从此之后,她真的没有再利用手机查询明星的信息,而是专心学习,她的学习成绩也渐渐提高了。

这位妈妈真了不起,她尊重女儿、理解女儿,并且用自己的实际行动引导女儿,让女儿明白追星没有错,但是不能因此影响自己的生活和学习。

不要全盘否定女儿的"偶像"

有一位 14 岁的少女这样说起对妈妈的不满:

我一直很喜欢韩国的一个男演员,他叫李敏镐。他的演技特别好,人长得也帅帅的,能让人忘记所有的烦恼。每天休息的时候,我就会一遍一遍地看他演的电视剧《城市猎人》来打发我的闲暇时光。

但是我的妈妈却对此很不理解,甚至还嘲笑我:"那男的长得有那么好看吗,我第一眼看他还以为是女的呢!你真没出息,成天失魂落魄的!"妈妈的话让我很难过,我喜欢李敏镐怎么了?怎么就没出息了?妈妈这样侮辱我的偶像，让我非常讨厌她！

由此可见，两代人关于追星的问题都有着自己的观念，但这种观念上的差异很容易在母女之间产生误解，例如，女儿认为周杰伦唱歌很好听，妈妈却觉得话都听不清的歌简直是噪声。

因此，妈妈即使不喜欢女儿追星或她的偶像，也不要全盘否定她心目中的偶像，否则只会在伤害女儿的同时加深母女之间的矛盾。

借助偶像身上的优点教育女儿

偶像也是人，他们的身上也有这样那样的优点和缺点。作为妈妈，或许你比自己的女儿有着更敏锐的观察力、辨别力和判断力，因此你可以挖掘女儿喜欢的偶像身上具有的优点，鼓励女儿向她的偶像学习。例如，很多青少年偶像非常努力、奋进、坚强、乐观、阳光……这些优秀的品质都可以让女儿学习，进而帮助她提升自己。

所以，妈妈要在和自己的女儿共同了解其偶像的过程中，努力挖掘偶像的榜样作用，然后借助偶像身上的优点教育女儿。

细节72　"我要开粉钻！"
——女儿爱上网络消费怎么办

随着计算机、手机和网络的普及，网络消费已经不知不觉地进入了青春期女孩的生活，手机铃声下载、QQ宠物、QQ秀、粉钻、蓝钻、网购、点卡……这些令妈妈们感到有些陌生的词汇就代表着不同特色的网络消费。据相关权威部门调查，超过半数的中学生都有网络消费行为。

那么什么是网络消费，女孩们网络消费的主要内容是什么，她们又为什么喜欢网络消费呢？其实，网络消费就是指人们以互联网络为工具手段而实现其自身需要的满足过程。一般来说，网络消费分为三种形式：以网上订购或支付的方式购买现实商品的实物消费；为了参与网络娱乐项目而以购买虚拟货币、点卡等方式进行的虚拟物品消费；以银行或手机账户等方式向网络企业购买自己所需要的服务消费，如手机铃声、付费资源等。这三种网络消费形式也是青春期女孩网络消费的主要形式，尤其是虚拟物品消费，例如，很多女孩就经常在网络上使用Q币这种虚拟货币来消费。

女孩们之所以喜欢在网络上消费，原因大概有以下几种：

网络上的收费项目很有趣，觉得十分新颖好玩；

现实生活乏味，网络消费能让自己进入丰富有趣的虚拟世界；

受周围朋友或同学的影响，觉得网络消费非常新潮、时尚；

妈妈有网络消费的习惯，女儿受其影响；

网络消费方便、快捷，可以省去很多现实中的烦琐程序；

……

不过，很多妈妈也担忧，网络消费虽然能够满足女孩的某些需求，但很多时候女孩网络消费没有节制，而且很容易沉溺其中，不但会造成金钱的浪费，还会影响女孩的正常生活。

因此，妈妈们必须正确引导女孩的网络消费行为，下面这些方法对妈妈们很有帮助：

正确引导女孩的网络消费方向

这天，妈妈看到女儿正在和同学进行QQ聊天："我QGG病了，求求你，快帮我救救它！""买Q币救它吧，我刚才也是，还花4元钱买了一颗还魂丹给它吃,现在后悔了！"妈妈顿时就被这场治病救人的对话弄得一头雾水，于是连忙问女儿是怎么回事，女儿说："妈妈，您真落后，QGG是QQ宠物，虽然是网络虚拟的宠物，但它每天也要吃东西、洗澡、看医生，对了，它还能帮我打工呢……""那这些消费都要通过Q币来实现的吧！""没错，不过，Q币是要通过真的钱购买，最近我都把零用钱和早饭钱省下来投资到QGG上了！"妈妈想了一下对女儿说："妈妈不反对你养QQ宠物，不过早饭一定要吃，你的身体健康很重要，还有这些虚拟宠物其实都被网络厂家设定好了，他们会想尽点子让你把钱都花在宠物上……"女儿说："妈妈，您说得很有道理，我的QQ宠物动不动就生病，太花钱了。您放心，我就是一时好奇和新鲜，过两天我就不玩儿了。我还想攒钱在网上团购一个学习机呢！"两天之后，女儿果然不再玩儿了。

妈妈们必须认清网络消费是一种趋势，强硬地限制女孩网络消费是不现实的。不过，据调查显示，有70%的孩子网络消费的目的性并不强，他们往往没有自己的网络消费计划，而是想买就买，而且更多的孩子偏向于那些虚拟的物品，像QQ秀、QQ农场、游戏装备等，这些虚拟的网络消费很容易助长孩子们的浪费、懒惰等不良行为。因此，妈妈必须正确引导女孩的网络消费方向。

妈妈要以冷静、平和的心态面对网络消费

一位妈妈忧虑地在自己的网络日志中写道：

我女儿今年16岁，是一名高一的学生，她最近一段时间迷上了一款需充值后才可继续升级的QQ游戏。几天前，女儿趁我不注意，从家中偷偷拿走几百元钱，将其全部买了Q币充值卡。后来，我发现钱不见后便问女儿，支支吾吾的女儿在我严厉的逼问下交代了事情的经过。我没想到女儿竟然偷钱去买什么Q币，一气之下就大声责骂了女儿一顿。谁承想，女儿竟然跑到爷爷家，将爷爷家存放的各种药吃了个遍。不久她就开始恶心、呕吐，幸好被我们及时送往医院救治，否则生命就会有危险。这一下，我真的不知道以后该怎么教育她了。

其实，网络消费是一种正常的、重要的、应该掌握的消费方式，妈妈应该以平常心对待。就拿上述事例来说，假如这位妈妈在知道女儿偷拿钱去充Q币之后，先平复自己的情绪，然后耐心引导女儿让她认识到什么才是适合自己的消费方式，并且让她主动承认错误，那么事情也不会这么糟糕。

当然，网络消费毕竟关系到女孩怎么花钱的问题，钱数少的时候，很多妈妈不当一回事，一旦像事例中的女孩那样一次性消费成百上千，大部分妈妈都不会坐视不理。但打骂绝不是最好的引导方式，要知道网络消费已经成为一种趋势，妈妈要做的就是让女孩能形成一种成熟的消费理念，不让她在网络消费中吃亏上当。所以,妈妈一定要以冷静、平和的心态面对网络消费。

细节73 "这叫暴虐美学!"
——女孩为何迷上"恐怖血腥自拍"

随着电子产品与网络的日益更新与发展,拍照手机、卡片照相机等便携式拍照产品已经渐渐成了青春期女孩的必备物品,而且现在随时拿出来拍一张、秀一个也成了一种流行和时尚。只不过伴随着网络、影视剧等的影响,那些"恐怖血腥"的照片也悄悄走进了青春期女孩的世界。那么为什么有些青春期女孩会迷恋上"恐怖血腥自拍"呢?我们先来看一看这些十几岁的女孩是怎么说的:

"我觉得自拍那些恐怖的照片显得特别神秘、特别酷,有另外一种美!"

"我就是看我们班有好几个女生都拍那些有点儿小恐怖小血腥的照片,我也想跟着尝试一下!"

"我平时就很喜欢看吸血鬼、僵尸之类的照片,出于好玩儿,我就模仿了一下!"

……

由此可见,青春期女孩之所以喜爱"恐怖血腥自拍"大多是为了追求个性,或是为了模仿和崇拜,也有些是青春期叛逆心理的驱使。

很多妈妈都担心如果女儿长期沉迷在"恐怖血腥自拍"中,会变得心理压力大、精神脆弱,甚至心理扭曲。没错,长时间地沉迷在血腥与恐怖的照片中,会对青春期女孩的心理健康造成影响,因此,妈妈一定要想办法引导女儿不要过度沉迷在这种"恐怖血腥自拍"中。当然,如果女儿只是偶然为之,妈妈也不必大惊小怪。

下面就提供一些引导女儿正确对待"恐怖血腥自拍"的正确方法:

引导女儿正确认识"自拍"这种行为

潇潇是一名"90后"的女孩,长相漂亮,有一双水汪汪的大眼睛。上了中学之后,妈妈就给她买了一部能照相的手机。从那之后,潇潇就喜爱上了自拍,无论是在家吃饭,还是外出游玩,她总是用手机拍个不停。后来,有一天妈妈突然发现潇潇手机里存有几张类似影视剧里吸血鬼那样的自拍照,还有一张是潇潇伸着血淋淋的手,狞笑着对着镜头。妈妈吓了一跳,她赶紧问女儿这些"恐怖"的照片是怎么回事,潇潇说:"妈,您不要大惊小怪。那几张吸血鬼一样的照片是我带着红色的隐形眼镜拍的,至于那张血手是红色的番茄酱,酷吧!"妈妈稳定了一下情绪说:"女儿,你知道妈妈为什么要给你买能照相的多功能手机吗?"潇潇问:"为什么?"妈妈说:"因为妈妈希望你能把生活中最美好的一面留存下来,而且妈妈一直觉得自拍是为了留下真正的美,你这些恐怖、血腥的照片会逐渐影响你的身心。"

潇潇认真想了想妈妈的话,然后说:"妈妈,我知道您的意思了!以后,我不会胡乱自拍一些恐怖血腥的东西了,我要多拍拍大自然,多拍一些阳光的东西!"从那之后,潇潇的眼睛开始四处留意那些美好的人和事物,整个人也变得更加开朗起来。

像潇潇这样的青春期女孩难免会喜欢一些新奇、有趣的事物,再加上如今手机、相机、网络的日益普及,青春期女孩自拍的机会越来越多,而且自拍已经渐渐从原来的生活乐趣延伸成女孩展示自己的个性、炫耀时尚的方式。青少年教育专家并不提倡青春期女孩进行"恐怖血腥自拍",因为青春期的孩子好奇心强、模仿能力强、喜爱追求个性,但是她们往往判断力差、心理承受能力差、容易被影响,所以那些"恐怖血腥自拍"只会在无形中给女孩带去心理压力,并且扭曲她们对美的正确认知。

所以,专家建议妈妈要引导青春期女儿正确认识"自拍"这种行为,告诉女儿自拍应该是为了留下真正的美,是为了发现生活的意义,是为了让自己朝着更阳光、更健康、更美好的方向前进。

妈妈要用正确的心态面对女儿的"恐怖血腥自拍"

有一个喜爱"恐怖血腥自拍"的 15 岁少女在网络上这样写道：

我真的很讨厌我妈，她从小就特别爱管我，大事小事都喜欢插手。我不就照了几张自己喜欢的照片吗，她至于这么大发雷霆吗？竟然还骂我心理有问题。难道照几张恐怖的照片就是心理变态吗？难道模仿那些血腥的自拍我就是坏女孩吗？她根本什么都不懂，就知道骂我、指责我，要知道所谓的"恐怖血腥自拍"也是一种艺术好不好！更何况，现在影视剧里也有吸血鬼、僵尸这些恐怖的形象，大家也都很喜欢，而且我周围很多的朋友也都喜欢拍一些这样的照片，我们觉得新鲜、好奇有什么错……

青春期女孩自拍一些恐怖血腥的照片实际并没有什么错，因为她们可能是因为一时的好奇、刺激或追求个性、贪玩而去自拍这类照片，如果妈妈强硬阻止女儿自拍这类照片，或对女儿"恐怖血腥自拍"的行为进行严厉的批评、指责、嘲讽，那么就可能会激起女儿的叛逆心，令其更加沉迷在这种"恐怖血腥"的自拍行为中。

教育专家认为，青春期女孩喜爱"恐怖血腥自拍"并不是一种病态行为，只是这个年龄段的孩子追求个性、寻求刺激的一种方式，只要妈妈能够用正确的心态面对女儿的"恐怖血腥自拍"，并且引导她们不要沉迷于这种行为，那么就会达到良好的教育效果。

第十章　青春期也是危险期
——拉一把站在十字路口的女孩

有的心理学家把青春期称为"青春危险期"或"消极反抗期"。进入青春期地女孩,恰如走到了人生的十字路口。她们迷惘地打量着周围和自己的内心,一旦有偶发事件的刺激,这个不可预测的青春危险期便可能突然失控,甚至酿成恶性事件。因此,这一时期也是女孩们学坏、离家出走、自杀等的高危时期。妈妈们要想给自己的小公主一个美好的未来,就必须时刻关注女孩,防范其走上歪路!

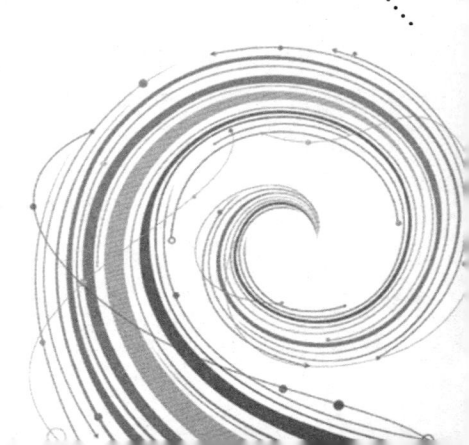

细节74 "不让上网我就死!"
——女孩上网成瘾,如何引导

在计算机和网络越来越普及的现代社会,很多妈妈都反对自己的女儿上网,我们常常听到一些妈妈抱怨:

"我女儿一有时间就坐在计算机桌前,既不和人说话也不到外边走走,现在人都变得孤僻、古怪了。"

"网络上暴力、色情的东西太多了,孩子天天接触这样的东西哪行啊?"

"我女儿玩游戏上瘾了,有一次,我关掉了她的计算机,谁知道她立马暴跳如雷,威胁我说:'你要不让我上网我就去死!'我当时真的伤心透了。"

……

对于妈妈来说,她们有一点是更为担心的,那就是怕女儿搞"网恋",被坏人欺骗。其实,妈妈的担心不是多余的,青春期女孩正处在幻想、做梦的年纪,对美好的爱情充满了期待和向往。在网络上和陌生人谈恋爱更让她们感到神秘、浪漫,所以,很多女孩在网上谈起了恋爱。而一些"色魔""恶棍"更是抓住青春期女孩的这一心理特点,把罪恶的双手伸向了她们。现在新闻中经常有女孩被网友欺骗甚至被拐卖的报道,而且大多数的受害者都是女中学生。所以,妈妈防范女儿"网恋"是非常必要的。

既然网络有这么多的弊端和"陷阱",我们是不是该反对女儿上网呢?答案是否定的。首先,我们生活在信息时代,网络是获取知识和信息的工具,如果我们反对女儿上网,则是在让孩子拒绝现代文明,甚至会让她们成为"新时代的文盲"。其次,网络本身是中性的,它是起到积极的作用还是消极的作用,完全取决于我们怎样利用它。所以,我们不应该反对女儿上网,而是要正确引导她们,让网络成为她们获取知识和信息的工具。

对此,只要妈妈对女儿进行积极引导,并制订计算机使用规则,就可以让女儿正确上网了。

制订计算机使用规则，防止女儿上网成瘾

一位妈妈曾经这样谈起自己的育女经验：

前年，13岁的女儿对我说："妈妈，咱家也买一台计算机吧，我们班很多同学都买了计算机，非常好玩。"其实我早就想买一台计算机了，因为我和老公也想学一学。但是我听说很多孩子都沉溺于网络游戏，还因此耽误了学习，便对女儿说："妈妈可以给你买计算机，但是要给你制订一个计算机使用规则，你答应吗？"女儿非常爽快地答应了。我想了想，给女儿制订了这样一份计算机使用规则：

第一，回家必须先写作业，写完作业才可以上网。

第二，每次上网时间不能超过1小时。

第三，可以听听歌、看看新闻，也可以适当玩些游戏，但是不要沉溺于游戏当中，更不要浏览不健康的网站。

我给女儿买来计算机后，把这份"计算机使用规则"贴到了计算机旁边，以提醒女儿。因为女儿事先答应了我的要求，所以尽量按照订下的规则去做。当然，女儿也有控制不住自己的时候，上了1小时的网仍恋恋不舍，不肯下线。这时候我会提醒她，并把规则念给她听。经过我的提醒，女儿一般会乖乖地关闭计算机。

在女儿违反规则时，妈妈不要纵容她，一定要按照规则执行。此外，我们也要充分信任女儿，这样，她们就会自觉地约束自己了。

引导女儿把网络当成一种学习方式

李镇西老师指出，之所以很多中学生在网络上浪费了大量时间，是因为他们上网没有明确且积极的目的，一切都是盲目的。李老师同时指出，妈妈应该积极引导孩子，让他们带着任务上网，把网络当成一种学习方式。告诉孩子上网不仅可以聊天、玩游戏，还可以看新闻、查资料和制作网页等。当女儿明白了这些之后，她们上网时就不仅仅是聊天或玩游戏了。

让女儿注意网络安全

因为网络具有虚拟性，所以存在一定的安全隐患，这也是我们必须提醒

女儿的。一位优秀的妈妈有过这样的育女经验，非常值得我们借鉴：

有一段时间，女儿沉溺于QQ聊天，每次上网都很兴奋。我知道，现在的孩子生活非常孤独，需要到网络上去交朋友、去发泄。但是我非常担心女儿交到坏朋友，因为女儿是一个非常单纯的孩子，别人说什么她都相信。过了两天，我拿了一张报纸对女儿说："雨琦你看，又有女孩被网友骗了。"那张报纸讲了两个女孩去见网友，被网友监禁起来，并强迫她们出卖肉体，直到两个月后警察侦破了这个案子才被解救出来。女儿看过后非常震惊，好半天说不出话来。我趁机说："现在网络上骗子太多了，你一定要多加注意。如果有网友要你的家庭住址、电话号码等身份信息，你一定不要告诉他。如果有网友约你去见面，你也不要单独去见他，以免上当受骗。另外，你的照片最好也不要发到网上，因为有些网友喜欢恶搞，说不定把你的照片弄成什么样子呢！"女儿听了我的话不住地点头，对我说："妈妈，我记住了。"

上面这位妈妈是非常聪明的，她没有利用说教的方式，而是用报纸上那些残酷的事实给女儿上了一课，让女儿加强了防范意识。同时，我们也要告诉女儿不要到网吧上网，因为那里人员复杂，更不安全。此外，我们还可以在计算机上安装保护软件，以便过滤那些"黄色""暴力"的内容，让女儿远离不良信息的干扰。

细节75 "谁让你不给我买！"

——如何对待女孩的偷窃行为

玲玲是一个非常调皮的女孩，而且从小就爱花钱、乱花钱，甚至养成了爱偷东西的恶习，妈妈觉得女儿还小，拿了钱买点儿零食吃不是什么大问题。可是自从女儿上了中学后，她发现自己口袋里的钱过几天就会少十几二十元，妈妈问玲玲是不是她拿的，玲玲死活不承认。

其实，玲玲从7岁的时候，就有拿同学东西的苗头。现在上了中学，小偷小摸基本没停止过，妈妈发现女儿几个星期前不知从哪里拿了一部手机，藏了几小时后就扔掉了。上个月还拿了同学的玩具，让妈妈无奈的是，女儿所拿的东西她自己都有。

面对女儿的这种偷窃行为，妈妈是什么办法都用尽了，像爱心感化、威胁打骂、积分奖励制、冷处理、看心理医生……结果对玲玲是一点儿作用都没有。前两天，她竟然又偷拿了妈妈放在客厅抽屉里的几百元钱，而且一天就花了一多半。玲玲的妈妈很苦恼，不知道拿女儿怎么办。

在日常生活中，有的女孩偷窃只是偶然行为，带有大人不会发现的侥幸心理，与"学坏""犯罪"并没有必然联系。不过，当你发现女儿有偷窃行为时，一定要及时教育，因为一旦女孩养成这种坏习惯，妈妈再来纠正她们就有些困难了。

当然，我们这里所说的"及时教育"，不是要求你把女儿打得皮开肉绽、骂得狗血淋头，因为这样做不但会伤害青春期女孩的自尊心，还会让女孩的逆反心理更加严重，甚至会加重她的偷窃行为。

妈妈首先要做的就是了解女儿为什么要偷钱或偷拿别人的东西，是她的零用钱不够，还是受人指使或胁迫，抑或是物欲诱惑？心理学家们认为，孩子具有偷窃行为大致是由这几种心理因素造成的：强烈的占有欲望、异于成人的冒险心理、自觉花钱的理由不"正当"、虚荣心强等。因此，当妈妈知道了女儿产生偷窃行为的原因后，就要找出好的引导方法来纠正女儿的不良行为。

尊重女儿的人格，给她改正错误的机会

上初一的灵芝在妈妈的眼里，是一个非常听话和学习努力的女孩。可是有一天，住在隔壁的邻居突然怒气冲冲地找到灵芝的妈妈说："你还管不管你家女儿了，我已经看到她几次偷偷从后门进去偷我们家东西，这要是长大了还得了！"妈妈一听，非常生气，不但当着邻居的面狠狠地臭骂了女儿一顿，而且晚上还不许女儿吃饭。灵芝感到又羞愧又恼怒，于是当天晚上就砸烂邻居家的房门，离家出走了。后来，还是在警察的帮助下，妈妈才找到了她。事后，灵芝的妈妈赔偿了邻居的损失，但她也不敢太批评女儿了，她怕女儿一怒之下，真的再次离家出走，到时候她就后悔莫及了。

妈妈在纠正青春期女孩的偷窃行为时，首先应该尊重女儿的人格，不要上手就打、张口就骂，更不要当着外人的面来处理这件事，这样只会伤害女儿的自尊心，让她在众人面前"没面子"，进而导致她不思悔改，甚至破罐子破摔。

所以，妈妈要尊重女儿的人格，要给她改正错误的机会，同时要告诉她，改正了错误她依然是个品德优良的好女孩。

帮女儿分析问题，让她认识到偷东西是可耻的

有一位13岁女孩的妈妈在网络日志中写道：

我离婚已经几年了，女儿判给了我。我的女儿一向都很乖巧伶俐，但是最近发生了一件很让我头疼的事，上个星期我发现她从我包里偷拿了几百元钱，刚开始她不承认，还好被我及时发现，当时我狠狠地批评了她，但没有动手。女儿也承认错了，说下次不会了。可是昨天我发现包里又少了300元钱，晚上回来，我问了她，她说已经花掉了200元，是请同学玩儿花掉的。于是我狠狠地揍了她一顿，这次女儿又保证说下次不这样了。这样的事发生了几次之后，我发现女儿慢慢养成了偷窃的习惯，甚至开始撒谎。我真是不知道该怎么办了。

其实，这位妈妈发现女儿的问题后，不应该怒不可遏，更不应该对女儿连打带骂，而是要先平复自己的情绪，然后把女儿叫来，彼此坐下来冷静地交谈，让女儿说出自己的想法，例如，为什么拿钱、拿钱买了什么、如何处理等。然后重点给女儿分析两个问题：一是是非问题；二是想花钱应该怎么办的问题。你要让女儿明白偷窃是一种可耻的行为，很可能会毁了她的一生，还要告诉她，想买什么跟妈妈说，妈妈给钱或不给钱是经过思考的。

相信，作为妈妈的你能够正视女儿的合理需求，并且勇于在女儿面前做自我检讨，让她服气。当母女双方建立了充分的信任和和谐的亲子关系后，女儿会渐渐地改正偷窃的坏毛病。

细节76 "给我100元，我要买资料！"
——女儿撒谎是变坏的开始吗

心理专家们曾经说过："孩子第一次得逞的谎言打破了父母全知全能的专制王国，他开始体会到他有自己的心志，有一个不为父母所知的隐秘自我。"这种成为一个独立个体的需求在青春期阶段达到顶峰。

佳妮的爸爸妈妈平时工作很忙，很少有时间陪她，作为家里的独生女，佳妮的爷爷奶奶都很疼她，只要是孙女想要的，无论是吃的穿的，都会满足她。佳妮的爸爸是出租车司机，平时根本没时间过问佳妮的教育问题，而妈妈也无力说服佳妮的爷爷奶奶去改变教育方式。

有一次，佳妮期末考试后，对妈妈说她考了班级前十名，还在运动会上获了奖。妈妈当时就觉察出女儿撒了谎，因为佳妮的学习成绩能在班级前三十名就已经很不错了，而且班主任说佳妮根本不参加体育运动。但是妈妈没有马上揭穿佳妮的谎言，而是对她的"优秀"表现出了肯定和鼓励。在接下来的两个月里，佳妮一直小心地维护她在父母心中的"优秀"形象，妈妈也尽可能地每天都能和女儿一起吃饭、聊天，节假日和她一起去爬山、打球，同时妈妈也通过自己的行动让女儿明白她对她的成绩没有什么苛求，妈妈衡量佳妮的尺度不在于她获得了什么样的名次，在妈妈心中，不管女儿有什么样的成绩，她对女儿的爱都不变。没想到，奇迹真的出现了，这样相处两个月后，佳妮的成绩突飞猛进，而且在秋季运动会上，还获得了跳高冠军，成了真正的佼佼者。

心理学研究认为，每个人的自我意识在发展过程中都要形成两个自我，一个是理想自我，一个是现实自我。所以很多时候当青春期女孩的现实自我没有理想自我完美时，她们就会选择撒谎。事实上，青春期女孩撒谎一定是有原因的，例如，可能是为了避免责罚，也可能是为了得到别人的重视和肯定，或是为了满足虚荣心，或是为了保护自己的同伴等。但无论原因是哪一种，妈妈在知道女儿撒谎后，绝不能草率行事，一定要理智对待。

下面就给妈妈们提供一些建议：

妈妈要掌握好处理谎话的分寸

李冰从小就是一个很聪明的女孩，但是刚上中学的她有一个坏毛病，就是做起事情来慢吞吞、马马虎虎的。比如，别人一小时就能写完作业，她非得用两个多小时。从今年开始，这种情况更严重了：李冰不仅经常不能按时完成作业，而且还屡次撒谎。有时老师要她请家长，她就撒谎说家长不在家。有好几次，老师就让她们班的班长陪她一起回家找家长。妈妈到了学校才知道，李冰不但逃课，还经常不写作业，而且在学校里就说练习册忘在家里了，在家里就说练习册忘学校里了，或说已经写完了。妈妈真没想到女儿竟然学会两头瞒，所以就狠狠地打了她几次，但是打完之后她还犯，妈妈也不知道该怎么办了。

妈妈要想让女儿改掉撒谎的坏习惯，首先就要掌握好处理谎话的分寸。例如，如果女儿因为回家晚而撒谎，妈妈可以告诉她为什么自己要知道真相；让女儿清楚——妈妈不想听到借口，只是担心她的安全；然后让女儿记住——如果下次不能准时回家，要让家人知道；最后向女儿指出——家人之间的坦诚和信任是最重要的。

学着相信女儿，不要让撒谎成为她的习惯

撒谎如果成为一种习惯，那么即使女孩不想或没必要撒谎，她有时也会不自觉地将谎言脱口而出。因此，妈妈应该防止女儿形成撒谎的习惯，多给她一些信任和理解。

有一个15岁的女孩曾在博客中这样写道：

我知道撒谎是不对的，但是我反应慢，做作业总不能按时完成。在家里，爸妈总说我偷懒、不用心；在学校里，老师也批评我，这一切都让我感到灰

心丧气。所以，为了不让妈妈和老师说我，我就经常用撒谎来逃避责难。可后来爸妈知道我撒谎后，就对我又打又骂。我下定决心要改，可他们不相信我。既然这样，那我还不如不做作业，反正怎么都要挨骂挨打。

妈妈们自然都希望自己的女儿诚实乖巧，但如果你和女儿之间不能建立一种相互信任的关系，那么即便撒过谎的女儿有心改过，也会被你的不信任再次打回原形。所以，妈妈们应该多对女儿表现出信任感，即使知道她撒了谎，也要学会宽恕和原谅她，不要让女儿失去对你的信任，久而久之，她自然会改掉撒谎的习惯。

细节77 "她们都抄，我凭什么不抄？"
——女孩作弊怎么办

对于妈妈们来说，没有什么比因为自己的女儿考试作弊被抓到而被请到学校办公室来更尴尬了。最糟糕的是，你可能根本想不到自己的女儿会做出这种事情来。

霞霞今年14岁，在妈妈的眼中，她一直是个懂事、努力的好孩子，所以当有一天霞霞的老师打来电话说霞霞考试作弊时，妈妈根本不相信。等到霞霞放学回来后，她用有些不安的眼神看着妈妈，妈妈马上笑着说："你们老师说你作弊，我不相信。再说就算你真的作弊也没什么，不就是一场小考试吗，我以前上学也经常作弊呢！没事儿，玩儿去吧！"妈妈本来以为这种处理方法很恰当，没想到霞霞似乎像受到了鼓励一样，考试前不是想着复习功课，而是想着怎么打小抄。

偷瞄同桌答案，打小抄藏资料……这些作弊行为本来就是不对的，假如妈妈采取听之任之的教育方法，等于是助长了青春期女孩的这种作弊之风。

一般来说，青春期女孩明知道作弊是不对的，还要"以身犯险"，这其中肯定是有着特别的原因的，例如，来自家长或学校的压力，或是班级中不良风气的影响，或是青春期女孩对自身缺乏自信等。

但无论女孩作弊的原因是什么，妈妈应该做的就是让女孩意识到作弊是不对的，让她能正确对待考试，同时也要保护好她的自尊心。当然，妈妈也应该告诫自己的女儿，不要成为别人作弊的"帮凶"。

下面就给妈妈们提供一些应对女孩作弊的教育方法：

帮助青春期女孩减轻精神压力

晚饭前，妈妈和12岁的女儿像往常一样下起了象棋，你守我攻玩得非常激烈。眼看着居于下风的女儿就要输了，没想到，她竟然趁妈妈不注意时偷偷地多走了几步棋，立即反败为胜。虽然妈妈看穿了女儿的"小把戏"，但没有揭穿她，而是故意输给了女儿。

上述情景对于大多数妈妈来说可能并不陌生，因为天生好胜心强的女孩们在游戏或比赛的时候，总是恶作剧般地搞一些"小动作"，她们可能是为了赢得比赛，也可能是为了自尊心和面子问题，或是为了得到妈妈的表扬。

"看穿"这一切的妈妈可能认为这些在游戏中的举动无伤大雅，所以故意装作看不见，其实，妈妈们可能没意识到女孩的这些"小动作"已经是作弊行为，如果不及时加以指正，"作弊"很可能会成为这些孩子追求胜利的一种手段。

所以，当你发现女孩作弊时，要弄清楚她作弊的原因。如果女孩是因为精神压力大而作弊，那么你就必须要改变自己对孩子的态度，向女孩表明：我看重的是你做事努力的过程和获得了多少知识，成绩和结果并不是最重要的。相信在减轻了女孩的精神压力之后，她会逐渐改掉作弊的行为。

教青春期女孩正确地对待输赢

一位妈妈找到了青少年问题处理中心的专家，这样倾诉道："我女儿今年刚上中学，她最近有了个坏习惯——考试作弊，虽然我批评了女儿好几次，但她就是不改。所以，您能不能和我女儿谈谈。"

于是，专家就对这位妈妈的女儿说："你想要去抄袭，其实说明你很有上进心啊，这比不求上进的人要好多了。"没想到这个观点马上得到了这个女孩的认同，她对专家说，自己之所以作弊，是因为老师和同学都只喜欢考试优秀的人。

专家对这个女孩说："我特别能理解你的想法，因为不久前我女儿也考试作弊，她考试时有一道题目不确定，便偷看了边上班长的答案。结果她考了99分，而丢失的那一分就是她偷看的答案，本来她写对了，可因为作弊她没拿满分。所以很多时候你偷看的是别人的答案，但并不能说明那个人就比你聪明，更何况很多聪明人也会做错题，可能他做错的时候，你做对了。"女孩听后点了点头。

其实，对于那些特别重视比赛输赢的女孩，妈妈要引导她们客观地评价自己的能力，帮助她们认识自己的优缺点。例如，当女儿取得好成绩沾沾自喜时，不要只表扬她，要让她继续努力；而当女儿失败、沮丧时，妈妈也不要指责、批评她，而是帮助她分析失败的原因，鼓励她继续奋进。总之，妈妈们要让女儿正确地对待每一次的成功和失败，让她赢得起输得起，这样她自然就不会作弊了。

细节78 "我走了！"
——为什么孩子动不动就离家出走

一天，青少年心理咨询中心接到了一位妈妈打来的电话：

我女儿上了初中后迷恋上网，还交了很多网友，学习成绩直线下降。我知道后，打过女儿几次，结果女儿干脆不去学校了。除了流连网吧外，女儿还在网吧结识了一群"朋友"。为了杜绝女儿再和她的"朋友"们继续来往，我给女儿转了学，然而才到新学校第三天，女儿就悄悄地离开了新学校回到了原来的学校。最近女儿离家出走的频率越来越高，时间也越来越长，所以我为了防止女儿再次离家出走，索性辞了工作，专门负责守在女儿身边。可是女儿还是从家里逃跑了，家人花了一个月的时间才在网吧找到了她，而女儿早已变得脸色苍白、蓬头垢面了。我真的很心疼女儿，但却找不到一个好办法阻止女儿离家出走。

上述案例中的女孩很明显是典型的青春期叛逆心理，由于妈妈和女儿错误的沟通方式更加剧了双方的矛盾。

事实上，青春期女孩不会无缘无故就离家出走，一般来说，她们离家出走的原因有以下几点。

1. 青春期女孩自我意识膨胀，希望寻求独立空间和自由。
2. 学习差，考试压力大，被冤枉和误解，逆反心理严重。
3. 妈妈"望女成凤"，对女儿的要求太高。
4. 妈妈只注重女孩身体生长生育的需求，忽略女孩青春期心理发育的特征，一旦女孩出现一些问题，妈妈不是不问青红皂白地大打出手，就是不断地斥责和批评。

众所周知，青春期是女孩人生中的特殊时期，是她整合自己内心，协调主客体关系的时期，这个时期的女孩在行为和情绪上很容易出现一些问题，因此，妈妈要了解女儿的心理，积极调整和女儿的关系，伴随女儿度过这个特殊的阶段。要知道，女儿离家出走是可以避免的，关键在于妈妈怎样处理好和女儿的关系，把家营造成女儿喜欢的轻松、安全的港湾。

巧妙地处理女孩"离家出走"的四个关键环节

一般来说，青春期女孩"离家出走"有四个关键环节需要妈妈们特别注意：

第一，妈妈要学会动用必要的社会资源，以低调的方式了解女儿的去向和生活状况，保证女儿的安全。

第二，化解女儿怨气的唯一正确的方法是：妈妈要保持冷静和理智，真诚地向女儿表达自己的愧疚、理解、宽容和关爱。

第三，从青春期女孩的角度，去体会她们的感受，理解和解释女孩的行为动机或要达到的目的。例如，她们表达愤怒、怨恨可能是想要获得关注。

第四，当女儿"离家出走"事件平息后，应及时地让女儿和妈妈一同接受心理辅导。

妈妈们如果能够注意以上四个环节，并且在每一个环节中都能采取正确的处理方式，那么不但有助于预防女孩的再次"离家出走"，也会让孩子受伤的心逐渐得到抚慰。

正确对青春期女孩应用"我信息"

有这样一个关于青春期女孩的故事：

在一个小镇上，有一位叫莉亚的妈妈。一天，她和女儿爱丽丝之间发生了一些不愉快，一气之下的莉亚打了女儿一个耳光。没想到第二天清早，莉亚发现女儿爱丽丝的房间突然一下子空了，原来委屈至极的爱丽丝离家出走了。此刻，莉亚十分懊悔，她终于意识到：世界上没有什么比女儿更重要了！她急迫地想找回女儿。于是，莉亚来到镇中心一家有名的商店，用醒目的大字在商店门口写了这样一个告示："亲爱的爱丽丝，回来吧！我爱你！明天早上我将在这里等你！"第二天早上，莉亚来到昨天那家商店，她发现至少有七个叫爱丽丝的女孩等在那里。原来这些女孩等在那里，都希望自己的妈妈发出回家的召唤。

由此可见，大多数青春期女孩离家出走都是一时冲动，而且离家出走后，她们也都希望妈妈能用一种宽容的态度原谅自己。

所以，当女儿不回家不打招呼时，不要对她打骂或斥责，而是应该正确使用表达宽容和原谅的"我信息"，例如，"我很抱歉刚才那样对你。""我很担心你。""我希望你能和我谈谈。"……这样的沟通方式会让女孩觉得自己被重视、被尊重、被理解，让她心理获得平衡，同时也对妈妈有了愧疚感，离家出走的想法自然而然就消失了。

细节79 "我就是不想待在学校！"
——女儿厌学、逃课怎么办

青春期女孩在主观上对学校失去兴趣，产生厌倦情绪和冷漠态度，并在客观上明显表现出来的行为就是厌学。一般来说，厌学的具体表现是女孩们虽然学习用功了，但效果不佳，并且时常感到学习非常枯燥，对学习毫无兴趣；学习主动性差，一学习就觉得疲劳；有时要完成某一项学习任务，需要妈妈用物质激励；时常幻想成功，有不明白的问题也不去弄清楚；花在电视、计算机和娱乐上的时间比学习时间多；没有明确的学习目的，不会提前做计划等。

下面这位妈妈就遇到了女儿厌学的情况：

开学没几天，读初三的女儿在一次放学回家后显得沮丧、郁闷，也没有像往常一样做家庭作业，而是把自己一个人关在房间里，半天没动静。我推门一看，女儿趴在床上似睡非睡。于是，我随口说了一句："还不快做作业！"没想到女儿竟然对我咆哮起来："就知道让我做作业，我再也不上学了！"

我一下子惊呆了。平时听话的女儿此时像变了个人似的，脸涨得通红，一副怒气冲冲的样子。我问女儿为什么不想上学，女儿死活不肯讲，只是不停地嘟囔。

为了弄清楚女儿情绪波动的原因，第二天上午，我第一次主动给女儿的班主任打电话。通过和老师的交流得知，女儿最近的课堂表现很糟糕，语文、数学还有英语等科目女儿学习很吃力，无法及时消化老师所讲的内容。"初二期末考试你女儿考得很不理想，个别科目在班上还是倒数第几，家长得加强督促啊！"末了，班主任给我敲了敲"警钟"。

我真是很后悔，女儿进入初中后，我们生怕女儿学习上产生压力，所以平时在家我们很少主动提及学习、成绩等敏感字眼，压根儿不清楚女儿的期末考试情况。好在女儿从小学开始就老实，回家后自觉做作业，我也就不怎么操心了。我以为这就是在为孩子营造轻松的家庭氛围,看来我的方法错了。但你把孩子管紧了吧,怕她有压力,管松了又出现这样的局面,真不知这个松紧度该怎么把握。

的确,管教青春期女孩学习是一件很复杂又很费神的事情。其实,一般来说,女孩厌学的常见原因有以下几点,妈妈要根据这些原因"对症下药":妈妈不切实际的要求,或过度采用强硬专制的手段逼迫女儿学习;要求过低或放纵,让女儿渐渐失去学习的兴趣和动力;严重的家庭问题,像经常发生纠纷的家庭、单亲家庭等;女儿缺乏自信心、进取心、创新能力等,导致学习成绩不高,产生厌学情绪;学校中的问题,比如学习负担过重、学校生活过于紧张、学校的纪律过严而刻板等;恶劣的学习环境等。因此,妈妈首先要查找女儿厌学的真正原因,然后可以根据以下提供的教育方法来改善青春期女孩的逃学、厌学情绪:

激发女孩的学习动机

德国教育家第惠斯多说过:"教学的艺术不在于传授的本领,而在于激励、唤醒、鼓舞。"没错,青春期女孩的学习需要妈妈的激励和鼓舞,并且要帮助她将个人目标同学习目标结合起来,唤醒其学习的内部动机,强化女孩学习的动力,增强她的自制力和学习自觉性,进而提高女孩的学习能力和学习效率。

一旦女孩认为学习是有必要的,并对学习感兴趣,那么她便会积极主动且心情愉快地去对待学习,而不是只把学习当成一种沉重的负担。

引导女孩在游戏中获得学习的兴趣

南南今年上初一,但是她最近一段时间对学习产生了厌倦感,尤其是语文,那些课文、古诗还有成语,她怎么都记不住。为了帮助女儿,爸爸妈妈想了一个好主意,就是每天晚上和女儿玩"文字"游戏。例如,每天晚上爸爸妈妈都会抽出半小时和女儿玩"成语接龙"游戏;有时妈妈会把古诗制作成一张精美的卡片,而且故意不把诗词写完整,以便可以和女儿玩填字游戏。就这样,在这些"文字"游戏中,南南不但掌握了很多成语和古诗,而且还扩大了自己的知识面，对语言的兴趣也大大增加了。

有时候，女孩也许会厌学，但她永远都不会厌烦游戏。如果妈妈能够抓住女孩的这一心理特征，巧妙地利用和引导，把游戏"导入"到她的学习中，那么她将会像喜欢游戏那样喜欢上学习。

细节80 "我这样挺酷吧？"
——女孩吸烟、喝酒，妈妈如何对待

曾经有一份调查资料显示，初、高中生的吸烟、喝酒率每年都在大幅度上升，而且吸烟、喝酒对青春期孩子的生理、心理健康危害很大，因酒后滋事的青少年犯罪率也随之不断上升。因此，青少年吸烟、喝酒的现象必须引起我们的重视。

如今青春期女孩吸烟、喝酒虽然没有青春期男孩严重，但是女孩吸烟、喝酒的人数在逐年增加，很多女孩是看到电视、电影里的女演员们吸烟，觉得很酷、很有味道，于是就跟着模仿，而其他女孩又跟着这些女孩模仿，渐渐地，吸烟、喝酒在女中学生中也流行了起来。

许多研究青少年行为的专家认为，女孩吸烟、喝酒的行为并不是天生的，其主要成因还在于生活环境。她们产生吸烟、喝酒的心理原因一般表现为：

1. 好奇心作祟：青春期女孩好奇心强，看到别人怡然自得地吸烟、喝酒，自己便想亲自体验一回。

2. 模仿心理驱使：青春期女孩大多以成年人自居，喜爱模仿。

3. 人际交往的需要：很多女孩的朋友圈要想进入就必须要学会吸烟、喝酒。

4. 叛逆心理作祟：很多青春期女孩对正面宣传产生逆反心理，大家越是不让吸烟、喝酒，她越是跃跃欲试。

5. 受到朋友的影响：女孩也很重姐妹义气、讲面子，朋友都吸烟，自己也不能"扫兴",所以在你来我往中就吸上了。

6. 心理压力过大:中学时期女孩有很大的学习压力和生活压力,为了寻求解脱,她们希望借烟酒消愁。

7. 存有侥幸心理:虽然有些女孩知道吸烟、喝酒不好,但存在"不吸烟不一定长寿,吸烟不一定早死"的侥幸心理,照样吸烟、喝酒。

8. 作为无聊时的"工具":很多女孩在无聊、烦闷的时候,就希望抽支烟"解解闷""提提神",结果久而久之就形成了一种坏习惯。

所以,当我们了解了以上造成青春期女孩吸烟、喝酒的原因后,接下来我们就应该想办法"对症下药",引导女孩戒烟戒酒:

用决心和恒心为女孩创造"无烟环境"

张梅是一名初二的女学生,有一次她妈妈在为她整理书包时,发现了藏在夹缝里的香烟。其实像这样的情况妈妈已经发现了很多次,但女儿就是屡教不改,这让妈妈深深意识到了问题的严重性。不过这一次,张梅的妈妈并没有像上次那样狠狠地教训女儿,而是忍住心中的愤怒,仔细盘问张梅究竟是怎样学会吸烟的。

"我们班会吸烟的女生经常聚在一起买烟,而且她们经常在我面前得意扬扬地炫耀,还总是对我说吸烟的感觉有多棒,还说不吸烟的女生没胆。她们总是拉帮结派,看谁不吸烟就故意刁难谁。所以为了和大家打成一片,也为了不让那些女生笑话,我才学会吸烟的。"听了女儿发自肺腑的回答,张梅的妈妈感到异常震惊和担心,现在的初中生竟然一个个成了烟不离身的"小烟鬼",还自诩是一种"大女人"的表现,这样下去对她们的学习、生活和身体健康都会产生不良影响!

和张梅的妈妈一样,很多妈妈也有这样的担心。像张梅这样的青少年还有很多,现在的女孩似乎认为吸烟就是一种成熟、时尚的标志,而且她们还有很多的理由:"我爸也吸烟。""现在好多女生都吸烟,根本没什么。"……

女孩们为什么能这么"理直气壮"地为自己的行为辩护呢?其根源就在于我们没有给她们创造一个真正的"无烟环境"。所以妈妈们与其整天对女儿说"吸烟有害",不如从现在开始用你们的决心和恒心为女儿创造一个"无烟环境"。女孩生活在这样的环境中,再也找不到吸烟的借口,并会在家长的正面引导下,逐步戒掉吸烟的坏习惯。

告诉女孩喝酒的危害

俗话说:"少量饮酒,健康之友;过量饮酒,罪魁祸首。"但是对于青春期女孩来说,喝酒对她们并没有益处。因为青春期女孩的心理发育尚未成熟,身体各器官对酒中的有害物质极为敏感,所以喝酒会对她们的身心造成严重的不良影响。

但由于大多数女孩对酒存在一些错误的认识,而且容易受朋友、同学的影响与鼓励,或是由于学习、生活上的压力,于是她们希望借助喝酒来获得某种安慰。这时,妈妈就应该及时发现、及时劝说,告诉女儿喝酒对正在发育的她们危害有多大。

第十一章 爱孩子的10个提醒
——花季女孩该如何保护自己

虽然这个世界上好人是占多数的，但也有一些心术不正的人存在，他们会制造一些陷阱，等待不谙世事的"猎物"闯入。假如单纯的青春期女孩不加以防范，很有可能会落入陷阱，甚至会因此毁掉一生的幸福。作为花季女孩的妈妈，一定要为女儿上好安全教育这一课，给她一些爱的提醒，教她提防生活中常见的危险，学会保护自己。这样，女孩才能平安地长大。

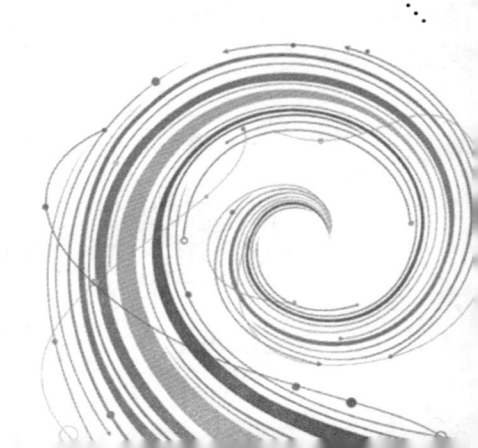

细节81 "谁打我我就打谁!"
——如何教女儿远离"校园暴力"

现在青春期女孩大都是独生女,是家人的掌上明珠。她们在家人的百般呵护和溺爱中长大,往往比较任性。当别人的意见与她们发生分歧时,她们有时会出口骂人或动手打人。

而为了遏制校园暴力,美国和德国有一些好的做法可以供我们参考:

从孩子们第一天上学,美国的学校就开始对儿童进行人人生来平等的教育,并坚决制止在校园内外打架、谩骂和使用侮辱性语言等。这样的纪律教育,从学前班一直贯穿至高等教育。负责学生道德教育的,除了本班老师,还有学生德育辅导专家。

而德国则采用善良教育的方式。他们主张从爱护小动物开始,很多父母都会特意送给孩子小狗、小金鱼做礼物;幼儿园也会养很多的小动物,由孩子们轮流负责饲养和照顾,家长和老师要求他们一方面与小动物一起游戏,一方面学会细致地照顾弱小的生命。对孩子进行"善良教育"的另一项重要内容是同情和帮助弱小者,从身边需要帮助的人做起。

女孩虽然不像男孩那样天生喜欢征服别人,但她们有时也喜欢用"武力"来证明自己的勇敢。不过,凡事要有度,对于那些打架成性的女孩,妈妈要及时选择恰当的方法进行教育。

认可青春期女孩的感受,不强迫她道歉

有一位妈妈的教育经验是这样的:

我知道青春期女孩性格有时比较冲动,我也很理解14岁女儿的感受。女儿有时难免会在冲动之下做错事,但我从不强迫她道歉,而是让她慢慢意识到自己的错误,然后学会怎样控制自己。我发现这种教育方法很有效,女儿逐渐懂得了如何控制自己的不良情绪。

青春期女孩打架其实是她一种情绪的宣泄，如果妈妈只是一味责备，只会增强女孩的逆反心理。面对这种情况，妈妈应向女儿表明你能理解她的感受，并要清楚地告诉孩子："你打架的行为是错误的，是我不能容忍的。"谈话时也要避免过长的训导和讲道理，因为这样往往会弱化教育效果。另外，也不要强迫女孩道歉，可以换一种方法，比如你先向被打的同学道歉，并表示关心；然后慢慢跟女孩讲道理，让她逐渐认识到自己的错误，并勇于改正。

为青春期女孩营造和谐、民主的家庭氛围

上初一的姗姗经常欺负邻居们的小孩，邻居们也没少上门告状。一天，孙阿姨家的孩子被姗姗打了，她打电话给姗姗的妈妈让她好好管教女儿。晚上妈妈下班后，进门第一件事就是把女儿姗姗从房间里拎了出来，不由分说地就打了姗姗一个耳光，并对她说："你又出去给我惹事，今晚不许吃饭，看你长不长记性！"姗姗恶狠狠地看着妈妈说："不吃就不吃！"然后跑回房间，把自己锁了起来。第二天，姗姗又找到孙阿姨家的孩子，打了她一个耳光，并威胁她说："如果你妈再到我家告状，我就天天揍你！"……

女孩喜欢打架，一定程度上是受家庭环境的影响。有少数妈妈本身举止就不文明，有时还爱与他人发生争吵，久而久之，女孩在潜移默化中就容易模仿大人的不良习惯。另外，有些妈妈对女孩的教育方式比较粗暴，对于女孩的过失非打即骂。一个在打骂声中长大的女孩，自然会形成只有用暴力的方式才能解决问题的思想。所以，要想让自己的女儿行为文明，就要从自身做起，并为她营造一个和谐、民主的家庭氛围。

细节82 "吸毒能忘掉烦恼？"
——如何防范女孩沾染吸毒恶习

有一个16岁的女孩在网络上和朋友这样聊天：

前两天朋友生日的时候，他们带我去了酒吧，那是我第一次走进那种场所，非常刺激。你知道那里面的酒多少钱一杯吗？你猜都猜不到。当时我们有十几个人，有一个人给朋友的生日礼物竟然是一袋摇头丸！没想到就那样一颗小玩意儿，就把宴会推到了高潮。我吸食摇头丸、K粉后，眼睛里看到的就像天堂一样，再加上音乐、彩光、酒精的混合刺激，还有很多帅哥在你身边摇晃，真是太爽了！下次你一定要来参加！

曾经有一份公开的调查数据显示，在2004年中国登记注册的114.04万吸毒人员中，35岁以下的青少年占到了75%，达85.53万人，而里面16岁以下的就有近2万人。并且，这种青少年吸毒低龄化趋势越来越严重，每年吸毒青少年的人数还在大幅度上升。

现在，很多青少年为了追赶时尚、流行、前卫，不惜屡次尝试冰毒、摇头丸等毒品，甚至聚众吸食毒品。相关数据表明，2008年年底我国查获"90后"吸毒人员1.7万人，而两年之后竟然达到3.7万人。可见，青少年吸毒问题必须要引起广大家长的重视。

其实，青少年涉毒问题增多有着多方面的原因，例如，目前毒品泛滥的大环境未能得到有效控制；社会、学校对毒品危害的宣传力度不够；受毒品暴利引诱，毒品犯罪活动猖獗等。所以，预防青少年吸食毒品和对其进行反毒品教育是需要家庭和社会共同努力的，尤其是广大家长要加强对孩子的相关教育。

下面就给妈妈们提供一些教育建议：

引导青春期女孩多增强自我保护意识

据新闻报道，一名16岁的少女和另外几名未成年男女一起，在某单元房内聚众吸食冰毒和麻古。第二日清晨,这些未成年孩子吸完毒后各自回家，可是因为面色蜡黄，走起路来晃晃悠悠而正好被巡警看到，经过警方盘查，几名未成年少男少女交代了吸毒的经过。经过一系列的搜查和盘问，警方吃惊地发现，这些孩子竟然有10名都是在校高中生，他们吸毒是为了好玩和刺激。而这帮吸毒青少年的头儿吴某是因为高中毕业后没考上大学，在社会上结识了一些"坏朋友",最后成了一个毒瘾少年,而这些吸毒的未成年人都是他交的朋友。

由此可见,"交友不慎"对于青少年来说影响很大,甚至会毁掉他们的一生。因此,作为妈妈,我们必须帮助女孩增强她们的自我保护意识,让她学会慎重交友。除此之外,妈妈们还要让青春期女孩对毒品的危害性有正确的认识,让她们知道吸毒容易成瘾,而且难以戒掉,并让她们学会识别环境,不要去游戏室、网吧、酒吧等不适宜未成年人活动的地方。

帮助青春期女孩养成良好的生活习惯

一位妈妈在网络上痛苦地写下这样一段文字:

女儿瑞瑞已经16岁了,她虽然从小爱玩好动,但学习成绩一直不错。有一次,在游戏机房里,瑞瑞认识了一群"哥们儿"。他们掏出一种白色粉末,围坐在那里吸,一副"飘飘欲仙"的样子,一下子就引起了瑞瑞的好奇心。当"哥们儿"怂恿瑞瑞尝一口时,瑞瑞毫不犹豫地伸出了手。有了第一次,就有了第二次、第三次。后来,为了弄钱吸毒,瑞瑞开始学会撒谎、逃课、偷钱,原本健康的女儿竟然成了"瘾君子",我伤心难过之余真不知道该怎么帮助女儿。

青春期女孩不良的生活习惯有可能导致吸毒,例如,过度上网、吸烟、沉迷娱乐场所等。因此,妈妈们应该帮助女儿养成良好的生活习惯,让她们与毒品绝缘。例如,告诫女儿不要吸烟、喝酒,多参加健康的集体活动、体育运动,周末全家人可以一起旅游,妈妈可以协助女儿规划好生活和学习,让她的生活变得更加合理、充实。

细节83 "我中大奖了!"

——如何教女孩远离生活中的骗术

女孩进入青春期后,她的身体发育虽然日渐成熟,但是涉世未深的她们依然会被各种各样的骗术所迷惑，甚至失去应有的判断力。我们先来听一听那些曾经被骗术蒙住双眼的青春期女孩的心声：

"有一天，我接到一条短信，上面写道：'您好，您的朋友为您点播了一首周杰伦的《稻香》，以此表达她的思念和祝福，请您拨打×××收听。'当我真的打过去的时候，却发现什么都没有，而且当月我的话费消费特别高，后来我才知道自己被骗了。"

"平时大家都喜欢叫我'小胖妞'，这更坚定了我减肥的决心，所以每当电视上或网络上介绍一些能够减肥的药物、衣服、神奇机器之类的，我就会央求爸妈给我买，结果到最后自己没变成瘦子，还浑身都疼，真是活受罪！"

"我的QQ消息上或微博消息里有几次提醒我说中奖了，得知这个消息我特别兴奋。于是注册好账号想要领奖金，结果对方还要我先打钱，可是等我打完钱之后就再也没有消息了。现在，我才知道有好多人都和我一样中奖了，这根本就是一个骗局。"

如今诈骗广告、诈骗短信、诈骗中奖信息等充斥着女孩生活的方方面面，别说让涉世未深的女孩们难以抵挡，就是社会经验丰富的大人也有不慎落入骗子圈套的时候。

例如，那些推荐神奇药物的人，专找老年人或家庭妇女，向这些人吹嘘他们手中的药物或仪器是如何的神奇，价格又是如何的便宜，结果被"物美价廉""疗效神奇"而诱惑的成年人们就这样中了骗子的圈套。事实上，现在的骗子十分厉害，什么样的骗术他们都能想得到，而对于缺乏社会经验、防范意识不强的青春期女孩来说，她们常常容易被坏人所利用。

因此，妈妈们应该在日常生活中多提醒女儿谨防上当受骗，不要被别人的花言巧语所迷惑，也不要怀着"天上掉馅饼砸我头上"的美梦，以免自己上当受骗。

下面我们就给妈妈们提供一些引导青春期女孩应对各种骗术的教育方法：

告诉女儿"占便宜的事不做"

报纸上曾经刊登了这样一篇报道：

有一个上初二的女孩，在网络上看到一个招收女模特的广告，广告里说："不限年龄，只要你想做模特，就可以愿望成真。"这个女孩怀着做模特的美梦就给这个广告上的地址寄去了自己的照片和详细信息。女孩惴惴不安地等了几天，终于收到了对方的来信，信上说她幸运地成了入选的前20名人员，如果想继续参加，她就需要缴纳一定的费用。于是，兴奋至极的女孩编谎话跟爸妈要了几百元钱缴费，可是从此杳无音信，女孩打了几次电话都没人接。后来这件事情被同学和妈妈知道之后，她觉得很羞愧，就离家出走了。

上述类似事例在现实中时有发生，而且无论骗子的手法多么荒诞和幼稚，偏偏就是有一些女孩上当受骗。这究竟是为什么呢？主要是因为这些女孩以为自己被天上掉下来的馅饼砸到了，自己被"幸运女神"眷顾了，于是面对金钱、名利的诱惑，她们做出了一系列错误的决定。

所以，针对女孩的这种心理特点，妈妈一定要时常告诉女儿：天上没有馅饼，更没有不劳而获的"好事"。同时也要让她女儿知道：那些突然降临到你面前的大便宜，很可能就是一个大陷阱，你越是被它吸引，你上当受骗的概率就会越高，占便宜的事情千万不能做。

教会女儿识别各种骗术的方法

有一位妈妈的教育经验是这样的：

一天，13岁的女儿突然兴冲冲地对我说："妈妈，我今天中大奖了！"我疑惑地问："怎么回事？"女儿告诉我说她的微博消息上显示出她成了一家网站某个活动的幸运用户，可以荣获一台计算机，女儿还说她特意在网上查了一下这家网站，的确在举办这项活动。我让女儿冷静一下，然后让她给这家网站的客服打电话，来核实一下自己是不是真的中奖了。结果，对方告诉女儿她受骗了，这根本不是他们发给她的信息。女儿听到这个消息很失望，但我告诉她说："这个不是你的运气，是骗子的计谋，下次再遇到这样的事情，一定要先核实信息，而且在网上一定要去正规的网站查询信息，因为现在的骗子太狡猾了，做什么都跟真的一样。"女儿听完我的话，点头表示同意。

上述事例中的妈妈正是采用了"重新核实法"来帮助女儿应对骗子的骗局的。除了这种方法之外，我们还可以教会女儿其他识别骗术的方法。例如，破绽发现法，很多骗术都是存在漏洞的，只要稍加分析和推理，就会发现很多破绽；苦肉计识别法，告诉女儿不要同情那些故意表现出不幸的人；表情洞察法，有些骗子的演技很拙劣，让女儿仔细观察那些人的表情，一旦有不自然的表现就果断拒绝别人的要求等。

细节84 "他为什么跟踪我？"
——被人跟踪时，女孩该怎么办

对于青春期女孩来说，她们比男孩遇到的潜在危险更多，很多坏人都把目光盯在了这些反抗能力弱、自我保护意识差的女孩身上。

下面这个女孩就遭遇了这样的事情：

有一天放学后，晓雪没有像平时一样背起书包就回家，而是准备留在教室里写完作业再走，但等她完成作业从学校出来的时候，天色已经暗了下来。她家离学校并不是特别远，所以晓雪上下学都没有骑自行车，而是步行。但是从学校到家要经过一个小巷子，碰巧那天路灯坏了，晓雪只好一个人摸黑前行。走到半路的时候，晓雪突然感觉身后有人在跟着她。她走，那人也走；她停下，那人似乎没有了声音。晓雪迫使自己冷静下来，假装并不在乎身后是否有人跟踪她，步伐也有意识地加快，她听到身后的步伐明显也加快了很多，于是，晓雪快速地奔跑起来，而且大声地喊道："爸爸，我回来了！"

试想一下，如果我们自己的女儿遇到被人跟踪的事情，她会怎么做呢？是吓得哇哇大哭、不知所措，还是想办法巧妙地应对这样的情况呢？作为妈妈，我们当然希望女儿在没有大人陪伴的情况下，自己能够很好地处理被别人跟踪等这类事情，毕竟我们不能时刻陪在女儿身边，因此，我们一定要帮助女儿提高她的自我保护能力。

下面就"女儿不幸发现自己被人跟踪了，应该怎么办？"这个问题，给妈妈们提供一些解决方法：

尽可能为女儿创造结伴同行的机会

有一位妈妈的教育经验是这样的：

女儿上了初中之后，离家有些远了，我就给她买了一辆自行车，也没有像以前那样接送她了。一天放学后，女儿突然跟我说，上完晚自习回家的时候，似乎有个中年男人尾随她，吓得她只能拼命骑车子。我听后很担心，但又不能天天接女儿放学，所以就让女儿多跟同学结伴而行，尽量减少她单人行走的机会。一开始，女儿说没事，但是我暗地里嘱咐女儿的几个好朋友，让她们尽量和女儿一起回家。慢慢地，女儿喜欢上了这种结伴而行的放学方式，有时也会特意等着大家，然后一起回家。这样就大大提高了她放学回家的安全性，我也放心了很多。

这位妈妈的教育经验很值得其他妈妈借鉴，因为我们不能在女儿上学、放学、外出等情况下都跟着她、保护她，而且对女孩的过度保护也不利于她的健康成长，所以当女儿遇到一些潜在的危险，例如被别人跟踪时，我们应该尽可能为女儿创造结伴同行的机会，提高她出行的安全性。

一般来说，落单的女孩，尤其是未成年女孩，因为她们在体力、心智等方面都不太成熟，因此很容易成为坏人的目标。为了提高女儿出行的安全性，妈妈们应该避免让女儿成为"落单女孩"，多让女儿和同伴一起上下学或出行。

引导女儿学会一些对付坏人的方法

在当今社会中，是非美丑都不是绝对的，坏人也不会在脑门上写上"我是坏人"四个字，他们反而常常表现得友好、善意，或装作路人一样盯着他们看上的"猎物"。因此，妈妈必须引导女儿学会一些对付坏人的方法。下面这位妈妈是这样做的：

我女儿今年上高一，由于家离学校不是很远，所以她每天都回家吃饭，也不住校。但是我比较担心她晚上放学后的安全，所以在平时我总会教给她一些对付坏人的方法。例如，感到自己被别人跟踪时，不要惊慌失措，要沉着冷静；要迅速观察周边环境，看清道路情况，例如哪儿人多，哪儿畅通等；我还不断锻炼女儿的勇气，如果遇到坏人，就厉声质问："你要干什么！"如果对方没被自己吓跑，那么自己就立即跑开，或大声呼救，引来行人；如果不幸被坏人动手缠住，除了高声喊，还要奋起反抗，击打其要害部位，或抓打面部……

这真是一位明智的妈妈，可能她的女儿并没有在现实中遇到被坏人跟踪、骚扰的事情，但是她教会了女儿如何保护自己、如何对付坏人、如何应对突发事件，如果这个女孩以后遇到类似的事情时，也能将自身的危险性降到最低。

因此，妈妈们应该在日常生活中多给女儿讲述一些对付坏人的方法，以便帮助她们应对某些紧急情况的出现，例如，被人跟踪、诱骗、绑架等，这样才能真正达到保护女儿的目的。

细节85 "这人好像是个色狼！"
——女孩该如何应对性骚扰

随着青春期的到来，女孩的身体发育日渐成熟，有时可能会遇到性骚扰问题。对此，大多数女孩选择的都是隐忍不发，认为这是无法说出口的"丑事"。

下面我们就先来看一些青春期女孩亲口讲述的遭遇：

"有一次我一个人坐车去奶奶家，车上有个陌生男人紧紧地贴在我身上，我无法忍受他的过度'靠近'，悄悄地移动了位置，可他却像膏药一样又贴了上来。"

"我上初中的时候，有个男生追求我，我没同意。没想到上了高中之后，他还是纠缠我，不但常常给我发短信、打电话，还去我们班找我。最让我忍受不了的是，他常在QQ上给我发一些暧昧的图片，甚至性暗示信息，这让我感觉很难堪。"

性骚扰是指以性欲为出发点的骚扰，以带性暗示的言语或动作针对被骚扰对象，引起对方的不悦感，通常是碰触女性性别特征部位，妨碍女性行为自由并引发女性抗拒反应。

在现实生活中，遭遇性骚扰的大多是年轻女性。一般来说，女孩常遇到的性骚扰有以下三种：

校园性骚扰：学校有些"热情"的老师和男生，常常会有意无意地搂女孩的肩膀、拍女孩的后背、扯女孩的头发，或用腿去碰女孩的腿等。

公交性骚扰：拥挤的公交车是发生性骚扰最常见的场合，一些不怀好意的男性常借着车厢的拥挤，有意无意地触碰女孩的胸、手、腰、臀部等敏感部位。

网络性骚扰：虚幻的互联网，给一些无聊男性提供了"骚扰"女孩更便利的方式，如发黄色图片、讲低级笑话，甚至说一些露骨的话题。大多数女孩在遭受他人的性骚扰时，采取的应对方式通常是沉默，因为被别人性骚扰在女孩们尤其是未成年女孩们看来，是一种羞耻的事情，如果大声说出来或被其他人知道，那么就会影响自己的声誉，成为别人说三道四的对象，同时，女孩本来就比男孩身体素质差，胆量小，反抗能力弱，所以她们宁愿"忍一忍"，而不愿奋起抗争。

那么面对女孩遭受他人性骚扰时的种种反应，妈妈们应该怎么做呢？怎样才能让女孩在面对性骚扰问题时，采取正确有效的解决办法呢？下面就给女孩的妈妈们提供一些方法：

告诉女儿面对性骚扰不要做"沉默的羔羊"

有一个15岁的女孩在日记中这样写道：

我妈很早之前就告诉过我，如果有异性对我动手动脚，我就要严厉地警告对方，绝不可以软弱地任人欺负。前几天，我和同学娟娟去市区逛街，那天公交车上人很多,有个男人老是挨着我们两个,而且他还把手放在我们的臀部位置,甚至趁着司机停车捏了我一下。面对这种"公交色狼",我们都假装后退,狠狠地踩在那个男人脚上,然后义正词严地说:"离我们远点儿,再摸我们就送你去派出所!"没想到那个男人痞痞地说:"臭丫头,踩我还有理了,谁摸你们了,是不是想找事!"娟娟冷笑了一下说:"哼,你刚才的所作所为我已经用手机录下来了,你最好这站就下车,否则我就去报案。"那个男人一听害怕了,灰溜溜地下了车。

这真是一个足智多谋的女孩。当然,她能如此妥善处理好"公交色狼"这次事件,也要得益于她妈妈平时对她的教导:遇到性骚扰不要做"沉默的羔羊"。没错,我们就应该这样告诉女孩,让她们遇到色狼的时候不能胆怯、沉默,要把愤怒、羞怯、恐惧等化成反抗的力量,严厉地警告或回绝对方的继续骚扰,只有这样才能真正地保护自己。

让女儿与骚扰她的人保持距离,减少接触

有一位妈妈是这样做的:

我感觉上初三的女儿苗苗最近一段时间有些心神不宁。后来我才知道,女儿担任班上的化学课代表,与化学老师的交往较多,化学老师很喜欢她,就经常单独把女儿留下来"谈心",有时也让女儿帮忙登记化学成绩。最初,女儿因为这个化学老师的重视而感到很高兴,但是一段时间后,她发现化学老师开始夸她长得漂亮,接着竟然言语轻浮,甚至开始动手动脚。我知道后不想把事情闹大,让女儿和那个老师都难做人,而是告诉女儿,如果那个老师再这样就告诉校长和家长,而且以后不要单独见那个老师,一定要和别的同学做伴。没过多久,女儿告诉我,那个老师不敢再对她肆意妄为了。

当女孩遇到有人对自己不怀好意时,应先主动回避,尽量疏远那个骚扰自己的人,减少接触和交往,更要表现出对对方的拒绝,然后明确告诉对方,自己很讨厌他的言行举止。我们还要告诉女儿,面对那些熟悉的人如老师、邻居、同学等的骚扰,要学会疏远彼此的关系,能断绝就尽量断绝,如果非要继续来往,也应该选择在公开场合,尽量增加彼此交往的透明度和公开性。

细节86 "我们要去KTV唱歌。"
——在娱乐场所，女孩应如何保护自己

爱玩本来就是每个孩子的天性，或许女孩的玩心没有男孩重，但是一旦进入青春期，那些原本乖乖听话的"小公主"也会在叛逆心理和好奇心的驱使下，对外边的世界充满期待和向往，尤其是那些充满诱惑的娱乐场所，更能引起女孩们的兴趣。

但对于未成年的女孩来说，娱乐场所毕竟不是她们可以经常光顾的地方，更何况娱乐场所里同样存在着未知的危险。

有一个上高中的女孩就在娱乐场所遇到了不幸的事情：

一天，琳琳在校外的朋友邀她去酒吧玩儿，说是开开眼界，琳琳本来就对酒吧充满好奇，所以兴奋地答应了。当琳琳和朋友走进酒吧后，朋友将琳琳单独留在吧台，就和一个在酒吧遇到的朋友到一边聊天去了。正当琳琳一个人无聊地环顾着四周时，一个长相帅气的大男孩走到琳琳旁边，递过来一个杯子，说是请琳琳喝饮料，琳琳看到这么出色的男生请她喝饮料，什么也没想就喝下去了。但是两三分钟之后，琳琳就感到一阵眩晕，还来不及说句话就晕了过去。等琳琳醒过来的时候，看到自己一丝不挂地躺在宾馆的床上，旁边还睡着那个请自己喝饮料的帅哥。她这才意识到，自己被迷奸了。

事实上，像琳琳这样的类似情况在现实生活中时有发生，电视上、报纸上、网络上都曾多次报道。社会上有很多复杂的人，他们往往等候在娱乐场所里，一有年轻的女孩出现，就伺机采取行动，而很多涉世未深的女孩很容易就会上当，结果给自己的身心带来巨大的伤害。

所以，妈妈们要教会女孩在娱乐场所应该注意些什么以及如何保护自己。下面就给妈妈们提供一些方法作为参考：

告诫女儿注意衣着装扮，和信任的朋友一起去娱乐场所

一位妈妈曾遇到这样一件事情：

出差回来的那天晚上，听老公说女儿去参加舞会了。没想到这丫头一回来就气呼呼地跑进自己的房间，我走进她的房间，看见穿着超短裙，化着浓妆的女儿已经哭成了"熊猫眼"。我问她："不是开心地参加舞会了吗？发生什么事情了，谁惹你了？"女儿抽抽噎噎地说："本来我和同学开开心心地参加完舞会回来，可是半路上有个喝醉酒的男人非说我是他女朋友，还要搂我，我说我不是，我还是个学生，他非说我穿得和他女朋友一样。呜呜，我以后再也不穿短裙了。"

众所周知，女孩都爱漂亮，她们都希望穿上美丽的衣服成为人群中的焦点，但是去娱乐场所或舞会，妈妈还是应该告诫女儿尽量不要穿太短的裙子或暴露太多的衣服。因为很多时候，正是由于女孩们穿着不注意，才诱发了某些犯罪行为。

另外，如果女孩一定要去酒吧、KTV这类娱乐场所，妈妈除了叮嘱她不要穿太过暴露的衣着外，还要告诫她要和值得信任的朋友一起去娱乐场所，并且尽量不要让自己落单。因为那些单独出现在娱乐场所或舞会的女孩最容易成为意图不轨的人的猎物，所以我们在之前就要告诫女儿不要和陌生人在娱乐场所搭讪，也不要喝别人给的酒，否则很容易让自己深陷于危险之中。

告诫女儿在娱乐场所不要食用别人递过来的食物、饮料等

一位妈妈痛心地讲述了关于女儿的事情：

我女儿今年上高二，可我没想到她竟然染上了毒瘾。虽然正处于青春期的女儿叛逆了一些，也经常和我们吵架，但她从来不做那些出格的事情。后来，我才知道，女儿前一段时间去参加了同学聚会，一大帮人去了酒吧庆祝。当时参加聚会的人很复杂，有学生，也有社会上的小混混。大家一起玩儿的时候，一个校外的男生递给我女儿一支烟。女儿出于好奇，她接过烟吸了起来。没想到，那烟里放了毒品。如果女儿当初没参加那个生日聚会就好了，可现在后悔也来不及了。

在娱乐场所里，并不是每一个人都存有善意，即使是朋友。所以，我们要告诫女儿除了她十分信任的朋友，别人递给她的烟、酒、饮料等都不要接受，因为那里面很可能藏有毒品、迷药等危害自己的东西。

另外，还要告诫女儿，无论她多喜欢在娱乐场所结交的朋友，都不要让对方送自己回家，因为她并不十分了解对方的为人，很可能会被对方暂时表现出来的善意所迷惑，以致让自己陷入危险之中。

细节87 "我想去朋友家住。"
——女孩在外过夜应注意什么

在一次"青少年问题咨询"座谈会上，一位妈妈讲述了这样一件事情：

我女儿上小学的时候还是个乖乖女，什么话都听我的。可是上了初中之后，她脾气见长，在家里看什么不顺眼都要发脾气，玩心也很重，放学回家很少温习功课。我知道孩子这是在叛逆期，所以也不敢太批评她。但是最近她越来越过分，经常在外边过夜不回家，周末根本不着家。如果我不许她去女生家过夜，这孩子就给我来个先斩后奏。有一次，我气得去她的同学家找她回来，她赌气和我几天不说话。我真不知道拿这个孩子怎么办了。

处在青春期的女孩，虽然还不完全成熟，但是对独立、自由的心理需求以及对同伴相处的渴望，让她们逐渐从家庭中游离出来，更多地与同伴一起活动、交流，结交志趣相投的同学为知心朋友，她们无话不谈、形影不离，认为朋友比家庭对自己更重要，所以为了和"死党"能有更多时间在一起玩儿，她们经常会有意无意地在外过夜。

不过，青春期女孩毕竟不是成年人，她们没有完全独立，在很多方面她们还需要妈妈的指导和帮助，尤其是像"在外过夜"这种事情更应该引起妈妈的重视。因为即使我们的女儿和她的朋友关系很好，但对对方的家人及对方周边的环境并不熟悉和了解，很容易让自己陷入危险之中。

当然，我们也不能因为女儿在朋友家里过夜存在"潜在危险"，就禁止女儿的行为，这样很容易引起女儿的逆反心理，造成亲子关系的紧张，同时也不利于青春期女孩的健康成长。

下面就给妈妈们提供一些应对"女儿在外过夜"这个问题的方法：

告诉女儿绝对不可在男生家过夜，去女生家要报备

有一位妈妈的教育经验是这样的：

上高一的女儿最近结交了几个好朋友，脸上的笑容也多了很多。我们对女儿的教育方式一向很开明，她结交什么样的朋友我们并不反对，但是前提是她不能因此耽误学习。最近一段时间，每个周末女儿总是想理由在外边过夜，说是和几个好朋友玩得太晚，就在对方家里住下了。我担心这样下去会出事，于是和女儿制订了外出协议。例如，尽可能不在外过夜，如果非在外过夜不可，绝不可以在男生家过夜，即使是在女生家过夜也一定要把对方的住址告诉妈妈，另外，要和妈妈保持联系畅通，最好睡觉前和早起时都给妈妈打个电话或发条短信等。经过一段时间的实行，女儿不但对我更加信任，而且在外过夜的次数明显少了很多，如果有特殊情况晚上不能回家，她都会给我们讲明白理由，让我们放心。

这位妈妈的教育经验非常值得其他妈妈们借鉴和学习。毕竟我们不能再把十几岁的女儿当成小孩管她们太严或对她们过度保护，随着年龄、阅历的增长，她们应该学会怎么保护自己，怎么判断是非对错。

当然，妈妈也不能对女儿的事情不闻不问，认为她在同学家过夜没什么可担心的。要知道"人心隔肚皮"，我们不能确保女儿接触的每一个人对她都是善意和安全的，因此妈妈一定要明确告诉女儿绝对不能留宿在男性朋友家里，就算因为特殊情况要留宿在女性朋友家里，妈妈也要确保女儿的安全。

引导女儿在外留宿时多注意自己的修养和素质

一天，苏岩的妈妈接到了一通电话，电话是丽丽的妈妈打过来的，丽丽是苏岩的好朋友。丽丽的妈妈说："苏岩妈妈，你能不能让你女儿别再留宿我们家了。我知道她和丽丽是好朋友，但是两个人太能闹腾了。我刚刚整理的房间一会儿就让她们弄乱了，两个女孩凑在一块儿立马就成了疯丫头，而且丽丽和苏岩一起玩儿,根本没时间温习功课,两个人就知道聊天、看电视。你们家女儿还嫌弃我做的饭难吃,那要不然让两个孩子去你们家好了……"听到丽丽的妈妈抱怨的话,苏岩的妈妈面子上有些挂不住,她没想到女儿在家养成的臭毛病,去别人家也是这样,真是太没教养了。

通常来说,很多女孩留宿在自己好朋友家里的时候,会收敛一些自己的脾气和坏毛病,有些女孩甚至会表现得乖巧、温顺。但是也有一些女孩毫不顾忌自己在别人眼中的形象,甚至在朋友家留宿的时候也是我行我素,根本没有修养和素质。

例如,有些女孩在朋友家留宿时不注意个人卫生;有些女孩晚上还大声说笑,根本不注意对朋友的家人的影响;有些女孩随意批评朋友的家人或居住条件等。这些不但会让女孩的朋友感到难堪和尴尬,也给朋友的家人留下了不良印象。

因此,我们应该在女儿决定去朋友家留宿时,多叮嘱她表现得乖巧一些,多注重一下自己的言行举止,尽量给好友的家人留下一个好印象。

细节88 "我该不该相信他?"
——如何防范陌生人搭讪

出门在外的时候,女孩们难免会因为一些原因向陌生人求助或被陌生人求助,无论是遇到哪种情况,女孩们都应该谨慎和陌生人搭讪,以免令自己陷入危险的境地。

但现实情况却是,天性善良的女孩对别人总是抱有很多善意,防范意识和自我保护意识相对较低,尤其是遇到陌生人求助时,她们大多数都会热情地帮助对方,殊不知,陌生人找你搭讪也可能是将你当成了"猎物"。

有一个高一的女孩就遇到了这样的情况:

暑假的时候,上高一的小璇经常一个人在家看家。有一天,小璇做完暑假作业正在家看电视,门铃响了起来。她通过猫眼查看是一个很和气的中年男人,而且对方显得很着急。小璇隔着防盗门问对方:"您有什么事情吗?"那个中年男人说:"小姑娘,你好!我是你们楼上的住户,我们家钥匙锁房里了。我想通过你们家阳台爬到我们家阳台上去开门,你能帮我一个忙吗?"小璇居住的这个小区平时左邻右舍来往并不多,所以她根本也弄不清楚对方是不是楼上的,然后经不住对方的再三恳求就打开了房门。结果这个中年男人一进屋就把门反锁上,不但把小璇家里的财物抢劫一空,而且还强暴了小璇。

一般来说,陌生人找年轻的女孩搭讪有两种情况:一种是他真的需要帮助,另一种是他别有用心,而通常不怀好意的陌生人在女孩面前都是假装自己有着急的事情,然后利用女孩的善心找机会对其下黑手。因此,作为妈妈,我们应该教会女儿巧妙地应对"陌生人搭讪"这个问题。

下面就给妈妈们提供一些这方面的教育方法:

多和女儿进行"陌生人搭讪"的情景训练

云云今年13岁,在妈妈的眼中她已经算是个大姑娘了,但她很单纯,一点儿自我保护意识都没有。云云的妈妈经常对别人说:"我们家云云太善良了,就是别人把她卖了,她还乐呵呵地在一旁给别人数钱呢!"所以云云的妈妈为了提高女儿的自我保护意识和对陌生人的警惕性,平时没事的时候总和女儿做一些这方面的情景训练。例如,妈妈会问女儿:"云云,如果家里没大人,有陌生人敲门向你求助,你会怎么办?"云云会说:"我绝不给陌生人开门,然后会打电话给隔壁认识的叔叔阿姨,让他们帮我应付。"接着妈妈又会问:"那如果是爸爸妈妈的同事呢?"云云想了一下说:"这个我应该会开门吧!"这时,妈妈就会说:"即使是爸爸妈妈认识的人,你也不要轻易开门,而是应该先给爸爸妈妈打电话确认之后,再决定是否给对方开门。"除了这个话题之外,云云的妈妈还和云云做过其他的情景训练,例如,遇到骗子怎么办、遇到问路的陌生人怎么办等。

事实上,像云云的妈妈这样经常用情景训练的方式提高女孩对陌生人的警惕性以及自我保护意识，比那些对女孩们单纯说教的方式要有效得多，因为这种方式不仅更容易让女孩接受，而且在女孩遇到危险情况时，也知道如何应对以保护自己。

因此，妈妈们不要以为女儿长大了就会懂得保护自己，而是应该多引导女儿提高防范意识，最好经常和女儿进行一些这方面的情景模拟训练，这样我们才能让女儿在脱离妈妈的"保护罩"之后，依然懂得如何保护自己。

引导女儿对陌生人提高警惕

有一位妈妈的教育经验是这样的：

女儿已经上初中了，但我觉得她平时根本不知道如何保护自己。所以，平时我会有意引导女儿去看一些拐卖妇女儿童的新闻，或女孩被陌生男子欺骗受到伤害的事情，慢慢地，我发现女儿对陌生人开始保持警惕性了，例如，有陌生人搭讪时，她会尽量让自己和同学在一起，或让对方去问成年人。我相信通过一段时间的引导，女儿会渐渐知道如何更好地保护自己。

大多数女孩天生单纯、善良，但社会是复杂的，社会上更有很多居心不良的人利用女孩的善意来伤害她们。因此，妈妈应该引导女儿对陌生人提高警惕，让她们不要轻信陌生人的话，同时也要告诉女儿一些自我保护的方法。例如，独自在家时不要给陌生人开门；不要跟搭讪的陌生人走；单独外出时尽量待在人多的地方；晚上最好不要外出，必须外出的情况下，找人陪同；不接受陌生人提供的饮料或食品，谨防里面有麻醉药物；不和陌生男人在偏僻的地方单独见面，尤其是陌生男人的家里等。

细节89 "妈,我想见一个网友。"
——如何对女儿进行网络安全教育

曾经有一项专门针对如何教育未成年人的问题展开的调查。调查结果显示,对孩子单独外出表示"很放心"的妈妈只占8%;回答"比较放心"的妈妈占20%;而回答"不怎么放心"和"完全不放心"的妈妈则分别占到了52%和20%,其中55%的妈妈不允许孩子见网友。

其实,妈妈们不允许女儿去见网友,就是担心女儿的安全问题和学习问题。

下面这位妈妈就遇到了这样的事情:

最近因为女儿的事情我吃不下睡不好,原来她是一个学习成绩优异的乖乖女,可自从爱上上网以后,她整个人都变了。这几个月来,她为了见网友,已经离家出走过三次了,虽然当天我们就把她找了回来,但是怎么也管不住这孩子"变野"的心。前几天,她又离家出走了,我们找了好久,幸亏这次这个网友人比较好,主动打电话通知了我们,告诉我们女儿在他那里,让我们尽快接女儿回家。我原本打算去接女儿,但是心里又特别矛盾,我现在根本不愿意理她了。如果她为了网友不要这个家,我也就不要她了,以后她再离家出走,我也不找她了。

其实,很多女孩去见网友,无非是出于好奇心,更何况青春期女孩心思单纯,没有戒备心,又正处于渴望友谊的阶段。假如在这个阶段,现实生活中缺乏朋友和家人的关心,或没有倾诉内心想法的对象,那么她们就很容易对网友产生莫名的好感和共鸣,并且迫切想要见面。

因此,妈妈们没必要"谈网色变",要找到女儿热爱网络、渴望交网友背后的原因,这种原因可能是女孩天生的好奇心,也可能是她学习压力大,也可能是她内心空虚,也可能是她无法和家人进行良好的沟通,也可能是她在人际交往过程中遇到挫折……总之,无论原因是什么,往往可以归结为女孩的某种心理需求没有得到满足。

当然，妈妈们不可能完全满足女孩的各种心理需求，更何况网络已经成为女孩生活、学习、工作、人际交往的主要渠道，因此我们除了尽力与女孩沟通之外，还要对女孩进行必要的网络安全教育。

下面我们就给妈妈们提供一些对女儿进行网络安全教育的方法：

教会女孩一些网络安全知识，让她学会自我保护

曾经有一项调查研究表明，有66%的青春期女孩表示她们向其他人透露了网络密码。女孩随意向他人透露自己的网络密码很危险，即使对方是自己的好友也不应该随意透露自己的密码，否则会对自身的网络安全造成隐患。

一天放学后，妈妈看到上初二的女儿楠楠眼圈红红地回到家，很明显女儿刚才哭过了。于是，妈妈问："楠楠，怎么啦？"楠楠哽咽着说："前两天我把QQ号密码告诉了好朋友丽丽，没想到她竟然瞒着我和我的网友聊天，还把我的隐私告诉别人，我今天已经和她绝交了，而且我再也不上那个QQ号了，那里面的朋友我也不要了。"

女孩在网络上设置密码，是为了保留自己的一些私人空间，一旦密码被别人知晓，很可能会对女孩的生活、学习、交友等造成不良影响。因此，教会女孩网络安全知识的第一步，就是要告诉她要好好地保护自己的密码。

当然，除此之外，我们还应该告诉女孩更多的网络安全知识，让她学会在网络上保护自己。例如，引导女孩使用安全的社交网络；和女孩协商制订互联网规则；告诉女孩不要把自己的照片、家庭地址、学校信息等告诉网络上的陌生人；教导女孩，不要和在网络上只聊过几次天、通过几封邮件的网友见面；让女孩尽量在网络上不使用全名，多使用健康向上的昵称或名字；如果女孩在网络上有写日志的习惯，告诉她不要涉及自己的真实信息……

当青春期女孩掌握了这些网络安全知识后，会帮助她们更加安全、自由地享受网络带给她们的便捷，也减少了不良分子对她们的伤害。

运用"堵不如疏"的原则，给予女孩适度的信任

一天，上高二的佳妮突然对妈妈说要去见网友，这下可把佳妮的妈妈着急坏了。因为佳妮只是和对方在网上聊天，虽然对方说自己是和佳妮同龄的女孩，但谁知道她是不是骗子，说不定对方是个男人呢，所以妈妈禁止她见网友。谁知，佳妮对妈妈说："我早就知道您是这个反应，但这个网友我见定了，我只是告诉您一声，对方不是坏人，而且她家离咱们家没有多远。"看着女儿坚定的眼神，妈妈知道这时再严厉禁止女儿只会起到反效果，于是妈妈对佳妮说："妈妈刚才的担心是正常反应，毕竟你还这么小，我当然很担心你的交友问题，更何况还是网友，网上骗子的花样多得很。我可以让你见这个网友，但你要告诉我为什么要见她，你学校里不是有很多朋友吗？"佳妮说："我们两个都喜欢打网球，并且决定每个周末都一起去打网球，这周就是先见个面，熟悉一下。"知道了这个原因之后，妈妈没再阻止女儿见网友。但女儿去见网友的当天，妈妈还是悄悄地跟着去了，以确保女儿是安全的，而且佳妮的妈妈发现，和女儿见面的那个女孩的妈妈也跟着去了。后来，佳妮回家后说："妈，还是您好，我网友她妈妈还跟着，生怕我是坏人。"

佳妮的妈妈真是聪明，她既表现了对女儿的信任，同时又在暗处保护着女儿的安全。最重要的是佳妮的妈妈了解了女儿去见网友的目的，清楚了女儿内心的需求，这样她就可以很好地想出对策，来拉近自己和女儿之间的关系，可谓一举多得。

所以，对待女儿见网友这件事情，妈妈最好遵循"堵不如疏"的原则，多给女儿一些信任和理解，同时更要清楚女儿内心真实的心理需求，这样我们才能真正确保女儿的生活环境是安全、自由和快乐的。

细节90 "我该如何自救？"
——面对各种险情，女孩如何更从容

面对生活中诸如地震、火灾、交通等安全隐患，妈妈该如何让青春期女孩学会自救，学会更从容地应对呢？我们先来看下面这样一个案例：

小梅和圆圆是住在同一个楼层的14岁女孩，有一天深夜，她们所住的楼层发生瓦斯爆炸，并且引起了大火，整个小区都乱作一团。但是小梅被惊醒之后，马上动员家里的成员用湿毛巾捂住口鼻，她还告诉爸爸把被子泼上水，背着年迈的奶奶先下楼，自己和妈妈则一起冲出火海，最终她们一家人都获救了。而圆圆被大火和人群的喊叫声惊醒之后，抱起自己的被子就从楼上窗户跳了下去，结果摔断了双腿，并且摔成了严重的脑震荡。

从这个事例中我们可以看出，原本大有希望逃生并可以提高自身安全系数的圆圆受了重伤，原因在于面对突发灾害时，她无法镇定地想出正确的应对之策，而且她也缺乏火灾安全常识。相反，对火灾安全常识了解比较多的小梅，在遇到突发火灾时能够从容应对，而且还能正确指挥家人，最终挽救了一家人的生命。

可见，妈妈在日常生活中一定要注意提高女儿对各种险情的自我保护意识，当然培养自我保护意识对于青春期女孩来说是一个长期、持续的过程，所以妈妈必须要有耐心，同时更要找对提高女儿安全意识的方法。

教给女儿一些火灾逃生的诀窍

有一位妈妈的教育经验是这样的：

我女儿虽然已经上高中了，可是一点儿安全意识都没有。有一次，我在厨房做饭的时候，不小心引起了一场"小火灾"，结果女儿大惊小怪地就要打火警电话。我告诉她，面对突发火灾时，人除了要求救，还要学会自救，并且我把在书上看到的关于火灾逃生的九大诀窍告诉了女儿，让她一定熟练牢

记。这个关于火灾逃生的九大诀窍就是"不入险地，不贪财物；简易防护，不可缺少；缓降逃生，滑绳自救；当机立断，快速撤离；善用通道，莫入电梯；大火袭来，固守待援；火已烧身，切勿惊跑；发出信号，寻求救援；熟悉环境，暗记出口"。除此之外，我还把每一个诀窍的具体意思给她进行了详细解释，就是希望女儿在遇到火灾时，能够从容、正确地应对。后来，在女儿学校举行的一次火灾安全演习中，女儿表现得很出色。

这位妈妈的教育经验很值得其他妈妈借鉴，因为无数火灾事故证明，大部分在火灾事故中死亡的人，都是因为缺乏自防自救和逃生能力而造成的。所以，教会女儿如何应对突发火灾，也就教会了她如何保护自己的生命安全。

教给女儿一些日常安全知识

一般来说，日常安全知识除了我们上述所讲的火灾安全知识之外，还包括以下几个方面。

1. 电器安全：让女儿不要乱动家里的插头或插座及各种电器。

2. 煤气安全：一旦闻到煤气味儿，不要打开电源开关，更不要点火柴，应赶快打开窗户，让煤气散去，同时关上厨房门，避免让煤气进入室内。

3. 交通安全：教给女儿一些交通规则，让她在行走和骑车时都要严格遵守交通规则。

4. 防盗安全：告诉女儿如果发现家门被撬开，千万不要进门，因为有可能小偷就在里面，此时应迅速报警。

5. 地震安全：告诉女儿地震发生时不要跳楼，应立即切断电闸，关掉煤气，暂避到洗手间等跨度小的地方，或是桌子、床铺等下面，震后迅速撤离，以防强余震。

6. 雷电安全：告诉女儿雷雨天气时，不要在山顶、山脊或建筑物顶部停留；不要靠近金属类物品；不要在大树或烟囱下停留；在室外不可以打手机等。

总之，妈妈要告诉女儿，无论遇到哪种险情，最重要的是要快速反应，反应越快，也许就能够更多地保障生命安全。

第十二章　给女儿真正的财富
——改变女孩一生的人生启蒙课

没有心灵的成长，再精彩的人生都算不上成功。妈妈应以过来人的身份为女儿上一堂人生启蒙课，引导她形成正确的人生观、价值观。女孩越早明白这些人生智慧，就能避免少走弯路，进而更从容地走好人生之路。

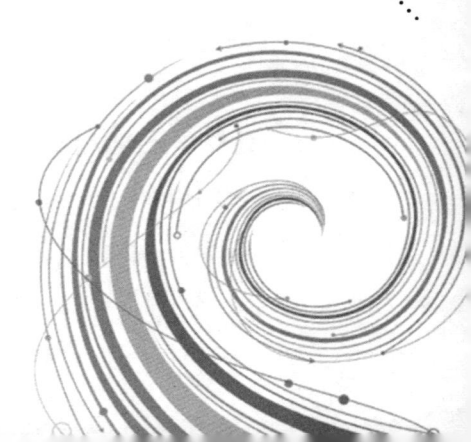

细节91 "人为什么要活着？"
——如何教育女孩珍惜生命

青春期女孩原本应该迎着朝阳快快乐乐地生活，应该充满激情地去创造属于自己的美好人生。但是却有一些青春期女孩选择在人生最美好的阶段结束自己的生命。

某中学的3名女生因为看了电视中特殊的自杀方式，便商议一起尝试，最终造成两人死亡。

某高中的一名女生因为自己一直喜爱的偶像突然去世而自杀。

2003年，北京一名14岁的女生因为学习成绩不理想，遭到家人的批评而服毒自杀。虽然经过医生的极力抢救脱离了生命危险，但这件事在女孩的心中留下了永远的阴影。

2005年，山西省一名年仅12岁的少女留下一封遗书后，自缢身亡。遗书上写道："亲爱的爸爸妈妈，我觉得压力好大，我承受不了了，唯有一死求解脱……"

2006年，某高中的一名高一女生因被同学怀疑是小偷，忍受不了耻笑，最后走上了绝路……

看着这些正值青春年华的女孩一个个走上不归路，我们是无比痛心的！但为什么我们的孩子会这么脆弱？这里面深藏的问题值得妈妈们深入思考。其实，如果妈妈能及早对自己的孩子进行生命教育，并帮助她们化解心中的矛盾和情绪，那么这些女孩就可能不会选择结束自己的生命了。那么有哪些具体方法可以帮助妈妈们教育青春期女孩正确看待生死，学会珍爱自己的生命呢？

让女孩正确认识到自己生命的价值

一位聪明的妈妈曾这样谈起自己的育女经验：

有一次，上高一的女儿突然好奇地问我："妈妈，人为什么要活着呀？"

我想了一下，笑着说："女儿，你这个问题问得非常好。妈妈认为，人是因为爱而活着的。举个例子来说，妈妈是因为有你爸爸、有你，还有外公和外婆的爱而活着的。因为你们爱我，所以我才活得有希望、有成就感。"女儿突然调皮地问："那我们要是都不爱你了呢？"

我仍然笑着说："假如真有那一天，我也会把自己无私的爱奉献给你们，让你们能因感受到我的爱而活着。"

女儿激动地搂着我说："妈妈，我知道了，我也要为了爱而活着。"

很多青春期的孩子都会和上例中的女孩一样，对"人为什么活着"这个问题存有疑惑。或许很多妈妈会说，这个问题很好回答——人可以为了家庭而活着，为了事业而活着，为了衣食住行而活着……

没错，你可以告诉女孩很多种人活着的理由，但无论是哪一种答案，这个答案都必须是乐观的、积极的、向上的，因为只有这样，才能让女孩们正确认识"人为什么活着"，才能让她们充满希望和热情地为未来打拼。

让女孩学会坦然接受生命的终结

有一位妈妈的教育经验是这样的：

女儿弯弯是她外婆一手带大的，所以她们的感情非常深厚，但我的妈妈因为得了重病，最终离开了人世，这让女儿难以接受。再加上当时她正在寄宿高中上学，为了让她安心学习，我们就没有告诉她外婆去世的消息。女儿知道这个消息后，非常伤心，整个假期都异常消沉，饭也吃得很少，还经常把自己锁在房间里偷偷哭泣。

我实在看不下去，就决定和女儿好好谈一谈："弯弯，妈妈知道外婆的去世令你很难过，妈妈也和你一样伤心，但悲伤并不能让外婆重新回到我们身边。"

"妈妈，您说的我都知道，可是我总觉得外婆没离开我，她还会回来的。"

"乖女儿，妈妈了解你的感受。不过，外婆确实是去世了，有一天妈妈也会不在，这是大自然的规律。你想一想，如果妈妈活到几百岁，岂不成了'老妖怪'？"

"妈妈才不是，无论您多老都是我最漂亮的妈妈。"说完，女儿破涕为笑了。

在现实生活中，女孩们常常会接触死亡，如心爱的小兔子死了、邻居的老爷爷去世了、在马路上突然遇到一只死去的小狗……这些都是妈妈对女孩进行生命教育的绝佳时机，但前提是你不能撒谎，而要真诚地告诉女孩一切，让她学会坦然接受生命的终结。

细节92 "我学习是为了谁？"
——让女孩明白，她在为谁读书

苏联著名的教育家赞科夫说过这样一句话："为了在教学上取得预想的结果，单是指导学生的脑力活动是不够的，还必须在他身上树立起掌握知识的志向，即创造学习的诱因。"的确，如果我们想让女孩在学习上取得优异成绩，就要让她们明白自己是"为了谁"而学习。

学习显然是青春期女孩最重要的任务，因为她们要面临升学、高考等人生关口，所以妈妈一定要在这个阶段让女孩明白，她到底是为谁而学习，这样她才能静下心来，为了自己的未来而努力打拼。

但事实上，很多妈妈并没有准确告诉女儿："你是为了自己而学习！"而是错误地让女儿认为自己每天辛苦地上学是为了妈妈。于是，就像我们平时看到的那样，很多女孩每天愁眉苦脸地上学、面无表情地下课，嘴里不断地抱怨老师布置的作业太多，或妈妈的管教太严，她们在心里不断憧憬着能够有一个长长的假期……女孩们所表现出来的状态，好像她们是妈妈的"童工"，每天的工作内容就是"学习"，而老师是"监管员"。

有一个女孩在日记中这样写道：

今天，来串门的邻居看到我就问："娟娟，今年上高一了吧，学习怎么样啊？"我如实回答说："一般！"接着这位邻居就语重心长地对我说："你可要好好学习啊，将来考上好大学给你爸妈争光，说不定还能出国留学呢！"我很认真地说："我没想那么多，其实，我不打算考大学，我想考技校，当一个糕点师。"邻居一听，马上说："当什么糕点师啊，好好考大学才有出息！"

对于大多数青春期女孩来说，"考大学"这类的学习目标可能通常都是家长或周围人强加给她们的，所以从内心深处来说，她们对此都有一种抵触情绪，认为那只是父母或老师的愿望。因此，妈妈必须要引导女孩正确认识"为谁而学"的问题，告诉她："你是为了自己而学习！"当然，简单地告诉女孩"你是为了自己而学习"这句话效果可能不大，还需要一些具体的教育方法：

别让女儿觉得她是为了妈妈而学习

一天，上高二的李玲突然回来对妈妈说："我不想考大学，我想自己创业。"突然听到女儿这句话，李玲的妈妈很吃惊，但她没有批评或强制李玲去学习，而是很认真地告诉她："对于你的决定我表示尊重，因为你毕竟是为了自己而学习，而不是为我。但作为你的妈妈，我希望你能对自己的决定负责，而且想要提醒你：任何事业的成功如果没有知识做基础，那么道路是十分艰难的。"李玲听完妈妈的话想了很久，但她还是决定休学半年去做自己喜欢的事情。不过，两个月之后，她就重返校园，她说她希望自己能够有足够的知识做支撑，为自己的目标重新努力。

著名教育专家林格曾说过："当孩子感觉到学习是为了别人，无论是满足家长还是老师的要求时，学习的动力就会降低；当孩子的学习能满足自己的好奇心，能收获美感和满足感，不用被人催促和监督，这种学习才是最有效的。"因此，妈妈首先要清楚：学习是女儿自己的事情，并且要相信女儿有能力承担她自己的责任，而我们只要从旁引导她，给她提供正确的学习意识即可。

时刻告诉女儿，她是为自己而学

有一位妈妈的教育经验是这样的：

女儿今年上初一。一天晚饭后，她一直没去写作业，我就问："你们老师今天没布置作业吗？"女儿说："不是，我今天不想写作业。"听了她的话，我就问女儿原因，但是她也没有说清楚，就说自己不想写。于是，我对她说："不想写就不写，反正这是你自己的事情，也是你自己的学习任务，完不完成和别人无关。不过，我认为这是态度和责任的问题，老师布置作业，你完成了，是学习认真、对自己负责的态度；完不成，是学习不认真、对自己不负责的态度，再说不写作业似乎对你也没什么好处。"

可能是女儿觉得我说的话很有道理，所以休息了一会儿之后，她就回房间写作业去了。

青春期女孩对学习也具有一定的逆反心理，如果妈妈强硬地让女孩学习，那么她可能为了和妈妈对着干，而选择厌恶学习；但如果妈妈让女孩明白：学习是她自己的事情，那么她往往会主动、积极地学习。

细节93 "外表重要吗？"
——女孩如何拥有内在美、气质美

在一场关于"女孩内在美和外在美哪个更重要"的班级讨论会上，热烈发言的学生们给出了各种各样的答案：

"我认为女孩内在美更重要，一个人心灵不美，她怎么看都是不美的。"

"我是男生，我觉得外在美和内在美一样重要。那些长相很'抱歉'的女生怎么会引起大家的好感呢？"

"现在人都看第一印象，如果你外在很差，甚至影响市容，别人根本不想和你交流，又怎么会发现你的内在美呢？所以，外在美比内在美重要。"

"毋庸置疑，内在美对女孩来说是最重要的，因为外在美终有一天会渐渐消失，但一个人的气质、修养即使到七老八十也会显出他的魅力。"

……

这场热烈的争论也许最后就是仁者见仁，智者见智，事实上，内在与外在都很重要，只有两者达到和谐才能使一个女孩显出夺目的魅力与气质。众所周知，内在美就是指人的内心世界的美，构成内在美的因素包括正确的人生观和人生理想、高尚的品德和情操、丰富的学识和修养等；而外在美其实就是气质美，指人在自然的举手投足间，在衣着打扮或言语声调上给他人带来的一种美学享受或好感。

那么妈妈们如何来提升青春期女孩的内在美和气质美呢？下面这些方法或许能给妈妈们一些启示：

培养青春期女孩的知性美、品德美

有一位妈妈的育女经验是这样的：

自从女儿上了中学之后，她的学习虽然没让我操过心，可是她短浅的目光以及粗鲁的言语让我这个当妈的都受不了，更别说是别人了。所以，我决定着力打造女儿的知性美。于是，一到周末我就拉着女儿去书店，让她选择自己喜欢看的书，同时我也给她推荐几本书，而且我还鼓励她和她们班上那些爱读书的女孩交朋友，彼此还可以互换书籍阅读。慢慢地，女儿发生了变化，她开始变得懂道理和自信了，而且身上也具有了一种迷人的知性气质。再加上她博览群书，学习成绩也有所提高。

可见，阅读不但能够提升一个女孩的知性气质，同时也有助于她自信心的培养。更何况无数事实证明，一个经常阅读的女孩，她在人生观、世界观、知识面、思考能力、表达能力及处理问题的能力等方面往往比那些不爱阅读的同龄女孩更加具有优势。

知性美是提升青春期女孩内在美的一个重要环节，除此之外，女孩的品德美也至关重要。因为一个女孩不但要具有广博的学识、长远的眼光和一定的内涵，她同样要具有善良、勤劳、勇敢、有爱心这些美好的品德。唯有这样，女孩的内在美才能充分地体现出来。

培养青春期女孩的谈吐美、礼仪美

有些妈妈一谈起自己进入青春期的女儿,总是满口无奈:

"我发现女儿自从上了中学之后,也不知道是受谁的影响,竟然满口粗话,没有一点儿女孩的修养。"

"我女儿都15岁了,可是家里来了客人她也不知道招待,有时甚至冷漠以对,真不知道她怎么会变成这样。"

……

一般来说,进入青春期的女孩很注重自己的形象,她们都希望自己在别人的眼中是一个谈吐优雅、举止得体的女孩,但有时出于叛逆、对个性和时尚的追求或对"美"的误解,而使自己变成了一个谈吐差、礼仪差的女孩。

因此,妈妈应该着重培养青春期女孩的谈吐美、礼仪美,以便提高女孩的外在美和气质美,让她们在完善自己外在形象的同时,给他人留下一个好印象。例如,妈妈可以以身作则,用优雅的谈吐来影响女儿;可以让女儿多结交懂礼仪的好朋友;可以引导女儿在家中使用礼貌用语;还可以引导女儿注重公共场合的礼仪等。

细节94 "性格可以改变吗?"
——如何引导女孩克服弱点

在现实生活中,一谈起青春期女儿身上的弱点,妈妈们就开始滔滔不绝:

"我家丫头特别自卑,上课不敢发言,参加集体活动不积极,看见陌生客人就躲进自己的房间里去。"

"我女儿自尊心很强,但太追求完美,又不敢面对挫折和失败,她自己很痛苦,我也不知道该怎么帮她。"

"我女儿虚荣心很强,爱炫耀,但自己又不努力,结果现在她整天就知道抱怨这个、埋怨那个。"

"我女儿都已经 16 岁了，可是非常懒，而且很贪玩，甚至学会了逃课。平时我也不敢说她太重，否则她就离家出走，真愁人啊！"

……

的确，青春期女孩身上存在各种各样的弱点，如自卑、胆小、懒惰、马虎、虚荣等，这些弱点不但会阻碍青春期女孩正常、健康地发展，也会在有意无意之间给家人、学校等带来麻烦。因此，妈妈必须想办法来引导女儿克服这些弱点。

妈妈在引导女儿克服身上的弱点时，绝不能操之过急，更不能采取打罚等过激的方式，这样只会激起青春期女孩的反抗情绪，让情况变得更糟。

下面这些方法妈妈们可以参考一下：

妈妈要正确看待女儿身上的弱点

这天，一位妈妈走进了青少年心理咨询办公室，诉说她对 16 岁女儿的无奈。听完这位妈妈的讲述，心理专家发现这位妈妈总是在用一系列负面词汇描述自己的女儿，像"自负""没有学习目标""生活习惯差""脾气臭""懒惰""人际交往能力差"等。这位妈妈甚至断言女儿这样的性格，将来无论做什么都会"一事无成"。当心理专家问她女儿的优点时，这位妈妈沉思了很久，才抬起头来有些犹豫地说："我女儿心地好，也很孝顺，学习还算用功，可是学习成绩总是上不去，这些优点又有什么用呢？"心理专家又从这位妈妈口中了解了一些事情，他发现这位妈妈总是急于纠正女儿身上的弱点，有时更不分场合地去批评和指正女儿，根本不给女儿"留面子"。

其实，生活中像这位妈妈一样，只看到女儿身上的弱点，并且不分场合、反复批评女儿弱点的妈妈还有很多。殊不知，这种急于纠正女儿弱点的方式，不但会给女儿带来很大的压力和伤害，严重伤害她的自尊，而且长期生活在这种被指责与被否定的环境下，女儿往往会产生巨大的逆反心理，甚至会破罐子破摔来报复妈妈。

因此，妈妈必须要正确看待女儿身上的弱点，要给予女儿应有的理解、尊重、支持和信任，而不是紧紧揪住女儿的弱点不放，甚至总是用批评、打骂、惩罚等方式来纠正她们的弱点。唯有这样，女儿才会感激自己的妈妈，并努力按照妈妈所期望的那样去做。

因势利导，将女儿的弱点变成优点

有一位妈妈的教育经验是这样的：

女儿自从上了中学之后，我发现她花钱开始变得大手大脚起来，而且周末的时候还会向我额外要零用钱。我不想女儿从小就养成铺张浪费的坏毛病，但考虑到女儿已经长大了，她也需要尊严和"面子"，所以在征得爱人和女儿的同意后，我开始让女儿管半个月的家。在这半个月的时间里，我把家庭半个月的平均花销给了女儿，完全让她自由支配。一开始，女儿是大鱼大肉往家买，可是后来她发现时间才过去5天，她已经几乎花去了一多半的钱，由于事先讲明了规则，女儿只好重新开始计划接下来的衣食住行。半个月后，女儿走到我面前说："妈妈，不当家不知柴米贵，以后我再也不乱花钱了。"从此之后，女儿不但不再乱花钱，还养成了勤俭节约的好习惯。

这真是一位聪明的妈妈，她懂得因势利导，不但把女儿的坏毛病改正了过来，而且还让女儿养成了勤俭节约的好习惯。其实，每个女孩身上都有这样那样的弱点，但这些弱点在妈妈的正确引导下可以转化成优点，因此妈妈需要有一双善于"发现"的眼睛。

细节95 "失败了怎么办？"

——如何引导女孩面对挫折和失败

雅雅的学习成绩一直排在班里的前五名，但是在中考时却发挥失常，中考分数仅仅达到了一所普通高中的录取分数线。这让雅雅感到极度的失望，她把自己关在小屋子里，谁也不见，每天都是以泪洗面。她的爸爸妈妈劝过

第十二章 给女儿真正的财富——改变女孩一生的人生启蒙课

她很多次,但是毫无作用,离中考已经过去很多天了,但是雅雅依然没有从那次失败的阴影中走出来。

在漫长的人生道路上,我们每个人都会或多或少地遇到挫折,女孩当然也不例外。对青春期女孩来说,挫折可能是一次考试的失败,也可能是没有入选学校的舞蹈队,还可能是遇到了情感的困扰,觉得非常的痛苦。

心理学家研究发现,一个女孩的抗挫能力越强,她越能在竞争激烈的社会中取得成就。但是现在的女孩们普遍缺乏抗挫能力,尤其是一些性格内向、敏感的女孩。据某家报纸报道,有一个上小学五年级的女孩仅仅因为老师的一次批评就不去上学,妈妈劝说了半天也没有效果,最后妈妈竟然央求老师给女儿道个歉。我们姑且不谈这个妈妈的做法是否正确,但这个女孩是非常让人担心的,她仅仅因为老师的一次批评就不去上学了,那以后遇到更大的挫折怎么办?

挫折是人生中必不可少的一项内容,我们谁也逃脱不了,关键是看我们怎样面对它。那些坦然面对挫折的人,会把挫折当成一种动力,从而取得更大的成功;而那些害怕挫折的人,会把挫折当成一座大山,直到被挫折压垮。所以,在平时我们要和女儿谈一谈挫折,让女儿对它有一个正确的认识,从而在遇到挫折时能够坦然地面对,并把它当成一种前进的动力。

告诉女儿,挫折是前进的动力

一位妈妈曾经谈到这样的育女经验:

因为我比较喜欢写作,我16岁的女儿也热爱上了写文章,并且立志要当一位女作家。在我的鼓励下,女儿经常把自己写的文章投给报社。但是她投出去的二十多篇文章全部石沉大海,连一篇回复的都没有。女儿非常苦恼地对我说:"妈妈,我以后再也不投稿了,太让我伤心了,二十多篇文章连一篇都没有发表。"我对女儿说:"你虽然连一篇文章都没有发表,但是你写了这么多文章,你的写作水平也在提高啊。再说有谁的文章能够一下子就发表啊,就拿你喜欢的童话大王郑渊洁来说吧,他在投出很多篇稿子后才开始在杂志上发表文章,并且一发不可收拾,成为闻名全国的童话大王。"我顿了顿,接着说："你遇到了这么小的一点儿挫折就要放弃，那你不是永远都成不了大作家了吗？所以，你既然有了自己的理想，就不要害怕挫折和失败，而要把它们当成前进的动力，这样你才能最终实现自己的理想。"女儿说："妈妈，我懂了，我以后还要接着投。"女儿真的按照自己说的去做了，在她投出了57篇文章之后，终于有一篇在杂志上发表了。

没错，挫折一开始也许会打消一个女孩的积极性和希望，但挫折同样可以成为女孩积极进取的动力。要知道，适度的压力不但不会让青春期女孩气馁、沮丧，反而会激发她的竞争意识和上进心，让她再次变得积极起来。

让女儿对挫折有一个正确的心态

一位妈妈曾经谈到这样的育女经验：

我女儿今年13岁，上初中二年级。她的成绩一直排在班里的中上游，但是上学期期末考试她考了班里的倒数第五名。这让女儿非常伤心，每天都愁苦着脸，再也没有了往日的欢声笑语。她还感觉这样的成绩非常丢面子，怕被别人笑话，就躲在家里哪儿也不去了。我感觉应该开导一下女儿，要不然她很长时间都不能从这次考试失败的阴影中走出来，便对她说："女儿，每个人在人生中都会遇到挫折，关键是你怎么看待它。如果你能从挫折中总结失败的教训，然后重新开始，那么你就会取得很大的进步；但如果你一遇到挫折就一蹶不振了，甚至还对自己产生怀疑，那么你就会离成功越来越远。就拿你这次考试来说吧，如果你找一下自己考试失败的原因，下次就可能取得一个优秀的成绩，但是你光顾伤心失望了，这样不仅会让自己非常难受，而且在学习方面也很难取得进步。"女儿想了想，说："妈妈，我懂了，现在我就去找考试失败的原因。"从那以后，女儿不再整天唉声叹气，而是把心思放在学习上，等到了初二期中考试，她一下子考了全班的第十一名，前进了二十五个名次。

由此可见，让女儿对挫折有一个正确的心态，对她以后再遇到类似的打击或挫折时，会起到十分重要的作用，会让她变得坚强、勇敢、乐观起来。因此，我们要引导青春期女孩直面挫折，让她们学会敢于同挫折"作战"。

细节96 "理想是什么？"
——如何引导女孩树立远大理想

一个15岁的女孩在自己的网络日志中写下了这样一段话：

以前，我最大的梦想就是成为像冰心那样的女作家。为了自己这个梦想，我一直不断地努力，每天都利用课余时间看大量的书籍，以便让自己的视野变得更宽广。但是现实是残酷的，我的写作能力一直没有提上去。渐渐地，我感到了失望、无助，不断地自我否定，我觉得成为作家这个目标对我来说太大了，我根本没有能力去完成。一想到这里，我就像泄了气的皮球，怎么也提不起继续努力的精神了。特别是每当看到身边和我同龄的女孩都活得那么潇洒，不用为了所谓的梦想而努力，我就由最初的鄙夷到现在的羡慕，现在我总是想：大家都是同龄人，我为什么要活得这么累、这么苦呢？所以，慢慢地，我也沦落到没有梦想的一族了，于是，梦想也离我越来越远。

关于理想这个话题，曾经有人对一所中学做过抽样调查，在随机抽取的400名学生问卷中，能够清楚、明确地回答出自己以后想做什么，并且对未来有清楚规划的孩子不超过40个人。

由此可见，大多数青春期女孩对于自己的理想都是模糊或随意的。因此，妈妈应该多用心去了解自己的女儿，去发掘出她的兴趣、爱好，并鼓励她为了自己的兴趣、爱好而努力，这样女孩才可能慢慢拥有自己的理想。当然妈妈还要引导女孩制订切实可行的目标，不要把目标定得太高，否则会打击她继续学习的积极性。另外，妈妈还要教导女孩做事要坚持，不要轻言放弃。

下面就"如何引导青春期女孩树立远大理想"这一话题，给妈妈们提供一些切实可行的教育方法：

正确引导女孩寻找"我的梦想"

在女孩小的时候，可能很多妈妈都这样问过她："你将来想做什么？"这时，女孩们总会毫不迟疑地回答说："我想当老师！""我想当舞蹈家！""我想当画家！"……

事实上，对于青春期女孩来说，青春期正是她们的想法多变的时候，这一秒信誓旦旦地要成为畅销书作家，下一秒可能就为自己的理想感到迷茫了。因此，我们应该从旁引导女孩，帮助她找到适合自己并愿意付出努力的理想。

姗姗今年上初二，姗姗的妈妈虽然没给女儿升学的压力，但也不希望女儿成为一个没有目标的人，所以她开始从女儿的兴趣、爱好中去帮助女儿挖掘她的理想。通过对女儿的观察，姗姗的妈妈发现女儿特别喜欢外语和时政新闻，而且她还喜欢读一些关于外交官的传记。于是，妈妈就问姗姗是不是将来想做外交官，姗姗说她也不清楚，只是现在有兴趣而已。后来，妈妈开始有意无意地给女儿买一些外文原版的书籍、音乐碟等，她希望女儿能一直保持对外语的热情，另外周末或节假日的时候，她也会带着女儿外出或参加家庭活动，她希望女儿的交际能力和表达能力都能提升。后来，高考结束填报志愿的时候，女儿报的就是外语系，而且她说自己要成为一名出色的外交官。

由此可见，引导女孩确立一个她喜欢的理想，对于她以后的人生具有巨大的指导作用。

让女孩学着设想自己的未来

一个妈妈在给女儿的信中，这样写道：

20年前，我给自己的规划是这样的——考上大学，当一名出色的编辑，找一个好丈夫，有一个可爱的孩子，而这些我现在都实现了。我希望你也能像妈妈这样给自己一个计划，10年后，当你回忆起走过的10年的生活你能不后悔，这已经算是人生最大的成功了。

其实，女孩越早为自己设想未来，并且按部就班地努力去实现，那么实现目标的概率就会越高。所以，我们不妨引导女孩勾画一下自己的未来，例如，你可以这样问自己的女儿：

设想一下，5年后，你会成为什么样子？

设想一下，10年后，你会成为一个什么样的人？

设想一下，15年后，你会取得怎样的成就？

如果你常常引导女孩去构想这些激励她，那么她就会朝着既定的目标努力，更会在奋斗的过程中充满激情和动力。

细节97 "钱是万能的吗？"
——如何培养女孩的价值观

面对青春期的女儿，一位妈妈说出了这样的忧虑："14岁的女儿现在张口闭口都是'钱'，还经常对我们说为什么她不是富人家的女儿，那样她一定会生活得更快乐。我真怕女儿有一天为了钱做傻事。"这位妈妈的担忧不无道理，现在有些青春期女孩很容易被金钱所诱惑，进而做出一些错误的决定。

为什么我们原本天真可爱的女儿会持有"金钱至上"的观念呢？其实，这和我们的社会大环境有关，很多女孩正是因为受了周围人的影响，听到、看到的都是"有钱能使鬼推磨"的事情，她们自然也会认为有钱就有了一切。另外，青春期也是女孩价值观形成的关键时期，再加上被家人娇惯溺爱，大多以自我为中心，很容易形成错误的价值观。

16岁的茜雅是一名高一学生,她家的经济状况并不是很好。上了高中后，茜雅发现那些家里有钱的女同学不但吃的是肯德基、麦当劳，穿的是阿依莲、达芙妮，就连用的电子产品都是最新款的。而且那些看起来像富家女的同学身边总有很多帅气的男孩围着，而茜雅看着自己寒酸的穿着，再加上自己没有可显摆的"名贵物品"，她觉得很沮丧，她认为自己人缘不好都是因为自己没有钱。所以为了获得更多的钱，她开始沉迷于买彩票，甚至经常为了算彩票概率而占用大量的学习时间，到最后她变得越来越沉默，学习成绩也越来越差。

创新工场首席执行官李开复在《做最好的自己》一书中写道："价值观是人生的基石，是成功的前提。一个没有良好的价值观、没有正确态度的学生，即使进了名牌大学，他的成功概率也一定是零。"没错，人只有拥有正确的价值观才能有正确的人生态度，才能正确决定自己的人生目标和生活方式。因此，正确引导青春期女孩的价值观对于妈妈们来说就显得尤为重要。

让女孩经历几件"有钱也解决不了的事"

为了改变女儿思思"金钱至上"的观念，她的妈妈可谓是"费尽心思"，例如，每当看到电视、网络、报纸上那些因为患绝症医治无效而死亡的事例时，妈妈就会和思思分享感触："即便是亿万富豪，面对绝症也无能为力。"思思附和道："看来，金钱并不是万能的！"

思思参加学校春游时，妈妈故意忘记给女儿带水，而是多给了她一些钱。回来后，思思感慨地说："荒郊野外，连个卖水的都没有，有钱也花不出去。幸好和同学关系好，不然会被渴死。看来，朋友比钱靠得住。"

……

在妈妈这样的引导下，思思的价值观慢慢地发生了改变。

其实，青春期女孩由于心智、年龄、阅历等各方面的因素，难免会走进"金钱至上"的误区。所以妈妈们不妨采用上述事例中思思妈妈的教育方法，多让女孩体验几次"有钱也解决不了的事"，引导她从误区中走出来，进而形成正确的价值观。

引导女孩形成正确的价值观

一位妈妈的教育经验是这样的：

一天，我和12岁的女儿正在看社会新闻，里面讲述的是"救人应不应该要钱"的专题。我觉得这是培养女儿价值观的好机会，于是问女儿："你认为救人应该要钱吗？"女儿说："不应该。不过，我听同学说有很多人不给钱就不救人，为什么会有这样的人存在呢？"我说："那是他们的价值观有问题，这样的人不但会受到人们道德的谴责，情节严重的可能还要负法律责任。不过，幸好这个世界好人多，很多人都会在别人有困难的时候无私地伸出援手，妈妈希望你也能成为这样无私帮助别人的好人。"女儿笑笑说："那当然了，我可不想做坏人。"

青春期女孩很容易受外界的影响，因此，妈妈应该引导青春期女孩形成正确的价值观，而不是受一些不良因素的影响，成为一个唯利是图、见钱眼开的人。

细节98 "时间就是生命吗？"
——如何让女孩学会管理时间

"真正的教育是自我教育，是实现自我管理的前提和基础；自我管理则是高水平的自我教育的成就和标志。"这是苏联著名的教育家苏霍姆林斯基曾说过的一句话。没错，在青春期女孩的自我管理能力中，时间管理能力是最应该引起妈妈们注意的，因为一个不善于管理自己时间的女孩是无法管理好自己的人生的。

但是，在现实生活中，很多妈妈总是抱怨自己的女儿做事磨蹭、拖拉，根本不知道时间对于她的重要性。

有一位妈妈就是这样抱怨的：

我女儿刚刚上初一，她做事就像电影中的慢镜头，速度非常慢，因此我常常叫她"蜗牛""乌龟"，女儿竟然一点儿也不生气。

我非常不喜欢女儿做事东摸摸西摸摸，有时练琴没开始几分钟呢，她就一会儿喝水一会儿吃东西，明明20分钟就能练习完，她总要1个多小时。晚上刷牙洗脸，她能把洗手间台面上的东西玩儿个遍，每天晚上磨磨蹭蹭到快11点才上床睡觉。我每天都说她很多次，但她就是不听，一天总结下来，她该完成的作业没完成，该看的书也没看完。

其实，上述事例中的女孩缺乏的就是时间管理能力。通常情况下，女孩缺乏时间管理能力的原因主要有两个：一是女孩本身缺乏时间观念，不知道时间对于她的紧迫感，也不清楚节省时间对自己有什么好处，所以久而久之就养成了懒惰、拖拉的坏毛病；二是女孩对自己所做的事情提不起兴趣，自然也不会抓紧时间去为这件事情付出，办事效率也就总提不上去。明白了具体的原因之后，我们就可以在生活中引导青春期女孩学会珍惜时间和管理好自己的时间，然后我们还要帮助她找出具体有效的办法，让她走出懒惰、低效率的误区。

每晚抽出 10 分钟和女儿讨论"两件事"

"你可以把财富留给孩子，但是你没法给他们留下一秒钟。"这是妈妈们必须要牢记的一句话，要知道时间就是生命，对于女孩来说，了解时间对于她们的意义非常重要。因此，为了引导和提高女孩的时间管理能力，妈妈最好能保持一种习惯——每天晚上在和女儿互动时抽出 10 分钟时间，和她讨论一下这两件事：

第一件事：今天要做的事完成没有。完成则给予女儿肯定和表扬；若女儿没完成，你以问她自己该怎样处理，或与女儿商讨处理方法。

第二件事：明天要做哪些事。如果一开始女儿的自我管理能力很差，妈妈可以让女儿把这两件事的答案写出来或画出来，张贴在家里显著的位置，让女儿第二天一早就可以看到。

让女儿学会分出事情的轻重缓急

尤美今年 11 岁，但不需要妈妈吩咐任何事情，她就能很好地打理自己的生活、学习。例如每个周末，尤美早晨起来第一件事情就是摊开记事本，写下自己一天要做的事情，并且按照轻重缓急从上到下罗列出来。

接着，她按照所罗列的任务单，从第一件事情开始做，做完一件事情才会接着做下面的事情。这样，根本不用妈妈督促，尤美不但能很快把作业做完，同时还有玩儿的时间，这令妈妈感到很高兴。

其实，尤美这个习惯还是从妈妈身上学来的。尤美的妈妈是个业务员，她通常会把每天要做的事情都记下来，然后按照记录的顺序去做，通常不会把事情落下，效率也很高。尤美在妈妈潜移默化的影响下，也养成了把一天的事情按重要程度罗列出来的这个好习惯，并且受益匪浅。

上述事例很值得其他妈妈借鉴，例如，我们可以每天让女儿把一天的任务写下来，分出任务的轻重缓急，然后让女儿根据排列的先后顺序去做事，从而提高她的时间管理能力。

另外，女孩学会把事情的轻重缓急分出来，让自己在第一时间把那些必须且紧急的事情做完，再去做别的事情，这样合理利用时间，有助于提高她的做事效率。

细节99 "向左还是向右？"
——如何教女孩学会选择，懂得放弃

生活中，妈妈们常会听到青春期女孩这样说：

"我最怕过十字路口，不知道该向左还是向右。"

"每次别人问我'吃什么'的时候，我总是说'随便'，可别人给我选了，我又不喜欢！"

"我最讨厌的事情就是做选择，选对了还好说，万一要选错了，怎么办？"

"我好羡慕那些做事果断的女孩，为什么我就不行呢？"

……

由此可见，很多女孩之所以不懂得选择和放弃，是因为她们缺乏应有的决断能力。所谓决断能力就是指在面对任何事情的时候要当机立断，不思前想后，不前怕狼后怕虎，不畏手畏脚。我们都知道，现代社会是一个高速发展的社会，要想在这个社会上取得成功，必须要具备良好的决断能力。一个做事犹豫，不懂得选择与放弃的女孩，会常常与成功擦肩而过，因为做事不够果断，她就不能对自己遇到的情况做出正确分析，也无法把握住事物的发

展趋势并选择合适的机会行动，更不能在关键时刻学会当机立断。因此，妈妈应当注重培养青春期女孩的决断能力，让女孩学会在关键时刻当机立断，为她今后取得成功打下坚实的基础。

下面就给妈妈们提供一些培养青春期女孩决断能力的方法：

鼓励女孩当机立断

有一位妈妈的教育经验是这样的：

我女儿原来做事经常没有主见，犹豫不决。我带她去超市买一件夏天穿的T恤，她先挑一件白的，在身上比一比，觉得不满意，放下；又拿起一件红的，还是不满意。半小时过去了，女儿也没有选好一件，最后只好让我给她拿主意。后来，我明确地告诉女儿："许多事情是你自己必须解决的，不能依靠别人的帮助。要知道，你今天不想面对，明天还是一样需要你去直接面对。"从此，我故意为女儿制造一些选择的机会，并鼓励她当机立断。例如一起买东西时，我不再为女儿出任何主意，只是在一旁告诉女儿要相信自己的直觉，喜欢哪个就买哪个。做事不要力求完美，不要考虑太多。渐渐地，女儿做事越来越果断了。

当青春期女孩遇事犹豫不决，向妈妈征求意见时，妈妈不要马上给出答案，而是要引导女儿说出自己的意见。哪怕女儿说出的意见没有多少价值，也要先予以肯定，然后再帮其完善。这样一来，青春期女孩的决断能力就会越来越强。

提出具体、明确的要求让女孩去做事

一般来说，含糊不清、笼统会使女孩感到无从下手，自然不知道自己该怎么做，所以妈妈要对女儿提出具体、明确的要求，尽量让女儿明白应该怎么做。

一位妈妈曾在日记中这样写道：

女儿每次出门时我总是感到担心，她临出门时我总愿意加一句："早点儿回来！"如果女儿回来晚了，我总愿意说："你今天去哪儿了，我真是不放心!"我一直觉得自己这样说没有什么错,直到有一天女儿坦诚地对我说:"妈妈,其实我每次和同学出去玩儿,都很不快乐。您总是告诉我早点儿回来,可我却不知道什么时候回来合适,所以我玩儿的时候一直在担心,还有我每次回来之后您总是说不放心,所以不管我去哪儿,心里都在想:妈妈是否会不放心,我回家是不是晚了?"听完女儿的话,我真的很震惊,没想到我的这种爱和牵挂竟然让她感到有负担,这时我才意识到自己的教育方式出了问题。所以,之后女儿再出去玩儿的时候,我会告诉她8点回家,周末可以延迟一小时,这样我就不会担心了。

妈妈在教育女儿的时候,不但要让女儿明白你是多么爱她和关心她,还应该让她清楚你的具体要求,例如,几点回家、出去玩儿几个小时、上课要积极回答问题等,只有这样,才能达到良好的教育效果。

细节100 "我怎样择业?"
——如何引导女孩进行职业选择

面对女孩未来的职业选择,她们自己也有很多苦恼,下面就来听一听:

"我希望以后有机会可以尝试多种职业,比如老师、导游、会计、推销员、个体户……职业太单一,生活也就失去多样的色彩了。"

"爸妈现在已经帮我规划好以后的道路了,他们希望我学习工商管理专业,大学毕业出国进修,可我觉得还太早,就算大学毕业之后,找工作也不一定找本专业的,而且我也没打算出国,他们着什么急啊!"

……

由此可见,青春期女孩对自己未来的职业可能并没有什么具体规划,妈妈要不失时机地引导女孩正确规划自己的未来,而且宜早不宜迟。

下面就给妈妈们提供一些正确引导女孩职业选择的建议:

引导女孩学会多看看别人在做什么

16岁的茹帆为了给今后高考填志愿和毕业后找工作做准备，时常会注意身边的人都在做些什么，然后再思索一下这些人所从事的职业是不是自己感兴趣的，或是否适合自己这种性格的女生从事。如果是她喜欢的工作，她就会主动去和那些从事此项工作的专业人士交流一下，从他们的口中获得一些自己想要知道的信息，比如从事这项职业所需要的素质、经验以及要注意的事项等。

事实证明，茹帆的这项活动非常具有积极意义，因为自从她确定了自己的职业后，极大地提高了自己学习的积极性和热情，努力学习，以便为日后的工作多储备一些知识。

如果现在你的女儿对她自己今后要从事何种职业感到十分迷茫，那么不妨让她向茹帆学习，和自己感兴趣的职业从业人员多交流一下，这往往能让她在职业选择的道路上少走很多冤枉路。

妈妈要和女孩多沟通职业选择的问题

有一位妈妈的育女经验是这样的：

女儿上了高中之后，她们学校实行文理科分班教学，学生们可以根据自己的爱好和特长来选择是上文科班还是上理科班。最初，女儿询问我们的意见时，我们就让她自己随便选，女儿说："我文理科成绩差不多，我也不知道选哪一个。"这时，我问她："那你是喜欢文科还是喜欢理科呢？哪个你学习起来更轻松些？"女儿想了想说："我很喜欢英语、语文，但是我理科题做起来更轻松些。"我说："理科也要学习英语和作文，只不过大综合要考的是物理、化学这些，而且这和你高考后选专业有关，你以后想做什么呢？"女儿说："我想读工商管理专业，我决定选理科班了。"女儿选了理科班之后，学习劲头很大，学习成绩也提高很快。

职业规划和一个人的特长、学习兴趣、能力等各方面都存在很大的关系，盲目地选择自己的职业很可能会错失很多成功的机会。因此，妈妈们绝对不要小看女儿的职业选择问题，更不要认为职业选择是女儿自己的事情，因为如果没有家长的正确引导，她很可能在职业选择中出现偏差。妈妈不妨从女儿小时候就开始有意识地引导她未来的发展方向，当然自己也要成为女儿职业规划工程中的参与者，尤其是在女儿的中学阶段，妈妈要和她进一步讨论求学和就业的所有可能的选择，这个阶段应多观察女儿的兴趣、爱好，引导她思索和建立自己的职业方向。

妈妈们可以参考以下几点内容：

1. 回想自己的工作和生活经历，告诉女儿你的职业是如何选择，以及尝试过其他什么职业。

2. 尽可能多和女儿讨论她感兴趣的职业种类，然后多收集一些关于这些职业的"资料"。

3. 了解女儿不喜欢做哪些事情，以及为什么不喜欢，用排除法把职业范围缩小些。

4. 考察女儿在校内外参与了哪些活动，尽量从其中发现女儿的特长以及她的内心要求。

5. 多和女儿的老师沟通，并鼓励女儿多与老师交流获得指导。

6. 多和女儿参加与她兴趣相关的社会活动，让其对该行业有更深入的了解。

参考文献

[1] 穆阳.引导青春期女孩全书：10~18岁女孩的父母必读[M].北京：商务印书馆国际有限公司，2012.

[2] 云晓.10~18岁青春期，与女孩谈人生的100个细节[M].北京：朝华出版社，2010.

[3] 高奉益，李正我.如何引导，青春期孩子才会听[M].李贵顺，李桂花，译.广州：广东人民出版社，2013.

[4] 程文艳.青春期，做孩子最好的心理医生[M].北京：朝华出版社，2011.

[5] 格林伍德，考克斯.嗨！青春期，9~16岁男孩女孩专属读本[M].田科武，译.北京：高等教育出版社，2010.

[6] 云晓.10~18岁青春期，和女孩说说爸妈的心里话[M].北京：朝华出版社，2011.

[7] 尹炳文.10~18岁青春期，妈妈引导女孩的100个细节[M].北京：中国妇女出版社，2012.